勇锋　季铁 ◎ 主编

中国文化的根基
特色文化产业研究

第七辑

光明日报出版社

图书在版编目（CIP）数据

中国文化的根基：特色文化产业研究.第七辑/齐勇锋，季铁主编.--北京：光明日报出版社，2022.1
ISBN 978-7-5194-5945-1

Ⅰ.①中… Ⅱ.①齐…②季… Ⅲ.①文化产业—研究—中国 Ⅳ.①G124

中国版本图书馆CIP数据核字(2021)第266097号

中国文化的根基：特色文化产业研究（第七辑）
ZHONGGUO WENHUA DE GENJI：TESE WENHUA CHANYE YANJIU (DI QI JI)

主　　编：	齐勇锋　季　铁		
责任编辑：	杨　茹	责任印制：	曹　净
封面设计：	李彦生	责任校对：	慧　眼

出版发行：光明日报出版社
地　　址：北京市西城区永安路106号，100050
电　　话：010-63139890（咨询），010-63131930（邮寄）
传　　真：010-63131930
网　　址：http://book.gmw.cn
E－mail：gmrbcbs@gmw.cn
法律顾问：北京市兰台律师事务所龚柳方律师
印　　刷：北京华联印刷有限公司
装　　订：北京华联印刷有限公司
本书如有破损、缺页、装订错误，请与本社联系调换，电话：010-63131930
开　　本：170mm×240mm
字　　数：255千字　　　　　　　　　印　　张：17.25
版　　次：2022年2月第1版
印　　次：2022年2月第1次印刷
书　　号：ISBN 978-7-5194-5945-1
定　　价：78.00元

版权所有　翻印必究

主编单位： 中国传媒大学协同创新中心
　　　　　　湖南大学

合作单位： 贵州省文旅厅
　　　　　　河北省文旅厅
　　　　　　青海省文化和新闻出版厅
　　　　　　国家行政学院文化政策与管理研究中心
　　　　　　陕西师范大学文学院
　　　　　　陕西省社会科学院
　　　　　　长安大学文化产业研究院
　　　　　　陕西建筑科技大学

本书编委会名单

主　编：齐勇锋　季　铁
副主编：赵　莹　卢世主

编　委（排名不分先后）：

王育济　王长寿　王国华　祁述裕　向　勇
李西建　李怀亮　李　河　李康化　花　建
欧阳友权　陈少峰　金元浦　范建华　赵红川
张春河　张晓明　张玉玲　施惟达　姜　生
胡惠林　贾磊磊　贾旭东　章建刚　崔成泉
熊澄宇　魏鹏举

编辑部主任：周诗云
编辑部成员：王　罗　付　伟　王之源

前　言
特色文化产业助力全面建成小康社会

　　自2014年文化部和财政部联合发布《推动特色文化产业发展的指导意见》，从国家层面首次明确特色文化产业发展的原则、目标、任务以来，全国各地的特色文化产业已经成为许多区域发展的发力重点，整体呈现出由逐渐成熟到繁荣发展的趋势。特别是在得到各级政府的政策保障和支持下，各区域的特色文化产业发展已经在脱贫攻坚领域取得了大量宝贵的实践经验，但相关理论研究尚显滞后。如何深入、系统地剖析这些在实践中取得的成果，从学理上提高对特色文化产业的认识，进一步服务于产业发展、政策制定与学术研究，促进政产学研深度融合，已经成为当务之急。

　　2020年是全面建成小康社会目标实现之年，是全面打赢脱贫攻坚战收官之年，也是实现"十三五"规划和中华民族第一个百年奋斗目标的决胜之年。为确保完成决战决胜脱贫攻坚目标任务，跑好全面建成小康社会"最后一公里"，第五届特色文化产业高峰论坛以"告别贫困·全面建成小康社会再出发"为主题，深入贯彻习近平总书记指出的"全面"的平衡性、协调性、可持续性，围绕产业、文化、生态、科技、大健康等领域探讨脱贫攻坚向乡村振兴的转换、中国脱贫攻坚经验的总结和国际影响、后疫情时代人与自然关系的转向和特色文化产业的发展，以及新常态下文旅消费和设计对脱贫攻坚乡村振兴的驱动力和影响力。全面建成小康社会是中华民族历经磨难，踏平坎坷，战胜疫病，迎来的新的成功。本次论坛与往届论坛一样，除了为各领域的专家学者提供各抒己见、集思广益的平台，还特别为纪念2020年所取得的历史性伟大成就，向全球华人发起了"2020年全面建成小康社会'中华小康鼎'庆典"的倡议。民间铸鼎以纪小康，将是继往开来再出发的新起点，是实现"两个一百年"奋斗目标的坚固基石。

2020年10月16日—10月19日，由中国传媒大学、湖南大学、怀化经济开发区、中国民族节庆委员会共同主办，怀化经济开发区、湖南大学设计艺术学院、中国传媒大学协同创新中心共同承办的"2020第五届'告别贫困、全面建成小康社会再出发暨特色文化产业高峰论坛'"于金秋十月在武陵山片区脱贫攻坚的主战场怀化顺利举办。论坛的举办得到了怀化经开区各级部门和领导的支持和配合，来自中国传媒大学、湖南大学、清华大学、中国人民大学、山东大学、武汉大学、云南大学等几十所高校的学者、怀化市政府等相关的主管部门及十八洞村村民代表共计80余人参加了论坛。本次论坛通过圆桌讨论、优秀论文分论坛、设计非遗线上分论坛、告别贫困奔小康经验交流分论坛等形式对脱贫攻坚、乡村振兴、特色文化产业发展、设计与特色文化产业融合发展等议题进行了深刻而又生动的研讨。论坛闭幕式上，还推进了宣读《中华小康鼎倡议书》，国家线装书局出版小康赋文集签约仪式等活动。研讨会后，与会代表共同前往通道侗族自治县湖南大学"新通道"设计与社会创新基地实地考察交流，共商特色文化产业发展与乡村振兴创新之路。

本辑论文从理论到案例，从扶贫到乡村振兴，从多个层面对特色文化产业展开了论述。全书分为六个部分，包括特色文化产业理论研究、特色文化产业与乡村振兴、特色文化产业扶贫的理论与模式研究、从脱贫攻坚到乡村振兴、特色文化资源与产业开发案例研究、特色文化产业论坛观点，从来自高校、科研机构、政府等单位的78篇论文中精选了17篇优秀论文和产业发展报告，以及8篇特色文化产业论坛专家观点。

第一部分特色文化产业理论研究，从特色文化产业的认识论、发展趋势与产业形态等视角展开了探讨。《全面建成小康社会的文化价值阐释》为特色文化产业当下所面对的扶贫与乡村振兴两项重点工作，提供了认识论的基础。文章指出，全面建成小康社会体现的是中国特色社会主义制度的巨大优势及中国共产党"全心全意为人民服务"的初心。其本质是一种中国文化创造，是中华民族伟大复兴征程中所体现的精神风采，同时为全球治理和人类共同发展贡献了"人类文明"意义上的中国方案。

《特色文化产业发展报告（2016—2019）》基于大量翔实数据，分析了当下特色文化产业发展的区域化特征及其政策与产业走向，并强调了其未来充当的重要角色依然集中在精准脱贫与乡村振兴领域中，同时要加强和提升其在文旅融合、城乡融合、产城融合中的作用，重视东部在帮扶中西部特色文化产业发展中的积极作用。《特色文化产业链的理论与实践：基于陕西的研究》一文，则聚焦于当下在特色文化产业形态研究领域尚显薄弱的产业链研究，强调了特色文化资源作为基础、创意作为龙头、特色文化产品作为特质的产业链相关核心问题。同时，作者提出，特色文化产业链构建主要表现为接通与延伸，在接通中更应发挥政府的作用，并彻底打通融合一二三产业，最后论文结合陕西相关的特色文化产业链的案例进行了阐述。

第二部分特色文化产业与乡村振兴，探讨了当下乡村振兴建设中传统与现代、城市与乡村、物理与虚拟空间等与特色文化资源认识及利用密切相关的三对关键议题。《从"新农村"到"美丽乡村"——传统村落建设规划设计转型研究》将村落空间形态作为切入点，分析比较了从"新农村"建设到"美丽乡村"的转型动因，并结合箬竹村转型案例，对传统村落空间、村建筑、景观进行了系统的分析。《创意设计驱动中国"一村一品"发展研究》关注于当下我国在乡村特色文化资源转化过程中实施的重要策略"一村一品"，系统梳理了其在各国发展的历史、经验、理论、政策与现状，探究其意义、作用和驱动体系，提出了创意设计驱动"一村一品"发展面临的核心问题。城乡文化的巨大差距，一直以来是乡村文化振兴中无法回避的问题。《文化小康视域下城乡文化互动共荣的内在逻辑与现实路径》一文从"文化小康"与"全面小康"的关系入手，分析了在"文化小康"视域下城乡文化互动共荣的内在逻辑，并提出了实现城乡文化互动共荣的具体路径。

第三部分特色文化产业扶贫的理论与模式研究，来自文化产业研究、管理学、经济学等相关领域的学者结合各自的理论视角展开了讨论，并提供了相关对策建议。《文化扶贫的演进逻辑与创新实践》从文化产业的视角，将文化扶贫作为激活贫困地区攻坚的内生动力，基于中国乡村特色扶贫路径中文化扶贫作用机理的历史经验分析，强调了公共文化服务与经营性特色文化产业在文化扶贫中的价值。《权力视域下特色文化产业的扶贫逻辑与开发模式》从政治经济学的权力视角阐释了特色文化产业的扶贫逻辑。作者提出，以资源调配为权力核心，以农民在场为参与主体，以空间正义为扶贫目标，并形成了从物质文化到精神文化的内生循环式扶贫模式，同时基于不同地域的资源禀赋，对内生型、导入型、再造型扶贫的特色文化产业扶贫开发模式进行了探讨。在此基础上，《特色文化与产业有机融合助力脱贫攻坚——以山东省枣庄市峄城区为例》提供了山东省枣庄市的特色文化与多产业联动扶贫的系统案例。在本章末，来自经济学研究领域的《医保制度健康扶贫的动态效应研究——基于 CFPS 数据的贫困脆弱性实证研究》一文，引入贫困脆弱性的概念展开了系统性的健康扶贫研究，对特色文化产业扶贫的动态效应检测与文化扶贫政策的完善，具有很好的借鉴意义。

第四部分从脱贫攻坚到乡村振兴，特别强调了艺术介入、数字文化与文旅融合发展对乡村文化产生的影响。《空心村振兴中的艺术赋能策略研究》《艺术创生：乡村振兴的文化道路》两篇文章将艺术作为乡村文化振兴的重点，探索艺术在乡村振兴中的可行性。《后疫情时代数字文化产业促进乡村振兴的路径探索》则聚焦新冠肺炎疫情下后疫情时代中逐渐崛起的乡村数字文化产业，通过现有产业数据与问题分析，从乡村文化资源、新消费形式培育、产业人才培养、数字文化产业集群发展等六方面提出了发展路径。此外，《新时代乡村振兴战略探微：基于城乡二元结构的分析框架》，还通过对于马克思主义"城乡融合"理论的系统化溯源梳理，深入剖析了乡村振兴战略与区域协调发展战略的理论来源。本章最后一篇文章，《从脱贫攻坚到乡村振兴：脱贫村空间再生产研究——以茶卡村为例》从空间社会学的视角切入，以通过文旅融合实现从脱贫攻坚到乡村振兴的茶卡村作为研究案例，总结了脱贫村空间再生产的三条演化规律，并据此提出了对应的三条解决问题的路径。

第五部分特色文化资源与产业开发案例研究，集中收录了脱贫攻坚主战场武陵山片区的相关研究，展现了特定地理区域中特色文化产业的开发理念与产业升级、发展模式的关系。《为发展而设计：能力方法视角下的乡村手工艺振兴》以湖南大学"花瑶花"非遗扶贫项目在隆回县花瑶少数民族地区进行的特色产业开发为例，强调了"能力方法"对产业开发理念的影响，分析了设计创新激发手工艺人能动性，赋权于当地人的过程。《设计驱动的怀化市特色文化产业升级模式与发展规划》则从"设计驱动"的视角，以"资源再生—转型升级—创新生态"的思路总结了怀化市特色文化产业的升级模式。

论文集最后一部分收录了 7 位专家的 8 篇论坛观点，议题涉及文化在脱贫中的作用与责任；设计创意作为特色文化产业的产业链龙头，在设计扶贫中需要注意的人才、品牌与"在地、在场、在线"原则；以及当下数字经济时代，特色文化产业需要考虑的智慧传播服务和相关发展创新等问题。

在庆祝中国共产党成立 100 周年大会上，习近平总书记庄严宣告在中华大地上全面建成了小康社会，历史性地解决了绝对贫困问题。在新时代下，特色文化产业的发展也面临着更多的机遇与挑战。期待未来更多科研院所的学者、政府官员、企业从业人员能关注特色文化产业，加入特色文化产业的发展和讨论中来，真正实现政产学研的深入融合，繁荣中国的文化产业发展，进而为人类命运共同体的实现，提供中国特色的发展样板和解决方案。

齐勇锋　季铁

2021 年 12 月

目 录

特色文化产业理论研究 | 主持人：范玉刚　　　　　　　　　001

全面建成小康社会的文化价值阐释 | 范玉刚　　　　　　　　　003
特色文化产业发展报告（2016—2019）| 肖　锋　齐勇锋　吴佳丽　015
特色文化产业链的理论与实践：基于陕西的研究 | 赵　东　　　　032

特色文化产业与乡村振兴 | 主持人：陈　波　　　　　　　　　047

从"新农村"到"美丽乡村"
　　——传统村落建设规划设计转型研究 | 卢世主　黄　薇　　049
创意设计驱动中国"一村一品"发展研究 | 柳　沙　龙　杨　王俊仁　064
文化小康视域下城乡文化互动共荣的
　　　　　内在逻辑与实现路径 | 李　林　范盈格　李　旺　　084

特色文化产业扶贫的理论与模式研究 | 主持人：李　炎　　　　097

文化扶贫的演进逻辑与创新实践 | 邓子璇　　　　　　　　　　099
权力视域下特色文化产业的扶贫逻辑与开发模式 | 王广振　陈　洁　111
特色文化与产业有机融合　助力脱贫攻坚
　　——以山东省枣庄市峄城区为例 | 刘　强　张大东　　　　130
医保制度健康扶贫的动态效应研究
　　——基于 CFPS 数据的贫困脆弱性实证研究 | 杨　峥　林　杨　140

从脱贫攻坚到乡村振兴 | 主持人：季　铁　　　　　　　　155

空心村振兴中的艺术赋能策略研究 | 汤婷婷　　　　　　　　158
艺术创生：乡村振兴的文化道路 | 李康化　秦鹿蛟　　　　　172
后疫情时代数字文化产业促进乡村振兴的路径探索 | 范虹鹭　190
新时代乡村振兴战略探微：基于城乡二元结构的分析框架 | 王学荣　201
从脱贫攻坚到乡村振兴：脱贫村空间再生产研究
　　——以茶卡村为例 | 章军杰　　　　　　　　　　　　　213

特色文化资源与产业化开发案例研究 | 主持人：卢世主　　227

为发展而设计：能力方法视角下的乡村手工艺振兴 | 张朵朵　季　铁　229
设计驱动的怀化市特色文化产业升级模式与发展规划 | 闵晓蕾　季　铁　241

特色文化产业论坛观点　　　　　　　　　　　　　　　253

范恒山：重视文化在脱贫过程中的突出作用　　　　　　　254
季铁：想方设法留住西部文创人才　　　　　　　　　　　255
曹三省：构建智慧传播体系服务文化扶贫　　　　　　　　256
季铁：设计扶贫要坚持"在地、在场、在线"　　　　　　258
程智力：设计扶贫要注入"品牌意识"　　　　　　　　　259
陈文玲：文化在脱贫攻坚中具有重要担当　　　　　　　　260
范建华：数字经济时代文化产业发展应考虑"四新"　　　261
范玉刚：文化产业的重心要回归价值　　　　　　　　　　262

【特色文化产业理论研究】

导言（主持人：范玉刚[①]）

范玉刚

2020年是我国"十三五"规划的收官之年，也是"十四五"规划的开局之年。站在启航新征程的起点上，在承前启后的重要时期，深入总结特色文化产业在实践中的发展经验，推进理论创新和理论创造，进行更高站位的特色文化产业发展战略分析和规划，成为特色文化产业研究的必然课题。

"十三五"时期是全面建成小康社会决胜阶段，全面建成小康社会不仅是物质上的脱贫，更是一种文化意义和精神价值的生成，《全面建成小康社会的文化价值阐释》以精神文化的视角，总结了全面建成小康社会的巨大价值和世界影响。此外，"十三五"期间，特色文化产业从逐渐成熟走向繁荣发展，例如，文化产业政策更加详细、精准，市场结构不断优化，产业内外部融合势头强劲，特色文化产业扶贫持续推进等；同时，也存在着人才短缺、资金不足、同质化恶性竞争等问题。特色文化产业的实践成果和现实问题值得深入分析研究，《特色文化产业发展报告（2016—2019）》全面梳理和总结了特色文化产业的政策演进、产业现状和发展特点，对特色文化产业发展过程中存在的问题以及未来的发展，提出一定的反思和建议。"十四五"时期是我国实现全面建成小康社会目标向全面建设社会主义现代化国家迈进的关键时期，农村是当前现代化建设中最突出的短板，补齐这一短板，特色文化产业需要拓宽思路、创新路径。《特色文化产业链的理论与实践：基于陕西的研究》从特色产业资源出发，以陕西独特的民俗文化资源为案例，进一步分析特色文化产业资源的上下链条，为特色文化产业向纵向延伸，延长产品与服务的生命周期，提供一种理论视角和案例分析。

[①] 范玉刚，中央党校文史部教授，博士生导师，主要研究方向：文艺学、美学、文化研究、文化产业研究。

全面建成小康社会的文化价值阐释

■ 范玉刚

摘要：全面建成小康社会彰显了中国特色社会主义制度的巨大优势，集中力量办大事、动员全党全社会力量通过精准扶贫帮助贫困群众脱贫。全面建成小康社会兑现了中国共产党小康路上一个也不能少的庄严承诺，彰显了中国共产党和中国人民生死与共、血肉相连的"全心全意为人民服务"的初心，在历史进步中实现了文化创新，凸显了中国特色社会主义的"人民性"内涵；全面建成小康社会的文化追求和精神价值生成，展示了中华民族的一种文化创造和在伟大复兴征程中的精神风采，这种精神成长和文化进步筑牢了中华民族精神大厦巍然耸立的根基，铸就了中国文明型崛起的精神动力，是中华民族强起来的表征。全面建成小康社会的文化追求和精神价值提升之于中国，是在新时代更好地诠释了社会主义何为；同时，在全球治理和人类共同发展上贡献了"人类文明"意义上的中国方案。这是一种中国文化创造，其中蕴含的文明导向将有助于人类走出目前的困境和歧途，向着构建"人类命运共同体"的正路迈进。

关键词：脱贫攻坚；全面建成小康社会；社会主义；文化价值；贫困文化；精神成长

在2020年的"两会"上，李克强总理在回答中外记者提问时说，中国人均年收入是3万元，但是有6亿人每个月的收入只有1000元。这让我们对中国的真实状况有了刻骨铭心的记忆，也对全面建成小康社会有了更多的期许。尽管中国特色社会主义发展进入新的历史方位，中国越来越走近世界舞台中央，但我们必须认识到，"我国仍处于并将长期处于社会主义初级阶段的基本国情没有变，我国是世界最大发展中国家的国际地位没有变"[①]。从实现中华民族的伟大复兴的目标诉求来看，习近平总书记在党的十九大报告中指出，"让贫困人口和贫困地区同全国一道进入全面小康社会是我们党的庄严承诺"[②]。这一承诺成为检验中国共产党中央领导集体治国理政的试金石，中国共产党人的初心就是为人民谋幸福，为民族谋复兴。在中华民族的伟大复兴进程中，中国共产党把第一个百年目标设定为全面建成小康社会，让贫困群众彻底脱贫，这体现了中国共产党把人民利益摆在至高无上的地位、让改革成果更多更公平惠及全体人民、全心全意为人民服务的宗旨。事实上，在中国发展越来越走近世界舞台中央的新时代，没有贫困人口的彻底脱贫，没有小康社会的全面建成，没有全国各族人民的共同富裕，中华民族的伟大复兴就要大打折扣，中国特色社会主义制度的巨大优势就难以充分彰显。全面建成小康社会不仅为中华民族伟大复兴奠定了坚实的物质基础，而且是建设社会主义现代化强国的重要阶段性目标。从国际影响力来看，全面建成小康社会使中国在世界舞台上占据了舆论传播的道德优势制高点，表征着社会主义制度的巨大优势，为世界人民共同富裕、全球治理的有效性贡献了中国方案；更为重要的是还在世界舞台上高扬了社会主义旗帜，展示了中华民族的一种精神成长和文化创造，以及中华民族在伟大复兴进程中的精神风貌和积极进取的奋斗意志，特别是为人类文明进步做更大贡献的决心，为当下处于百年未有之大变局和人类文明的跃升指示了方向。

一、全面建成小康社会彰显了中国特色社会主义制度的巨大优势，文化在滋养"中国之治"的精神基础中有效推动了形成社会善治的政治、经济和文化的"轴心同构"

新时代是一个波澜壮阔的大时代，实现精准脱贫、在全面建成小康社会的路上一个也不能少，是我们党向全社会各族人民做出的庄严承诺。坚

---

① 习近平. 决胜全面建成小康社会　夺取新时代中国特色社会主义伟大胜利[M]. 北京：人民出版社，2017：12.
② 习近平. 决胜全面建成小康社会　夺取新时代中国特色社会主义伟大胜利[M]. 北京：人民出版社，2017：47.

决打赢扶脱贫攻坚战，确保到2020年所有贫困地区和贫困人口一道迈入全面小康社会，是以习近平总书记为核心的党中央对全国人民的庄严承诺。在实现第一个百年奋斗目标的征程中，消除贫困，改善民生，是中国共产党治国理政的重要使命。2020年是全面建成小康社会的收官之年，是对中国共产党为人民谋幸福的初心的检验。精准扶贫、精准脱贫，不断满足人民日益增长的美好生活需要，促进社会的公平正义，增强人民的获得感、幸福感、安全感，契合了新时代以来人民生活发生的潜移默化的变化，并不断向着人的全面自由发展的境界迈进的趋势。党的十九大报告指出，中国共产党人的初心和使命，就是为中国人民谋幸福，为中华民族谋复兴，永远把人民对美好生活的向往作为奋斗目标，团结带领全国各族人民决胜全面建成小康社会，奋力夺取新时代中国特色社会主义伟大胜利。改革开放后，我们党对社会主义现代化建设做出战略安排，提出"三步走"战略目标。解决人民温饱问题、人民生活总体上达到小康水平这两个目标已提前实现。在这个基础上，我们党提出，到建党一百年时建成经济更加发展、民主更加健全、科教更加进步、文化更加繁荣、社会更加和谐、人民生活更加殷实的小康社会，然后再奋斗三十年，到新中国成立一百年时，基本实现国家现代化，把我国建设成社会主义现代化强国。理想目标和辉煌前景的召唤，需要现实中的砥砺前行。

  2019年5月31日，习近平总书记在"不忘初心、牢记使命"主题教育工作会议上指出：人民是我们党执政的最大底气，是我们共和国的坚实根基，是我们强党兴国的根本所在。我们党来自人民，为人民而生，因人民而兴，必须始终与人民心心相印、与人民同甘共苦、与人民团结奋斗。每个共产党员都要弄明白，党除了人民利益之外没有自己的特殊利益，党的一切工作都是为了实现好、维护好、发展好最广大人民根本利益；人民是历史的创造者、人民是真正的英雄，必须相信人民、依靠人民；我们永远是劳动人民的普通一员，必须保持同人民群众的血肉联系。何为社会主义、如何建成社会主义一直是中国共产党人的理想追求和实践探索。彻底消除贫困和实现共同富裕是社会主义的本质特征，全面建成小康社会是中国特色社会主义发展的阶段性目标，也是中国共产党人不忘初心、牢记使命的生动实践,一切为了人民、依靠人民,一切也经受着人民的检验。习近平总书记指出:"消除贫困、改善民生、实现共同富裕,是社会主义的本质要求,是我们党的重要使命。"2013年2月28日,习近平总书记在党的十八届二中全会第二次全体会议上的讲话中指出:"贫穷不是社会主义。如果贫困地区长期贫困,面貌长期得不到改变,群众生活长期得不到明显提高,那就没有体现我国社会主义制度的优越性,那也不是社会主义。"习近平总书记的这些重要论述,从社会主义本质要求、中国共产党初心使命、中华民族伟大复兴中国梦的全局高度上,深刻阐发了全面建成小康社会的文化意义。党的十八大以来,中国特色社会主义进入新时代。可以说,全面建成小康社会是中国共产党长期执政的历史必然性的生动体现,是中国特色社会主义道路优越性、合理性和科学性的具体呈现,是中国特色社会主义制度显著优势的充分彰显。在中国共产党的领导下,新中国确立了社会主义基本制度,全面推进社会主义建设,为当代中国发展特别是消除贫困奠定了根本政治前提和制度基础,彰显了中国共产党的领导是中国社会主义建设具有的独特的政治优势,是全面建成小康社会的政治保障。摆脱贫困、共同富裕,在全面建成小康社会的伟大实践中彰显社会主义文化理想,践行中国共产党人的初心,筑起的是中华民族的精神丰碑。在中华民族伟大复兴进程中,只有实现全面建成小康社会第一个百年奋斗目标,中华民族才能乘势而上,开启全面建设社会主义现代化强国的第二个百年目标。

  文化承载着一个民族发展的血脉,是构筑一个民族精神的基石,是衡量一个国家"软实力"和综合国力的重要维度,文化兴国运兴,文化强民族强。实践经验一再表明,价值观念往往在社会的文化中起中轴作用,文化影响力首先是价值观念的影响力。世界上各种文化之争,本质上是价值观念之争,也是人心之争、意识形态之争。全面建成小康社会的过程也是主流文化价值观的培育、传播和践行的过程,社会主流价值观的传播和践行是形成社会凝聚力和铸就民族精神高地的黏结剂,能够广泛地团结人民向着既定目标奋勇前进,以共同的思想基础夯实国家治理的精神根基。事实上,文化首先要在本土上站起来、强起来,才有可能成为全球化舞台上的高势能文化，成为国际上的主导文化之一。中华民族的伟大复兴，离不开中国特色社会主义文化坚强有力的护佑。全面建成小康社会彰显了中国特色社会主义制度的巨大优势，集中力量办大事、动员全党全社会的力量精准扶贫。中国的发展成就，为占世界人口四分之三的落后国家提供了合作共赢的发展空间，以发展现实消解了各种"唱衰中国"的论调和唯西方模式马首是瞻的喧嚣。全面建成小康社会的现实表明，中国的现代化道路完全不同于西方依靠殖民、掠夺和扩张得以发展强大的现代化之路，这种成功"给世界上那些既希望加快发展又希望保持自身独立性的国家和民族提供了全新选择，为解决人类问题贡献了中国智慧和中国方案"[①]。当然，中国特色社会主义道路特别是全面建成小康社会的成功，离不开中国特色社会主义文化对"中国之治"精神基础的有效滋养，有效推动了社会稳定和谐发展的经济、政治和文化"轴心同构"的建构。

二、全面建成小康社会的伟大实践激发了为中华民族伟大复兴不懈奋斗的意志，全面展示了中华民族的精神成长和风采

回顾历史，中华民族多灾多难，贫困一直是中华民族发展中难驱除的恶魔，无数的先贤志士做了艰苦不懈的努力。习近平总书记充满自信地指出，如期打赢脱贫攻坚战，中华民族千百年来存在的绝对贫困问题，将在我们这一代人的手里历史性地得到解决。总书记的话掷地有声，在中国共产党的领导下，在全社会力量的支持下，脱贫攻坚力度之大、规模之广、影响之深，前所未有，可以说已经取得了决定性进展，显著改善了贫困地区和贫困群众生产生活条件，谱写了人类反贫困历史新篇章，为人类的解放和全面自由发展奠定了基础。展望未来，全面建成小康社会，人民的美好生活需求日益广泛，不仅对物质文化生活提出了更高要求，而且在民主、法治、公平、正义、安全、环境等方面的要求日益增长，一幅新的社会图景正在徐徐展开，中国正在迈向成长为世界大国的历史

---

① 习近平. 决胜全面建成小康社会　夺取新时代中国特色社会主义伟大胜利 [M]. 北京：人民出版社，2017：10.

拐点时刻。"社会文明程度达到新的高度，国家文化软实力显著增强，中华文化影响更加广泛深入。"①全面建成小康社会、实现人民群众的共同富裕，收获的不仅是物质文明的胜利，更是一种精神文明的成长。全面建成小康社会不仅让全体人民尤其是底层群体、边缘群体在脱贫攻坚过程中重获历史主体性，不再是"沉默的一群"，而是唱出了中华民族伟大复兴进行曲的复调，每一个人、每一个民族都融入了"想象的共同体"；更是社会主义文化理想的彰显，召唤着亿万人民群众迸发出磅礴之力，在尊严的养成和主体性的生成中发声，人民是历史的"剧中人"，底层民众不再是"沉默的一群"，他们同样是实现中华民族伟大复兴的重要力量。说到底，全面建成小康社会解决的不单是物质的贫穷，同时也是对精神贫乏的扬弃，它焕发的是对人的解放与自由精神的追求，是在文明意义上对人的自由本性的本体论承诺。邓小平同志一再指出，物质贫穷不是社会主义，精神贫乏也不是社会主义。习近平总书记在党的十九大报告中强调，推动社会主义精神文明和物质文明协调发展。全面建成小康社会的伟大实践，必将凝结为新时代的中国人民的精神追求，进一步照亮中华民族伟大复兴的历史进程，增强我们克服一切艰难险阻、抵御一切外来阻挠打压的决心和意志，从而生成为中华民族伟大复兴进程中的一个重大标志性"事件"，其文化意义影响深远。

究其现实性而言，有了共同富裕的经济基础，中华民族伟大复兴的步伐更加坚定有力，面对云谲波诡的世界变局将更有定力；全面建成小康社会的精神力量的凝聚及其对社会主义文化理想的高扬，必将转化为巩固中华民族伟大复兴的共同思想基础，必将巩固中国共产党执政的群众根基，必将在进一步彰显社会主义制度的巨大优势中深化中国共产党和人民的血肉关联。中国特色社会主义最本质的特征是中国共产党的领导，也是中国特色社会主义制度的最大优势。这种优势的显著特征之一就是坚持人民的主体地位，在实践中充分践行全心全意为人民服务的根本宗旨，依靠人民创造历史伟业。中国共产党执政的合法性不仅源自历

---

① 习近平. 决胜全面建成小康社会　夺取新时代中国特色社会主义伟大胜利[M]. 北京：人民出版社，2017：28.

史的选择，更是时代的现实选择，那就是站在道义制高点上高举人民的旗帜，把人民装在心中。习近平总书记在2020年五四青年节的寄语中强调，今年是决胜全面小康、决战脱贫攻坚的收官之年，也是实现"两个一百年"奋斗目标的历史交汇之年。新时代中国青年要继承和发扬五四精神，坚定理想信念，站稳人民立场，练就过硬本领，投身强国伟业，始终保持艰苦奋斗的前进姿态，同亿万人民一道，在实现中华民族伟大复兴中国梦的新长征路上奋勇搏击。

全面建成小康社会所彰显的文化追求和精神成长，体现了中华文化的一种历史性进步和文化创造。文化不仅为一个国家的崛起和民族的复兴铸魂，更在经济社会转型和人民群众的伟大实践中发挥强有力的价值感召和精神引领作用。全面建成小康社会中文化力量的彰显，不止于当下现实性之物质困顿的摆脱，更在于一个民族的贫困群众长远的精神意志的高昂，从而关乎中华民族伟大复兴的精神筑基。文化对全面建成小康社会的最强有力精神支撑，显现为对贫困地区社会、文化、经济的系统性升级，促使扶贫工作从治标向治本转变，从而彻底铲除"贫困文化"的顽疾。全面建成小康社会既是一种经济上的自立，也是一种精神心理上尊严的养成，一种社会文明程度的提高，一种积极向上的社会新风尚的普及，一种文化自觉的启蒙。说到底，全面建成小康社会是既"富口袋"，又"富脑袋"，是对社会主义何为的生动诠释。我国是世界上减贫人口最多的国家、首个实现联合国减贫目标的发展中国家和率先实现联合国千年发展目标的国家，为世界消灭贫困树立了标杆和典范。全面建成小康社会是一种从心理上去除贫困人口无奈于贫穷、匍匐于穷困的思想观念之根，同时也是一种从文化价值上植入立志脱贫克服精神贫乏的精神成长之根，这是一种社会文明程度的提高，一种文化精神的成长，从而进一步筑牢了巍然耸立的中华民族的精神大厦。小康社会的文化成长和文化实践，进一步强健了中华文化的筋骨，使中国特色社会主义文化强起来，中华民族精神伟大起来！全面建成小康社会的文化追求彰显了一种精神文明提升的价值指向！究其根本，文化价值不仅有利于巩固脱贫的物质成果，更能引导一种精神价值的养成，这种精神价值的成长有力证明了中国特色社会主义制度的强大生命力和巨大优越性。全面建成小康社会不仅是经济上的成功，还将进一步取得经济上的成功，从而为中华民族的伟大复兴奠定经济基础；同时，它更是一种文化探索和文化实践，从而实现一种文化上的进步。文化在根本上关乎一个民族的精神独立与自主，是一个大国崛起在世界舞台上立足的精神根基。因此，全面建成小康社会不仅是物质上的脱贫，更是一种文化意义和精神价值的成长，是中华文明跃升中的里程碑。全面建成小康社会不仅兑现了中国共产党的庄严承诺，还深刻表明了中国共产党与中国人民生死与共、融为一体的血肉关联，展示了中国共产党没有自己利益全心全意为人民服务的宗旨，以及新一届中央领导集体"以人民为中心"的治国理政的理念，从而赢得了广泛的民心，使全国各族人民更好地团结在中国共产党的周围，向着中华民族伟大复兴的目标奋勇前进。全面建成小康社会的实践再次证明，中国选择的发展道路完全正确，得到了全体中国人民的衷心拥护和坚定支持。

三、全面建成小康社会所彰显的文化追求和精神成长，体现了中华文化的一种历史性进步和文化创造，其溢出效应将极大地拓展中华文化的世界影响力

文化是制度之母，它不仅为一个国家的崛起和民族的复兴铸魂，更在经济社会转型和人民群众的伟大实践中发挥强有力的价值感召和精神引领作用。从社会主义现代化强国建设来看，文化是中国特色社会主义事业"五位一体"总布局中的重要组成，文化扶贫不仅是文化建设领域的一项重要任务，更是国家整个扶贫体系的重要内容。甚至从摆脱贫困的根本意义上讲，扶贫先扶智，增强贫困人口自我发展能力，培育我要脱贫的意志，更关乎脱贫攻坚的根本和长效机制的建立。实践一再表明，扶志扶智是摆脱贫困，斩断贫困代际传递的根本途径，它在根本上是一种精神价值的成长，是一个民族社会文明程度的提升。如云南怒江州少数民族直过区人口占全州总人口的62%，全州人均受教育年限仅为7.6年，40%以上的农村群众不会讲普通话，文化素质偏低，劳动技能缺乏。脱贫

攻坚以来,怒江州紧扣边疆民族地区社会发育程度低,"直过民族"人口比重大的实际,积极探索符合怒江州实际的新时代文明实践做法。通过新时代文明实践中心,统筹和整合各种教育资源、文化资源、科技资源,转化为扶志扶智行动。建立理论政策宣讲服务平台,让老百姓了解党的惠农政策;建立教育服务平台,让孩子接受更全面优质的教育;建立劳务技能服务平台,让技能培训与就业点对点连接。这些行动平台为帮助那些实现了"两不愁三保障"的群众,进一步摆脱物质贫困和精神贫乏,发挥了重要作用。无独有偶,四川青年女作家章泥在《迎风山上的告别》中,以文学的书写展示了文化扶贫如何斩断贫困代际传递,彰显了文化态度、文化价值在脱贫攻坚中的深远影响;辽宁省作协主席滕贞甫的《战国红》以美玉譬喻扶贫干部陈放的牺牲和艰辛付出,精雕细刻了村干部草儿的诗心,同样彰显了文化价值在精准扶贫和全面建成小康社会中的深远影响。这些文学书写和现实实践使我们深刻领悟到文化价值、精神信仰之于克服贫困、全面建成小康社会,乃至中华民族伟大复兴的重要意义,它使我们看到一个民族在困境中的精神成长和文明价值的提升。

因而,脱贫攻坚、全面建成小康社会绝不能缺失文化的助力,可以说文化在"扶志""扶智"作用中的发挥程度,直接关乎脱贫的成色和质量,关乎贫困群众的内生动力激发和脱贫成果的巩固,从而在根本上铲除"等、要、靠"的消极意志。因此,在全面建成小康社会中文化力量的彰显,不止于当下现实性之物质困顿的摆脱,更在于一个民族贫困群众长远的精神意志的高昂!甚至可以说是中华民族伟大复兴的精神筑基工作。全面建成小康社会极大地彰显了贫困群众在历史进程中的主体地位。贫困群众的脱贫并积极投身全面建成小康社会的伟大实践,极大地锻炼了他们的意志、促使其重构主体意识,增强了自力更生的精神,激发了改变贫困面貌的干劲和决心,从内心里生发出依靠自己努力改变命运的力量。只有以文化焕发出来的内生动力,才能巩固全面建成小康社会的成果。同时,这种伟大实践所焕发的精神力量,也赢得了社会对他们人生尊严、公平权利、均等机会、能力素质、精神面貌和心理状态的关注和注重。

全面建成小康社会的文化力量彰显,进一步表明人的文化素质提升是关键。这里的文化素质不仅是指精神上要坚决脱贫的意志品质，还包括有规划未来实现理想的能力。美国著名文化学者哈里森曾讲过，不发达是一种心态，并详细阐述了文化价值在经济发展中的作用。我们在调研中也深刻感受到，村民的文化意识、精神信仰在脱贫攻坚和全面建成小康社会中的决定性影响。那些几乎相似的生存环境却因为村民不同的精神追求，在几近相同的外力帮扶下，一个能够迅速脱贫奔小康，一个却甘愿陷入贫穷状态而难以摆脱，"我要脱贫和富起来的精神意志"在其中发挥了决定性作用。可见，从脱贫攻坚、精准扶贫和全面建成小康社会的伟大实践来看，强调文化的鼓舞人心作用和文化价值的引导与生长至关重要。一定意义上，小康社会的文化追求，超越了一般意义上的物质满足，赋予了中华民族一种文化品格，接续了中华民族的传统美德，它是一种在当代条件下的文化价值成长。在中华民族伟大复兴的征程中，只有民族文化强起来，民族精神才能伟大起来！因此，全面建成小康社会的文化追求和精神价值提升之于中国，是在新时代更好地诠释了社会主义何为；同时，在全球治理和人类共同发展上也贡献了具有"人类文明"意义的中国方案。这是一种中国文化创造，其中蕴含的文明导向将有助于人类走出目前的困境和歧途，向着构建"人类命运共同体"的正路迈进。它体现了中国共产党人在历史进步中实现文化进步，胸怀人类为世界进步做更多贡献的初心，而有着一种文明提升的价值指向！

正是在全面建成小康社会中文化力量的充分彰显，才能实现对贫困地区社会、文化、经济的系统性升级，从而实现扶贫工作从治标向治本转变，彻底铲除"贫困文化"的顽疾。可以说，全面建成小康社会既是一种经济上的自立，也是一种社会主义先进文化的植根，一种社会文明程度的普遍提高，一种积极向上的社会新风尚的普及，一种文化自觉的启蒙。说到底，全面建成小康社会全面提升了人民群众的社会文明程度，使其能够同发达地区的人民一道，更自信地迈入信息文明社会，在精神激励与物质丰富的合力作用下，促使社会主义物质文明与精神文明建设协调发展，从而实现了中华文化生态系统的结构性优化。2020年5月，习近平总书记在陕西考察时走进秦岭深处山村的电商直播间说："电商，在农副产品的推销方面是非常重要的，是大有可为的。"在脱贫攻坚、全面建成小康社会的决胜之年，习近平总书记的这番话不仅指出了脱贫致富的一种思路：新业态，要结合实际用起来，表明在广大农村数字技术已经开始成为新农资，手机成为新农具，直播成为新农活，全面建成小康社会进入了新时代，广大贫困群众在其中赢得了生活的尊严和自豪感。

社会主义制度的根本目标和本质特征是共同发展、共同富裕，既在发展中考虑效率，更要考虑公平。新时代，党中央积极贯彻新发展理念，实施高质量发展，逐渐使发展目的回归到社会主义制度的优越性上，不断增强人民的获得感、幸福感。2020年全面建成小社会，完成现行标准下农村贫困人口全部消除、贫困县全部摘帽、解决整体性区域贫困的目标任务，与第70届联合国大会所确定的2030年可持续发展议程17项指标中的第一项"消除一切形式的极端贫困"的目标相对应。因而，全面建成小康社会在世界上消除贫困，促进共同发展，体现了习近平总书记的宽广胸怀、全球视野和使命担当精神，是中国特色社会主义对全球治理贡献的中国方案，其溢出效应必将在世界舞台上极大地拓展中华文化的影响力、辐射力。可以说，全面建成小康社会实际上是我国农村发展的一场深刻社会革命，指向的是社会文明程度的普遍提高，必将在全球文化的博弈中增强中华文化的感召力。

随着中国越来越走近世界舞台中央，中国的开放和与世界的联动性越来越大。在世界格局重构中，各国综合国力竞争离不开文化价值的交锋和博弈，国家影响力的大小，除了取决于经济、军事、科技等硬实力的强弱外，还取决于文化"软实力"的强弱。能否有效应对各种精神上的挑战，也取决于一个国家的精神定力和坚定的文化自信。创新是新时代的发展理念，鼓励技术创新和制度创新，更要追求文化创新。有了文化创新带来的创新文化以后，科技创新、产业创新、业态创新、管理创新等才会迎刃而解。可以说，全面建成小康社会是中华民族伟大复兴进程中的标志性"事件"，在这场伟大实践中人民是全面建成小康社会的参与者和主体力量，更是全面建成小康生活质量的验收者，是时代的阅卷人，并在获得感中检验着中国共产党人的初心。全面建成小康社会是中华民族伟大复兴进程中"两个一百年"目标中的第一个,也是中华民族伟大复兴中最坚实的一个环节,这是文明型崛起的中国对人类文明的一个贡献,是中华民族以其智慧对全球治理贡献的"中国方案"。它在推动世界人民共同富裕中彰显了中国价值、中国力量,书写了社会主义制度的优越性,弘扬了社会主义文化理想和伟大的民族精神。

全面建成小康社会是中华民族实现伟大复兴的第一步,增强了中国人民的获得感和幸福感。全面建成小康社会不仅是中国经济发展上的成功,还将进一步取得经济上的成功,从而为中华民族的伟大复兴奠定经济基础;同时,它更是一种文化创造和文化实践,体现了一种文化进步。文化在根本上关乎一个民族的精神独立性、自主性,是一个崛起大国在世界舞台上立足的精神根基。因此,全面建成小康社会不仅是物质上的脱贫,更是一种文化意义和精神价值的生成,是中华民族文明史上的里程碑。它贡献给世界的不仅是贫困人口如何脱贫的"中国方案",更是一种精神文明意义上对个人自由发展的引导和意义感的提升,展示了中华民族的文化创造力和精神风貌,对于全球治理特别是世界人民团结起来战胜疫情,重构世界文明秩序有着不可尽述的价值。

【特色文化产业理论研究】

特色文化产业发展报告（2016—2019）

■肖 锋 齐勇锋 吴佳丽[①]

摘要：2016年至2019年是我国特色文化产业从逐渐成熟到繁荣发展的四年，在此期间，相关政策经历了由略到详、由粗到细的演进过程。产业重点领域的发展均呈良好态势，虽然在发展过程中仍存在区域化特征，但东西帮扶政策效果显著，产业内部和外部融合势头强劲，在诸多传播途径中短视频异军突起，此外特色文化产业在扶贫事业中优势凸显，起到了扶志与扶智的双重作用。但是特色文化产业的一些固有问题依旧存在。未来，应保持和巩固特色文化产业在精准脱贫与乡村振兴中的重要角色，进一步发挥其生活化、艺术化和审美性功能，继续推动与旅游及相关产业融合发展，提升特色文化产业在城乡融合、产城融合中的独特性，高度重视东部对口帮扶在推动中西部特色文化产业发展中的积极作用。

关键词：特色文化产业；政策演进；产业现状；存在问题；未来展望

党的十七届六中全会《决定》提出"发掘城市文化资源，发展特色文化产业，建设特色文化城市"[②]的发展路径后，特色文化产业凭借其绿色低碳等优势成为地区经济可持续发展的有效途径，除了绿色低碳、融合性和渗透性强等基本特点之外，其还具有自发性、传承性、区域性、价值性四个基本特征。在《加快发展特色文化产业研究报告》中，我们从文化遗产保护传承、文化资源转化、促进就业、建立区域发展模式、与相关产业融合、培育消费热点、促进民族团结、提升文化软实力和国

[①] 肖锋，中国传媒大学人文学院教授，博导；齐勇锋，中国传媒大学协同创新中心教授，博导；吴佳丽，中国传媒大学人文学院2018级硕士研究生。
[②] 摘自2011年10月18日中国共产党第十七届中央委员会第六次全体会议通过的《中共中央关于深化文化体制改革推动社会主义文化大发展大繁荣若干重大问题的决定》。

家形象八方面全面阐释了新形势下加快发展特色文化产业的重要意义[①]。大力发展特色文化产业,已经上升为国家文化发展战略。

按照《文化部 财政部关于推动特色文化产业发展的指导意见》(文产发〔2014〕28号),特色文化产业是指依托各地独特的文化资源,通过创意转化、科技提升和市场运作,提供具有鲜明区域特点和民族特色的文化产品和服务的产业形态,《指导意见》同时指出了重点发展领域为工艺品、演艺娱乐、文化旅游、特色节庆、特色展览等特色文化产业。因此,本报告拟从政策演进、工艺美术、特色演艺、节庆会展、非遗文创等几方面的发展现状着手,展现特色文化产业发展的特点及趋势。

一、特色文化产业的政策演进

党的十九大把习近平新时代中国特色社会主义思想确立为党必须长期坚持的指导思想并写入党章,习近平新时代中国特色社会主义思想的核心是实现中华文明伟大复兴,要为世界文明发展提供中国经验。要实现中华文明的伟大复兴,文化不可或缺,中国特色社会主义的文化应当涵盖:中国特色文化保护传承体系、中国特色文化价值体系及中国特色文化生活体系,从而满足人民群众日益增长的文化需求。

早在2003年《文化部关于支持和促进文化产业发展的若干意见》就提出要"走出一条中国特色的文化产业发展道路",要"利用当地文化资源,发展优势文化产业和特色文化产业"。特色文化产业作为特殊门类被列入发展计划。2008年的经济危机后,文化带动经济增长的强劲力量被政府关注,2009年制定的《文化产业振兴规划》提出要"坚持走中国特色文化产业发展道路,学习借鉴世界优秀文化,积极推动中华民族文化繁荣发展"的基本原则,对特色文化产业发展做出具体规划和指导。

2011年党的十七届六中全会通过的《中共中央关于深化文化体制改革推动社会主义文化大发展大繁荣若干重大问题的决定》特别提出了"发掘城市文化资源,发展特色文化产业,建设特色文化城市"的发展路径,提升了特色文化产业的发展高度。2014年文化部、财政部出台《关于推

[①] 齐勇锋,吴莉. 加快发展特色文化产业研究报告[M]// 齐勇锋主编. 中国文化的根基:特色文化产业研究(第一辑). 北京:光明日报出版社,2012:4—13.

动特色文化产业发展的指导意见》，首次在国家层面明确了特色文化产业发展的目标、原则，同年发布的《藏羌彝文化产业走廊规划》是首次从国家层面发布的跨区域产业文化规划。2014年3月国务院印发的《关于推进文化创意和设计服务与相关产业融合发展的若干意见》特别提到"特色文化产业发展工程"，要引导特色文化产业与各领域融合发展，"合理规划、引导实施一批特色文化产业项目，支持建设一批文化特色鲜明、产业优势突出的特色文化产业示范区"并建立特色文化产业带，开启了文化产业与其他产业融合发展的道路。

2015年提出"打赢扶贫攻坚战的决定"后，特色文化产业与扶贫变得密不可分，2017年5月，由中共中央办公厅、国务院办公厅印发并实施的《国家"十三五"时期文化发展改革规划纲要》提出文化发展改革的目标中指出"支持中西部地区、民族地区、贫困地区发展特色文化产业"。2017年中共中央办公厅、国务院办公厅印发的《关于实施中华优秀传统文化传承发展工程的意见》从总体意义和要求、主要内容、重点内容等方面对发展中国特色文化产品做出了全面部署。2018年有关乡村振兴战略的文件《中共中央国务院关于实施乡村振兴战略的意见》和《乡村振兴战略规划（2018—2022年）》都把特色文化产业列为发展目标之一。2019年6月28日向社会征集意见的《文化产业促进法》是中国首部文化法，将对特色文化产业的发展提供良好的法律保障。

由此可见，特色文化产业政策的演进呈现出政策不断"松绑"、由宏观到具体、由孤立到合作的特征，特色文化产业使我国传统文化进入人们的日常生活，展现了中国文化特色，增强了文化自信，逐渐摆脱了政府主导，在市场规律下走出了自身发展的道路，促进了社会主义文化的繁荣，为中国特色社会主义文化建设做出了贡献。

二、产业现状

（一）工艺美术特色文化产业稳定增长，外观设计研发能力显著增强

工艺美术品是指兼具实用和欣赏价值的手工制品，《文化及相关产

业分类（2018）》中把工艺美术品分为雕塑工艺品、金属工艺品、漆器工艺品、花画工艺品等九类。我国民间手工艺品行业市场规模呈逐年增长趋势，据中国产业信息研究网预测，到2020年我国民间手工艺品行业市场规模将达到9992亿元。

同时，我国工艺美术品在国际市场受到广泛欢迎，早在1973年外贸部、轻工业部发布的《关于发展工艺美术生产问题的报告》就指出"我国工艺美术历史悠久，技艺精湛，有独特民族风格，在国际上享有盛誉。发展工艺美术生产，不仅为丰富国内人民物质文化生活所必需，而且是扩大外贸出口，换取外汇，支援社会主义建设的一个重要方面，必须大力增加生产"[1]。2019年我国文化产品进出口总额为1114.5亿美元，其中工艺美术品及收藏品的出口增幅为5.6%，工艺品累计进口金额160854.7万美元，出口金额2974606.5万美元[2]。

以云南省工艺美术品发展为例，2016年，云南以"金木土石布"为核心的民族民间工艺美术品产业实现增加值117.92亿元，占文化产业增加值的26%；重点工艺美术品企业营业收入达421.49亿元，比上年增长68.2%[3]。2019年第十五届国际文化产业博览交易会上，云南共有43家重点文化企业参加，现场成交额400余万元，订单金额1600余万元，在推介会上5个重点项目现场签约，最大金额120亿元[4]。作为知名的民族木雕工艺品牌，2019年"剑川木雕，不算工程在外的大木作、小木作、木雕类年产值为8个亿"[5]，2020年全县木雕产业综合产值将达30亿元。可观的经济效益带动了剑川木雕的从业者数量，该县现有各级木雕非遗

---

[1] 国务院批转外贸部、轻工业部.关于发展工艺美术生产问题的报告（国发〔1973〕46号）[R/OL]. http://www.gov.cn/zhengce/content/2015-11/20/content_10332.htm，2020-9-2.
[2] 中国产业信息.2019年1—12月中国其他工艺品进出口数量、进出口金额统计[R/OL]. http://www.chyxx.com/shuju/202005/866783.html，2020-9-2.
[3] 张勇.金木土石布的三迤传奇——云南民族民间工艺品特色文化产业走笔[N].光明日报，2018-7-16（7）.
[4] 侯婷婷，等.第十五届深圳国际文化产业博览交易会闭幕 云南展团收获1金2银6铜[N].云南日报，2019-5-21.
[5] 顾帧.剑川木雕文化产业园助推木雕文化传承发展[EB/OL]. http://culture.yunnan.cn/system/2019/12/19/030548240.shtml，2020-9-2.

传承人80多人，专业技术人员980多人，从业人员2万多人[①]，木雕特色文化产业已经成为全县农民增收致富的重要产业。

（二）特色演艺产业快速成长，有广阔发展前景

特色演艺是具有地方特色或民族特色的表演艺术，包括旅游演艺、现场音乐、民族演艺等。从2016年到2019年艺术表演团体情况可见，我国演艺产业演出场次、从业人数和总收入等均呈快速增长。旅游演艺作为我国独有的演艺项目为我国演艺事业做出巨大贡献。2019年旅游演出票房增速最猛，票房收入直逼剧场，达73.79亿元，同比上升9.58%[②]。总的来看，我国演艺产业发展稳中有升（表1）。

以《印象丽江》为例，2016年到2018年其演出场次、票房净利润逐渐下降，后者分别同比下降23.64%、57%和29.5%[③]，2019年有所回升，实现营收18236.78万元，同比增长85.28%。可见我国旅游演艺虽整体状况良好，但老牌IP想要在众多新兴演艺中存活还需不断调整发展策略。

表1　2016—2019年艺术表演团体情况

年份	艺术表演团体数（个）	艺术表演团体从业人数（人）	演出场次（万场）	演出收入（万元）
2016	12301	332920	230.6	1308591
2017	15742	402969	293.6	1476786
2018	17123	416374	312.5	1522685
2019	17795	412346	296.8	1277742

资料来源：文化和旅游部《2019年文化和旅游发展统计公报》

（三）节庆与文博会展共同发力，探索独有发展道路

会展是指在特定时间内举行的具有特定主题的社会活动，包括节庆活动、博览会、展销会等。节庆一般分为传统节庆和现代节庆，传统节庆中民族节庆最具特色，当下民族节庆也更多地与当地经济发展密切联系。我

① 赵子忠. 剑川木雕艺术博览会暨剑川木雕文化节开幕[EB/OL]. http://www.sohu.com/a/322200287_99955861, 2019-6-21.
② 灯塔研究院. 回望峥嵘　企盼春天：2019年演出行业洞察报告[R]. 2020-7-6.
③ 资料来源：《丽江玉龙旅游股份有限公司2019年年度报告》。

国节庆众多，据不完全统计，2018年4月以来，各级政府、企业主办或参与各民族各类活动8127个，其中，县级以上政府主办参与4817个，乡、镇、企业主办、参与举办活动3310个，经济涉及总量一年达到180亿元[①]。

以彝族火把节为例，2018年凉山火把节前4天共接待游客215万余人次，旅游收入达10.79亿元，凉山州文旅项目招商引资1134.98亿元，共签署项目19个[②]，2019年凉山火把节全州共接待游客390.69万人次，同比增长3%。其中一日游客304.45万人次，同比增长1.75%，过夜游客86.24万人次，同比增长7.65%；旅游收入18.87亿元，同比增长23.01%[③]。节庆为地方带来了巨大的经济效益，推动了地方经济转型。

博览会以中国（深圳）国际文化产业博览交易会为重要代表，文博会共分9个展馆，每年根据新的文化产业发展动向调整分区内容，近三届固定展馆有文化产业综合馆、"一带一路"·国际馆、非物质文化遗产馆、工艺美术馆，为特色文化产业提供了沟通交流的平台。其中2018年总参观人数达733.285万人次，同比增加10.08%，其中专业观众占总数的17.39%，同比增长7.84%，2019年参展企业、机构数量已增加到2312家。可见深圳文博会发展至今已从迅猛增长进入平稳阶段。此外，宁波特色文化产业博览会自2016年举办以来，总参观人数近100万人次，参展企业突破3500余家，吸引了美国、法国、英国等近50个国家、相关机构及1000余家境外企业，境外参展企业占比达30%。三届宁波文博会现场成交额总计达到12.55亿元，意向成交额34.78亿元。多个重大项目签约，签约总金额约323.91亿元。河北省特色文化产品博览会已举办7届，累计观众人次75万，成交额3050万元，参展企业2400多家，展会面积11万平方米，为助力河北省文化强省建设做出了积极贡献。我国特色产品文博会虽处于起步阶段，但已在摸索中走出自身道路。

[①] 信息来源：微信公众号"越野世界"：《第八届中国民族节庆峰会在张家港开幕》。
[②] 江龙. 凉山彝族传统火把节, 4天吸引215万游客"玩火"[N/OL]. (2018-08-08)[2020-09-02]. http://www.yizuren.com/social/jd/37240.html.
[③] 袁蕾. 2019火把节, 360.69万游客作客大凉山[N/OL]. (2018-08-31)[2020-09-02]. http://www.yizuren.com/social/yw/38449.html.

（四）非物质文化遗产产品的创意开发，助力经济增长

作为特色文化产业的重要组成部分，非遗的创意开发成为特色文化产业新的增长点，2019年在文化及相关产业9个行业中，创意设计服务的营收为12276亿元，增长11.3%，在同样增速超过10%的3个行业中排在第三位[1]，间接说明非遗文创产品具有十分广阔的市场。

目前，含有非遗元素的产品种类众多，由于界定不清晰、管理不规范，很难做到细化的数据统计，但文化创意产品的开发在其中有突出表现。文创产业目前成为特色文化产业的重要经济增长点，据联合国统计，文化创意产业占全球GDP的7%，并以每年10%速度增长，大大高于全国GDP的增长速度，已成为世界经济增长的新动力[2]。在第十二届中国艺术节上，文创产品首次被纳入中国艺术节博览会，458家文创机构共展出5757种文创产品，涵盖文博、非遗等多个品类，文创产品销售金额（含订单）达3400多万元[3]。

非遗文创是现代生活的产物，2019年在贵州丹寨万达小镇举行了我国首届"中国（丹寨）非遗文创节"，其中"中国公益慈善项目大赛·非遗文创专题评选"主题单元吸引了来自全国18个省市的385个优秀项目和产品报名，共有80个非遗公益项目、169件非遗文创产品进入复赛[4]，并且成立了中国非遗文创孵化中心。2019年还开展了"首届中国非遗创艺运动"，其中50强参赛作品涵盖了文创品设计、刺绣、蜡染、皮影、脸谱、剪纸等数十种非遗技艺和设计。此外，浙江还推出了100项优秀非遗旅游商品，涉及雕刻塑造、陶瓷烧造等13类；新疆哈密建立和完善

---

[1] 国家统计局. 2018年全国规模以上文化及相关产业企业营业收入增长8.2%[EB/OL]. http://www.stats.gov.cn/tjsj/zxfb/201901/t20190131_1647735.html，2020-9-2.
[2] 中国产业信息网. 2016年我国文化创意行业竞争格局及发展趋势[EB/OL]. http://www.chyxx.com/industry/201609/452799.html，2020-9-2.
[3] 央广网. 非遗文创受年轻人追捧[EB/OL]. https://baijiahao.baidu.com/s?id=1635921152328131432&wfr=spider&for=pc，2020-9-2.
[4] 姚雅男. 人民日报文创赋能非遗文创节 将共同大力扶持非遗文创[EB/OL]. http://www.sohu.com/a/336095216_565998，2020-9-2.

了231家合作社，近千名绣娘直接参与订单制作，月平均增收1500元[①]，取得了良好的经济和社会效益。非遗与文创的结合，使得非遗在当下重新焕发了生命活力。

三、发展特点

（一）区域化特征明显，东部帮扶作用凸显，西部发展势头强劲

东中西部因地理位置、经济实力等因素，造成特色文化产业有明显区域性差距，2018年东部地区规模以上文化及相关产业企业营收63702亿元，占全国比重为73.5%，西部地区为8393亿元，占全国比重为9.7%，但从增长速度看，西部地区增长11.8%，中部地区增长8.4%，东部地区增长6.1%，东北地区增长1.5%[②]，西部地区文化产业获得显著提升，东西差距正在逐渐缩小。

为促进协调发展，国家出台了东西部扶贫协作的指导意见，制定了东部省、市具体帮扶对象，2016年至2019年，广州市累计向受援地投入财政帮扶资金93亿元[③]；2019年上半年上海市的"双线九进"共举办活动210场，销售商品51.6吨，销售金额459.45万元，20个展销窗口销售商品708.3吨，销售金额1782.99万元[④]；2019年，浙江省全面超额完成与四川、贵州、湖北、吉林四省签订的东西部扶贫协作协议指标，投入东西部扶贫协作财政援助资金34.112亿元，较上年增长20.5%[⑤]。

东部帮扶下的西部特色文化产业也焕发出活力。广西壮族自治区文化厅公布的《2018年度特色文化产业重点项目名单》共有16个项目入选，

[①] 央广网. 非遗文创受年轻人追捧[EB/OL]. https://baijiahao.baidu.com/s?id=1635921152328131432&wfr=spider&for=pc，2020-9-2.
[②] 数据来源于国家统计局《2019年全国规模以上文化及相关产业企业营业收入增长7.0%》。
[③] 吴承华，等. 扶贫协作路上的广州作为[EB/OL]. http://gd.people.com.cn/n2/2020/0519/c123932-34027428.html，2020-9-2.
[④] 上海民建. 2019年上海市精准扶贫十大典型案例[EB/OL]. http://obridge.eastday.com/n2967/n2971/n3200/n4113/u1ai1921517.html，2020-9-2.
[⑤] 人民网. 浙江高质量推进东西部扶贫协作工作[EB/OL]. http://zj.people.com.cn/n2/2020/0401/c186806-33918414.html，2020-9-2.

其中《桂林千古情》到 2019 年 7 月 27 日开业一周年时，共接待游客 360 万人次，累计演出约 1000 场，单日最高演出 6 场，是广西演出场次、观众人数最多的大型旅游演出[1]。此外广西盘王节 2019 年接待游客 10 余万人，实现收入超 1000 万元[2]；2019 年内蒙古的那达慕大会游客达 10 万人次。在近 5 年文化产业增长指数最快的 10 个省份中，前 3 位广西、内蒙古、重庆都属于西部地区，因此在政策扶持、经济扶持和原有文化积淀的三重助力下，西部地区的特色文化产业有着强劲发展势头。

（二）融合趋势凸显，发展势头强劲，为特色文化产业注入新鲜血液

特色文化产业呈现出与多个行业融合的特征，包括与旅游、金融、科技等的融合。据统计，2019 年文旅产业全行业投融资事件 431 起，较 2018 年增长 45.61%；已披露的投融资总金额 17879.09 亿元，较 2018 年增长 30.11%。目的地资源端新增投资项目 317 个，占全年文旅产业投融资事件总数的 73.55%。其中文旅特色小镇的新签约或开工文旅项目共 91 个，已披露的拟投资金额达 7295.96 亿元，仍保持较高活跃度[3]。

文旅融合中特色小镇的发展尤为显著，目前住建部公布的第一、第二批全国特色小镇名单共有 403 个。以中青旅旗下的乌镇和古北水镇为例，古北水镇融合了众多文化元素，如酒文化、茶文化、旗袍等传统特色文化，还有油纸伞、皮影、京剧等非遗元素，构成了典型的文旅融合。古北水镇与乌镇的游客数量在 2018 年有一定下滑，但营收仍保持增长。古北水镇 2019 年营业收入为 9.5 亿元，比上一年减少 0.48 亿元，且房地产领域的绝对贡献净利润占比较大。乌镇作为我国古镇代表，2019 年营收 21.79 亿元，且从 2016—2019 年保持平稳增长。与乌镇相比，古北水镇发展状

---

[1] 大湘文旅. 桂林迎来"千古情"时刻，一年接待游客达 360 万人次[EB/OL]. https://hn.qq.com/a/20190807/007581.htm, 2020-9-2.
[2] 黄柳英，杨丁香. 江华瑶族盘王节吸引游客 10 余万人次 实现旅游收入逾 1000 万元[EB/OL]. https://new.qq.com/rain/a/20191115A04K56, 2020-9-2.
[3] 新旅界. 读懂 2019 年中国文旅投融资全景，这份报告就够了[EB/OL]. https://www.sohu.com/a/409904673_476087?_f=index_pagefocus_5&_trans_=000014_bdss_dktfyw, 2020-9-2.

况不佳，可见各地特色小镇建设虽热闹，但想要维持好的口碑和经济效益还需进一步探索。（图1）

图1 2016—2019年古北水镇和乌镇营收情况（资料来源：中青旅年度报告）

此外，特色文化产业在与科技、互联网的融合中也取得不菲成绩，2019中国（宁波）特色文化产业博览会展览面积总计40000平方米，共6大主题展馆，吸引了来自境内外160余个团组，1000余家企业参展，在意大利展区引进亚洲首次达·芬奇数字艺术展，现场成交额6.12亿元，同比增长11%，签约总金额超过70亿元，总签约金额97.25亿元[1]。各行业与特色文化的融合已是大势所趋。

（三）特色文化产业传播方式多样化，短视频成为传播新路径

网络新媒体的快速发展为特色文化产业的传播找到了重要的突破口，影视、动漫、短视频等多元化方式革新了特色文化的传播路径。从现状来看，短视频的传播有速度更快、直观性强、操作简单、准入门槛低等优势，但也存在杂多无序、传播效率低下、缺乏创新性、用户黏性不强等问题。从具体实践成效来看，短视频已成为当下最具传播力的媒介。

抖音和快手2019年分别推出"非遗合伙人计划"和"快手非遗带头人计划"，据统计，截至2019年4月，在抖音1372项国家级非遗代表

---

[1] 城市印象. 2019中国（宁波）特色文化产业博览会[EB/OL]. http://www.huaxia.com/qqla/csyx/2019/04/15/6078836.html, 2020-9-2.

项目中有 1214 项相关内容的传播，覆盖率超过 88%，共产生了超过 2400 万条视频和超过 1065 亿次播放[①]。截至 2019 年 3 月，在快手有 989 项与 1372 项国家级非遗相关，占比高达 72%，在 2018—2019 年，有 252 万名用户在快手上发布至少 1 条以上的非遗内容，累积了 1164 万条非遗视频内容，共 250 亿播放量和 5 亿点赞量[②]。

短视频平台开放的商品橱窗在对特色文化产品进行宣传的同时也为创作者带来收益，网红李子柒作为美食自媒体在抖音有 3965.1 万粉丝，其商品橱窗主要以美食为主，19 件商品销售量共达 677112 件，并且在其创建的东方非遗传承合集中已均达 40 万播放量，形成文化宣传和经济效益的双赢。

（四）特色文化产业扶贫优势凸显，扶智与扶志双管齐下

十八大以来，习近平总书记提出精准扶贫的思想，变"输血"式扶贫为"造血"式扶贫，为今后的扶贫工作指明了道路。特色文化产业以自身优势为贫困地区带来经济效益的同时，有助于提升人的素质，增强脱贫意识，摆脱"等、靠、要"的不良思想。

目前我国贫困人口及贫困发生率呈逐年递减趋势，2019 年已降低到 551 万人（图 2），虽然城镇居民消费支出与农村居民消费支出有巨大的差距，但随着贫困人口的逐年减少和人均可支配收入的逐年增长，意味着在城市文化消费趋于饱和的情况下，贫困地区的特色文化产业有巨大市场潜力。以贵州省为例，作为我国扶贫攻坚的"省级样本"，2019 年贵州省政府工作报告显示，贵州省 2019 年全年贫困人口降低为 30.83 万人，贫困发生率降至 0.85%，扶贫工作取得了显著成效。由于蕴含丰富的文化资源，特色文化产业一直是贵州经济发展的重头戏，旅游业的发展最为显著。2016—2019 年贵州省旅游总收入由 5027.54 亿元增长为 12321.81 亿元，可谓飞跃式发展，且 2019 年旅游收入占地区生产总值比重的 73.48%。而

[①] 中国日报网．抖音总裁张楠：每一种非遗都应该被看见[EB/OL]. https://baijiahao.baidu.com/s?id=1631224064209716527&wfr=spider&for=pc，2020-9-2.
[②] 中国日报网．快手 CSR 负责人张帆：短视频让非遗文化"活"起来[EB/OL]. https://baijiahao.baidu.com/s?id=1634290414670832978&wfr=spider&for=pc，2020-9-2.

旅游人数 2019 年突破 100000 万人，达到 113517.7 万人，增长 17.2%[①]。

基于这种良好发展势头，贵州省文旅厅于 2017 年出台了《文化扶贫行动计划（2017—2019）》，其中文化富民的规划提出加强文化遗产保护和利用、实施县域文化产业、推进文旅融合的具体措施。如 2019 年 12 月"中国非遗年度人物"中的提名候选人石丽平，作为贵州纺织类非遗民营企业的带头人，经过多年努力，公司目前打造了一支 260 人的贵州纺织非遗技术生产队伍，并且带动松桃县以及周边地区的 4000 多名妇女在家门口就业[②]，贵州另一位候选人韦桃花 2015 年至 2019 年，共培训马尾绣绣娘 12000 多人（次），其中贫困户 7500 多人，目前为止，共带动农村妇女、传承人、手工艺人、残疾人、贫困户等 10000 余人实现在家创业就业，人年均增收 5000 元以上，其中涉及 30 多个贫困村和 3000 个贫困户[③]，为贵州省脱贫攻坚贡献了力量。

图 2　2016—2019 年我国农村贫困情况 [资料来源：国家统计局《中国统计年鉴（2019）》]

---

① 中国产业信息. 2019 年贵州省旅游发展现状及发展策略分析 [EB/OL]. http://www.chyxx.com/industry/202008/886629.html，2020-9-2.
② 王媛整理. 2019 "中国非遗年度人物" 30 位提名候选人：石丽平 [EB/OL]. http://topics.gmw.cn/2019-12/10/content_33390384.htm，2020-9-2.
③ 王媛整理. 2019 "中国非遗年度人物" 30 位提名候选人：韦桃花 [EB/OL]. http://topics.gmw.cn/2019-12/10/content_33390387.htm，2020-9-2.

四、存在问题

自十七届六中全会的《决定》发布后，特色产业文化得到各级党委和政府的高度重视，在发展过程中也取得了一系列显著成果，但近年来随着田野调查和理论研究的深入，特色文化产业发展过程中的种种问题逐渐浮现并亟待解决。

（一）缺乏产品创意和技术人才，难以扩大市场

目前特色文化产业的产品大多缺乏创新性和技术性，相关人才是特色文化产业必不可少的要素。人才缺乏主要有三方面原因。一是高校培养方案的不完善。在1998年教育部开设公共管理学科本科专业后，各大高校相继增加了文化产业相关专业，但初期只是依托于文学、管理学、艺术学等学院，因此由于教师专业性不强、教学资源缺失、学科经验不足等，造成学生专业知识浮于表面，社会实践与体验不足，复合型人才更是严重缺失。二是受现代工业生产的冲击。传统特色文化产品的生产多数依靠手工，通过机器实现流水线生产的现代工业减少了生产步骤，解放了制作者的双手，但是产品蕴含的文化理念也随之流失，许多从业者失去对产品的认同感和归属感。三是人才与特色文化资源分布错位。文化创意及设计人才多分布在教育资源和社会资源丰富的东部沿海地区或一、二线城市，而我国的中西部地区虽然经济比较落后，但特色文化相对丰富，形成人才与资源之间的错位。

（二）缺少充足的资金支持

特色文化产业的发展为我国经济发展带来巨大效益，随之带来的是对投融资需求的日益增强，但我国特色文化产业"轻资产""小规模""高风险"的特征，让诸多资本望而却步，限制了特色文化产业的进一步发展，主要表现为三方面的原因。一是特色文化产业价值评估体系的不完善导致融资路径少。特色文化产业属于无形资产，不稳定因素多，最终的收益难以预算，并且这类型文化产品的可复制性强、保密性小，对评估结

果也会造成影响。二是特色文化产业囊括众多领域，金融机构难以及时跟进相对应的政策。三是特色文化产业融资政策不完善。虽然各地区已经认识到特色文化产业的巨大发展潜力，但政府财政投入不足，尤其对新发展起来的民营企业不够重视，资金分配不合理，在投入后没有后续的监察与经验总结。

（三）缺乏行业规范，产业链不完善，导致恶性竞争

特色文化企业大都由家庭式小作坊发展而来，没有严格有序的管理模式与产业结构，各自圈地缺乏沟通，也没有合理的行业标准规范，而特色文化产品与文化产品之间界限模糊且产品种类繁多，也给规范的制定带来困难。很多经营者对产品的定位意识不强，许多产品大同小异，很难激发消费者的购买欲望；大部分特色文化企业没有足够的资金实现设计、生产、销售一体的经营模式，产业链不完善，造成资源浪费、效率低下、收益不高等后果；在资源有限情况下各商家为了抢占市场会互相压价，导致恶性竞争；传统的家庭式经营模式不能及时适应时代发展要求，在电商盛行的背景下局限于线下销售。这些都不利于企业和特色文化产业的健康发展。

（四）产业规模普遍较小，缺少龙头企业和知名品牌，同质化现象严重

特色文化产业是由民间自发发展，其后才有政策上的呼应，使特色文化产业形成规模普遍较小、分布散乱的特点。大型知名企业一般集中在文化旅游等休闲娱乐行业，虽然文化价值不高但娱乐性强，受众面更广，占据了大部分市场，而特色手工艺类产品由于高投资、高风险、难以创新，主要以小型企业或作坊为主，并且大多位于农村地区特别是少数民族，经济基础薄弱，难以支撑扩大产业规模或创建大型企业，造成特色文化产业龙头企业和知名品牌缺失。在这种情况下难以实现产品创新，为降低成本，企业之间互相模仿，"山寨"产品泛滥，同质化现象严重，长此以往形成恶性循环。

五、未来展望

党的十九大提出乡村振兴战略，作为新时代"三农"工作的总抓手，它既是巩固脱贫攻坚成果、拓展美丽中国建设的重要举措，也是新形势下按照党的十九大关于高质量发展的要求，弥补三农问题短板，缩小城乡差距、区域差距，优化经济结构，建设现代化国家的重大战略决策。《乡村振兴战略规划（2018—2022年）》指出，要建设一批特色鲜明、优势突出的农耕文化产业展示区，打造一批特色文化产业乡镇、文化产业特色村和文化产业群。

当前，在大规模的脱贫攻坚即将结束，乡村振兴已经全面开展的新起点上，要充分认识特色文化产业在脱贫攻坚和乡村振兴衔接和深化中的独特地位与作用，把特色文化产业发展与乡村文化建设、产业发展、生态文明、乡村治理、城乡融合更加紧密地结合起来，统筹协调，使之在巩固提升脱贫攻坚成果、推动乡村振兴中发挥更大、更好的引领性作用。

（一）大力发展特色文化产业是巩固精准脱贫成果、实现乡村产业振兴的有效路径选择

实践表明，特色文化产业兼具文化遗产保护传承、产业发展、就业创业、生态环保和可持续发展等多重意义，有利于群众在本地文化资源转化和开发过程中启蒙心智，提高文化自信心和乡土情怀，转变精神状态，是一种内生性、造血型，符合中国国情特点的脱贫方式和乡村文化经济发展模式，即习近平总书记所说"扶贫先扶智"。可见特色文化产业不仅是精准脱贫与乡村振兴的重要抓手，而且在二者依次递进、相互衔接中能够发挥文化积累、精神纽带、产业可持续发展等方面的重要作用。因此，要把特色文化产业发展和乡村公共文化服务体系建设融为一体，同步安排，相互促进，促使公共文化服务体系建设更加社会化，而特色文化产业发展进一步公共化，不断焕发乡村活力，推动乡村文化经济实现在地性、体验性、创新性和可持续发展。

（二）特色文化产业发展将进一步贴近民生的生活化、艺术化和审美性功能

特色文化产业源自民间，历史悠久，细分行业众多，产品五彩缤纷，各具特色，与民众日常生活生产中的服饰、饮食、住宅、装修、婚姻、生老病死、节庆活动以及时令轮替等融为一体，群众喜闻乐见，消费市场广阔。要按照高质量发展的要求，大力挖掘特色文化资源及其产品中的美学价值、艺术价值，使之品牌化、符号化、时尚化，不断提高品位，优化结构，创作更多、更好、更为丰富多样的特色文化产品，满足群众对高品质生活的追求。从而有利于优化乡村生态环境，扩大消费市场，彰显其在脱贫攻坚和乡村振兴依次递进过程中所蕴含的文化传承、艺术涵养、教育启迪功能及其经济社会效益，释放文化富民、文化惠民和文化励民的巨大价值。

（三）推动特色文化产业与旅游及相关产业融合发展，使之在乡村振兴中发挥更大的引领性作用

文化产业以内容生产为核心，而旅游产业则以体验消费为主导，因此，文化产业是内容是价值，而旅游则是体验是载体，二者功能有明显差异，但都属于以满足人的精神文化需求为目的的"人本产业"，是符合消费结构转型升级的朝阳产业，具有娱乐性、参与性、时尚性和个性化特征，在国民经济统计体系中同属于产业政策支持的新兴服务业，发展空间广阔，前景无限。要按照文化和旅游部提出的"宜融则融，能融尽融"的要求，进一步完善相关政策措施，尤其是要通过数字化、人工智能、大数据和新媒体等文化科技政策的广泛应用，借助高科技平台高起点发展特色文化产业，提高产品的科技含量，使之在与旅游及相关产业融合发展中发挥更大的辐射和溢出效应，满足人民对高质量生活的追求。

（四）特色文化产业将在城乡融合、产城融合中发挥独特作用

乡村振兴和新型城镇化作为现代化进程中的两翼，只有不断跨界渗

透、融合发展才能取得预期的效果。实践表明，文化产业尤其是特色文化产业所具有的精神文化服务的体验性、个性化特征，具备比工业化的物质产品更贴近人的生活化、时尚化和体验化的消费需求，因而能够兼容城乡人民的生产、生活偏好，在推动产城融合、城乡融合中发挥比工业经济更具辐射力、溢出性的跨界融合效果。随着近年来脱贫攻坚和乡村振兴的深入发展，我国文化产业尤其是特色文化产业的空间分布，通过创意农庄、田园综合体、文化产业园区和特色小镇等新型业态，日益从先前的"散点结构"向"团块结构""带状结构"的集聚状态转变，促使城乡之间、产城之间的生产、生活方式融为一体，为破解长期以来"城乡分离"的瓶颈问题提供了切实可行的现实路径。

（五）要高度重视东部发达地区对口帮扶在推动中西部特色文化产业发展中的积极作用

对口帮扶是中西部欠发达地区除了中央财政转移支付之外的主要"增量"来源。为充分发挥这一体现中国特色社会主义优越性的扶贫和乡村振兴方式，使这一增量资源在对口帮扶中能够发挥更大作用，要根据当前中西部大多数县、区已经或即将脱贫，以及未来在乡村全面振兴中对可持续发展的更高要求，建议不失时机地把先前对口帮扶以基础设施建设等"硬投入"为主，逐步向"软硬并重"并最终向"软投入"为主转变，更大程度地发挥通过特色文化产业精准扶贫，进而实现"精神脱贫"，以及人力资本迭代积累从而推动中西部欠发达地区形成"造血机制"，实现可持续发展的最终目标。

特色文化产业链的理论与实践：基于陕西的研究

■赵 东[①]

摘要：特色文化产业是专门突出依托区域独特文化资源形成一定规模而提升出的文化业态。特色文化产业链的理论目前还比较薄弱，在研究和实践中都认识到创意很重要，但谁来创意，如何创意？特色文化资源是特色文化产业的基础，更是特色文化产业链的基础，围绕特色文化资源与特色文化产品更能体现特色文化产业及其产业链特质。特色文化产业链构建主要表现为接通与延伸，在接通中更应发挥政府的作用，延伸不仅是拉长，而且要注重加粗，以彻底打通融合一、二、三产业。陕西以袁家村、华州皮影等为代表的特色文化产业链在发展实践中很具现实借鉴意义。

关键词：特色文化产业；产业链；特色文化资源；陕西

文化产业是社会经济发展到一定阶段的产业形态，特色文化产业则是我国文化产业发展到一定阶段的特殊产物。近年来，我国特色文化产业蓬勃发展，在社会经济文化发展中，特别是在新时代脱贫攻坚、乡村振兴等战略举措中有着重要意义。作为产业形态，特色文化产业链需要在实践和研究中高度关注。

一、从产业链到文化产业链

产业链思想最早源于西方经典经济学家的相关论断，后来的西方经济学家们也进行了一定研究。但是，真正得到关注并深入研究而形成较为系统的产业链理论，是在20世纪90年代后的中国。"从某种意义上来说，

[①] 赵东，陕西省社会科学院副研究员，陕西文化产业发展研究中心主任，山东大学文化产业博士，主要研究方向：文化资源与文化产业。

产业链是比较具有中国特色的经济学概念。"[1]国内最早明确提出"产业链"概念的是 1985 年姚齐源、宋伍生针对"有计划的商品经济",建议区域宏观决策机构需要选择"战略重点(产业链)及相应的结构调整方向,编制相互协调的产业链发展规划……"[2]。随着我国经济高速发展和理论研究的深化,产业界和学术界越来越认识到产业链的重要性,一方面企业纷纷在运营中进行探索,一方面专家学者们则从产业链的内涵、类型、构建以至优化整合等不同层面进行着研究,逐渐初步形成了包括文化产业在内的众多产业门类的中国产业链理论体系。

对于产业链的基本内涵,刘贵富曾罗列了 23 组国内学者和美国社会经济学家哈里森·怀特对产业链的定义。这些定义因专业背景不同、研究视角和出发点不同而有不同表述,但又有一些相同点:(1)产业链中包含不同的相关产业;(2)产业链中存在上下游关系;(3)产业链是一条增值链。[3]基于此以及实践运行,可以认为产业链是在同一产业或不同产业中以主导产品为基础,以价值增值为导向,以满足相关用户需求为目标,以投入产出为纽带形成的上下关联的、动态的链式关系。从不同角度,产业链可以划分出不同类型。按照相关产业归属关系,产业链可分为不同企业产业链和集团企业产业链。按照产业链中不同企业的地位,可分为王国式产业链、共和式产业链及联邦式产业链。[4]按照产业链所属行业属性,可分为农林畜牧产业链、机械制造产业链、建筑产业链、通信产业链、金融产业链、餐饮住宿产业链、网络 IT 产业链、文化产业链等。

随着文化产业越来越成为国民经济发展的重要产业部门,文化产业链日益得到了关注。国内学界在对文化产业链解读时,大致有三种认识:一是创意龙头论;二是文化资源论;三是文化产品论。

创意龙头论强调文化产业链是"以创意为龙头,以内容为核心,驱动文化产品的制造,带动后续产品开发,形成上下联动、左右衔接的经

---

[1] 刘贵富.产业链基本理论研究[D].吉林大学,2006:6.
[2] 姚齐源,宋伍生.有计划商品经济的实现模式——区域市场[J].天府新论,1985(3).
[3] 刘贵富.产业链基本内涵研究[J].工业技术经济,2007(8).
[4] 范晓屏.工业园区与区域经济发展[M].北京:航空工业出版社,2005:200—202.

济循环链条"①。随着近年来 IP 全面热至整个文旅领域后，创意在文化产业链中的地位进一步强化，甚至被出版等行业认为是产业的上游环节。②文化资源论从文化资源是文化产业发展的重要基础和前提出发，认为文化产业链是不同"主体对文化资源的探索、开发、加工处理以及反馈，最终面向广大消费者的一个价值增值过程"。文化产业链的上游是相关原材料的开发和利用；中游是文化产品的深加工；下游是文化产品的销售和变现③。在发展区域文化产业时，从开始就应结合区域文化资源优势，设计策划文化产业链。不同类型的文化资源可以设计出不同的文化产业链条，诸如文化旅游产业链、会展产业链、传统工艺产业链、民间娱乐产业链、演艺产业链等④。在文化产业发展中，各个文化产业链时而交织，形成美国新经济社会学家哈里森·怀特所提出的功能网链。文化产品论认为文化产业链是围绕文化产品展开的多重环节、不同层面因素共同构建而成的关联体系。在文化产业链体系中，可以向后关联至和生产文化产品的物质材料相关的农业或工业部门、技术设备相关的工业部门以及创意设计等部门；可以向前关联使该文化产品成为其他产业的基础⑤，可以衍生新的文化产品成为相对的文化新业态，也可以作为关联产业的材料或前提。

学者们解读文化产业链的出发点不同，但指向一致，互为一体，主要表现为通过对文化资源进行创意开发、生产文化产品以及流通销售等环节形成文化产业链，前后左右关联而达到增值。在关联中，任一环节的产业基于各种因素充分发展，都有利于文化产业的发展壮大。哪怕其中一个环节发展成非文化性的产业，但由于它服务于主导的文化产业或者由主导的文化产业延伸而出，也都可以归于整个文化产业链体系。

在社会主义市场经济条件下，"产业链形成是市场自发行为和政府自

---

① 欧阳友权．文化产业通论[M]．长沙：湖南人民出版社，2006：89．
② 张俊．IP 在文化产业链中的价值流动规律研究[J]．科技与出版，2017（1）．
③ 王业球，周晓宏，凌利．区域文化产业链系统动力学分析[J]．科技和产业，2011（4）．
④ 王志标．文化产业链设计[J]．科学学研究，2007（2）．
⑤ 何群．文化生产及产品分析[M]．北京：高等教育出版社，2006：2—14．

觉行为的有机统一",接通与延伸是其两个重要方面[①]。在文化产业链中,原来互不关联但又存在上、中、下游关系的产业或环节接通后形成合作关系,从而可以产生以前所不具备的利益共享、风险共担等方面的功能效益。文化产业链延伸则通常是一个主导文化产业(门类),对产业环节进行劳动力、资金、技术、管理等方面投入,使其发展壮大并取得应有的效益。在我国,文化产业链多具有区域发展视野,政府和中间组织起着更大作用,往往形成他组织产业链,较多呈现文化产业园形式;在文化产业链延伸中,则多是因市场效益发展到一定程度而形成的自组织产业链,很多最终呈现为集团化发展模式。当前,我国文化体制改革不断深化,现代文化市场体系不断健全,市场在资源配置中日益起到主导作用,使得自组织模式越来越成为文化产业链中的重要表现。文化产业链延伸存在纵向和横向两种态势。纵向延伸包括前纵向延伸到文化资源或生产资料等环节和后纵向延伸到新类型的文化产品或服务以及衍生品等环节;横向延伸主要是在文化生产和产品销售等各环节的某一环节中业务不断扩展壮大[②]。

二、特色文化产业与特色文化产业链研究现状

特色文化产业是中国文化产业发展到一定阶段专门突出依托区域独特文化资源形成一定规模而提升出来的文化业态。在我国文化产业发展初期,主战场在大中城市和发达地区,依托理念、人才、创意、科技、资金、政策执行力等优势,纷纷取得了显著成就。但是,随着文化产业的深入发展、人们文化消费需求不断扩大与国家全面建成小康社会、脱贫攻坚、乡村振兴战略、区域协调发展战略等一系列大政方针的深化实施,则要求西部、小城镇、乡村、老少边穷等欠发达区域也要发展文化产业。这些地区存在着很多不足,但很多区域,"尤其是民族聚居区和边远地区还保留和传承着丰富多彩且越来越稀缺珍贵的传统文化和民族文化,一些区域还生态环境保存完好、自然资源蕴藏丰富"[③],呈现着独特而优

---

① 龚勤林. 区域产业链研究[D]. 四川大学,2004.
② 冯华,温岳中. 产业链视角下的我国文化产业发展[J]. 国家行政学院学报,2011(5).
③ 李炎,王佳. 文化需求与特色文化产业发展[J]. 学习与探索,2012(1).

良的文化资源禀赋。充分利用这些独特的文化资源是发达地区跨越式发展文化产业的重要选择。

独特的文化资源是相应区域发展文化产业的天然优势，因此而形成的特色文化产业对文化消费者有着强烈的吸引力。这一方面有利于提供更加丰富的文化产品满足广大民众的文化需求、扩大文化产业效应；另一方面则成为独特文化资源所在地文化产业发展的重要表现，并带动区域文化、经济、社会发展，促进更大局面文化产业平衡、协调、全面发展。很大程度上也正是针对这种情况，2014年国家发布了《关于推动特色文化产业发展的指导意见》。该文件要求的很多主要目标已基本完成，效果良好，特别是在脱贫攻坚中体现了很大作用。今后很长时期，该文件仍有指导意义，诸如在深化"一带一路"建设、中华优秀传统文化传承和发展、乡村振兴战略、国家和社会文化治理等行动中，特色文化产业还要扮演重要的角色。

特色文化产业是当前很多区域文化产业发展的重要发力点，但总体上理论研究还比较薄弱，远远落后于实践[1]。特色文化产业链的问题更在探研之中，从现有文献来看，主要存在三个层面。

在宏观层面，学者们围绕特色文化产业的集群、集聚论及产业链问题。姜长宝把构建完整和稳定的特色文化产业链作为实现特色文化产业集聚可持续发展的对策之一，提出"整合生产、旅游、商贸于一体，打造完整的特色文化产业链"[2]等观点；林玮认为应该通过对文化资源多次开发解决特色文化产业集群产业链较短的问题[3]；金颖若提出在特色文化产业园区化集聚发展中，可"以产业链竞争代替单项产品的竞争"[4]。在中观层面，更多探讨了非遗文化产业发展中的产业链问题。吕庆华等从非物质文化遗产与新型文化业态融合视角，提出构建"以非遗为中心的新型

---

[1] 马健. 人力资源要素导向的区域特色文化产业发展战略研究——兼论成都特色文化产业发展战略[J]. 四川戏剧，2019（4）.
[2] 姜长宝. 区域特色文化产业集聚发展的制约因素及对策[J]. 特区经济，2009（9）.
[3] 林玮. 特色文化产业集群的资源开发与乡村实践[J]. 西北农林科技大学学报（社会科学版），2014（1）.
[4] 金颖若. 特色文化产业的特色集聚形态及机理[J]. 贵州大学学报（社会科学版），2017（3）.

文化产业链,实现资源到产品、产品到市场的价值增值最大化"[1]。张秉福指出应按照"资源—资产(资本)—企业—产业"的发展思路,集聚和整合非遗项目各环节的资源要素,构建产业链[2]。在微观层面,主要进行了一些个案分析,如认识到唐卡产业链与唐卡文化产业链的区别与联系,需要从唐卡产业链升级为唐卡文化产业链,在模式和实践中存在整合、外扩以及与其他产业融合发展等[3]。

从宏观到微观相关成果均对特色文化产业发展有一定指导作用,但主要强调了产业链对特色文化产业发展的重要性,只是把产业链作为特色文化产业发展的相应路径对策,大多嵌入相关内容之中,而特色文化产业链的很多问题和理论等则还需深化讨论。

三、特色文化产业链中的几个重要问题

基于文化产业链的三种认识以及产业链相关理论,结合特色文化产业的特性以及研究现状等,特色文化产业链的几个问题在当前颇需认知。

(一)特色文化产业链中的创意问题

特色文化产业属于文化产业范畴,在发展中创意必不可少,在产业链构建中更不能缺位。在《关于推动特色文化产业发展的指导意见》中就特别强调"创意引领","延伸产业链条,拓展特色文化产业发展空间"。但是,特色文化产业很大程度上是一个和现代文化创意产业相对的概念,高端创意和技术人才缺乏,产业规模一般不大,多是"草根文化产业",带有显明的自发性和师徒或家族相沿的传承性[4],多在不断的文化积淀基础上产生形成发展而来,通常"不是纯粹的'内容产业'和'创意产业'"[5],本身创意含量相对偏低,即使有些业态表现出较强的内容创意性,也更

---

[1] 黄益军,吕庆华. 非物质文化遗产与新型文化业态的融合[J]. 重庆社会科学,2015(12).
[2] 张秉福. 我国非物质文化遗产产业化的科学发展[J]. 甘肃社会科学,2017(6).
[3] 吴化城. 唐卡文化产业链的升级与实践[M]//中国文化的根基:特色文化产业研究(第二辑). 北京:光明日报出版社,2016:232—245.
[4] 齐勇锋,吴莉. 特色文化产业发展研究[J]. 中国特色社会主义研究,2013(5).
[5] 熊正贤,吴黎围. 我国特色文化产业研究综述与展望[J]. 中华文化论坛,2015(6).

多是世代传承的结晶。在特色文化产业发展中，大多是自然而然被动式形成产业链，虽然不排除带有创意性，但和大规模产业集团主动式创意构建创新产业链不能相比。特色文化产业的龙头环节多是传承学习而来的技艺技术，虽然有着一定的创意成分，但要有深度的创意创新，向外借力则尤其重要。

在中华民族伟大复兴的新时代，融文化传承、遗产保护、创业就业和产业发展于一体，兼具公共性与产业化的特色文化产业，一方面更加依赖一些对特色文化资源有着较深情结、懂特色文化又懂经营管理的领军者及其运营主体的创意谋划；另一方面则要求政府必须扮演更为重要的角色，诸如支持一些具有"领军"潜力的特色文化产业主体经营者参加国内外相关理论培训交流，开阔他们的视野，提升他们的运营管理创意能力。同时，应积极引导各相关高等院校、科研院所、大型文化企业和中间组织帮扶具有发展潜力的特色文化企业（作坊）创意；扶持对特色文化产业有浓厚兴趣的、实力雄厚的文化企业整合特色文化产业资源，加强特色文化产品创意以及设计构建创新特色文化产业链。尤其是对于特色文化产业龙头环节中的深度文化创意研发以至创新相关业态，则应充分借用外脑，通过学术研讨、研发指导、项目诊断等方式强化创意，甚或引进大学生、创意机构等群体直接进行特色文化产品研发并创新业态。

（二）特色文化产业链与特色文化资源、特色文化产品

特色文化产业是基于传统的、民族的、特色文化资源的文化产业，在发展中运用一般文化产业中的强化创意、科技驱动、文化产业园区以及构建产业链等手段都是为了把相应的特色文化资源转化为特色文化产品，形成特色文化产业，以有效保护和合理利用这些特色文化资源、复兴优秀传统文化、扩大就业创业、促进地方经济发展、推动乡村振兴、提升区域文化软实力、满足人们对美好生活的向往等。因此，在特色文化产业链中，围绕特色文化资源与特色文化产品则更能体现特色文化产业的特质。

特色文化资源是较为明显区别于他人的凝结了"物质劳动和精神劳动，是所有具有精神属性的产品、服务和活动的综合"[①]，从开始就有着文化产品的表征。特色文化资源可以是物质的；也可以是非物质、技艺传承性（以"非遗"为代表）的；还可以是自然的，有些是原生态的，有些则是加工或深加工的；有些完全是资源，有些已是文化产品。随着人类社会的发展演变，资源与产品不断交融，特色文化资源越来越为厚实，相关特色文化产品更加丰富，逐渐呈现出特色文化业态，直至现代话语中的特色文化产业。在此过程中，社会分工日益细化，特色文化产业链逐渐显露。鉴于产业链对产业发展的重要作用和对整个社会发展的带动辐射，在当前大力发展特色文化产业时代，必须积极主动构建创新特色文化产业链。

特色文化产业链的本质就是充分利用特色文化资源的文化经济价值。为了充分利用特色文化资源，几乎在每一个环节——哪怕是对原材料的初加工阶段都会存在产业链，毕竟个体乃至某类群体所掌握的资源（包括技术、资金、材料等）比较有限，所以到了特色文化产品深加工进一步利用特色文化资源阶段，更是广泛存在产业链。虽然在当前特色文化产业发展中强调以创意为引领，但基于特色文化产业的特性，在产业链环节中很多业态都是文化领域之外的一、二、三产业中创意性较弱的民众生产，存在着大量农业生产、工业制造（手工制作）和服务业。特色文化产业链相关业态可以单独形成产品产业，也可以为其他产业服务，但是都因为服务于利用特色文化资源、生产或销售特色文化产品而成为特色文化产业链中的一环。因此，很多低学历人群也能生产从事特色文化产业链中的文化产品和业态，可见，文化产业链在文化产业扩大就业创业、脱贫攻坚、乡村振兴中有更多的优势，对整个区域发展有很大推动作用。

（三）特色文化产业链的接通与延伸

一般文化产业往往因其自身较强的创意性和对高端创意人才的黏合

[①] 向勇. 特色文化资源的价值评估与开发模式研究[J]. 北京联合大学学报（人文社会科学版），2015（2）.

性，面对市场和业态发展，产业链接通与延伸状况总体较好。然而，基于自身因素，特色文化产业链的接通与延伸更具讨论意义。

特色文化产业多处于欠发达地区，或者属于文化产业中的"边缘弱势群体"，很多从业者（甚至是经营管理者）传统思维印痕较深，有些还表现出"小农意识"，对社会发展和市场变化的嗅觉不是非常灵敏，创意创新意识不是很强，信息不对称的状况时有出现，相关产业各自利用资源、各自延伸，自成体系，使得在产业链形态上表现出"孤环""断链"和"短链"，而不能互补、共同抗击市场风险、形成产业竞争力、共同发展。基于特色文化产业蕴含的特殊意义和作用，区域政府和中间组织更多在其产业链接通中助力，或者是发展势头良好的特色文化产业主体通过引领、投资等方式和相关产业链环自发式共同构建关键的接通环节。目前，在特色文化产业链接通中主要存在特色文化产业园、专业合作社和特色小镇等几种模式。特色文化产业园更多运用现代文化产业（园）集群化发展理念，多在文化产业氛围较好、特色文化产业已有一定成熟度的地区由政府引导形成。专业合作社相对更为普遍，有政府引导性质的，有中间组织推动成立的，也有实力型企业（组织）构建的，还有相关个体从业者自发形成；或者几种力量都有，共同发起。特色小镇处于特色文化产业园和专业合作社之间，有政府引导建设而成的专业且极具特色的园区式小镇，也有集各类专业合作社于一体的产业链式小镇。

特色文化产业链延伸是特色文化产业发展中更为常见的形态，纵向延伸和横向延伸普遍存在。基于我国特色文化产业的特性及其所承担的一定使命，产业链前纵向延伸重在挖掘利用相应特色文化资源，将生产资料环节深度发展，使更多的群众参与相关一产或二产，一方面特色文化产业主体取得更多利润，另一方面也能扩大周边群众的就业甚或创业；后纵向延伸主要是通过文化创意等，在主体特色文化产品基础上研发、跨界新的特色文化产品或服务以及衍生品，一方面可局部实现主体产品自产自销，增加收益，另一方面则有利于宣传推介主体产品，扩大其影响和市场。在特色文化产业链横向延伸中，生产资料环节大有可为，一方面积极扩大原材料生产满足制作特色文化产品的需求，另一方面则可以将其和副产品直接向市场销售满足其他产业的需求；生产是特色文化产业链的核心环节，当前一方面是积极引进高新技术，发挥科技力量，提高生产效率，一方面是加强创意，丰富特色文化产品类型；市场销售作为特色文化产业链的关键环节，一方面可以从传统的销售方式延伸出电商等形式，另一方面则可以从坐地销售延伸为出门销售，甚至是品牌复制。通过纵向延伸和横向延伸，不断拉长加粗特色文化产业链，深化供给侧改革创新，积极研究分析需求侧市场动向，将与特色文化产业相关联的一、二、三产业彻底打通融合，并积极谋求跨界融合发展，是当前特色文化产业发展的重要表现与趋势。

四、陕西特色文化产业链发展实践

陕西历史文化辉煌灿烂，山川秀美，生态类型多样，特色文化资源极大丰富。随着近年来陕西文化产业的不断深入发展，特色文化产业日益突出，不断进行着特色文化产业链探索发展。

（一）关中印象——袁家村

袁家村是新时代乡村民俗旅游发展的成功典范，也是成功打造乡村特色文化产业链而取得良好发展的典范。该村位于陕西省咸阳市礼泉县烟霞镇，拥有典型的关中乡村民俗文化、民间工艺、传统村落等人文自然资源，从2007年开始打造"关中印象体验地"乡村旅游目的地。通过发展乡村旅游，袁家村成功带动了小吃餐饮业三产以及酸奶、面粉、豆腐、辣椒、醋等农副产品二产的销售和加工，并以食品安全和"前店后厂"等塑造出"袁家村"美食品牌。"前店后厂"一方面体现了货真价实，另一方面则是从餐饮服务业向加工业的产业链前纵向延伸，或者由加工业向餐饮业的后纵向延伸。在具体的运营中，则又是由一个个小作坊组成专业合作社，形成产业链接通。

在发展中，袁家村一方面做精做强原有的各类传统乡村美食业，另一方面则积极引进酒吧等新式餐饮，还打造了袁家村"回民街"，餐饮类型不断丰富，产业链不断横向延伸。最初袁家村仅是一个62户286人的小村子，土地资源有限，产业链更多在二、三产业，一产较为短缺，主要是通过购买外部农产品。随着袁家村蓬勃发展，在当地政府领导下，结合村社合并形势，周边10个村子并入袁家村社区，统筹发展，计1万多亩土地成为产业链前纵向深度延伸至第一产业的生产基地，相关农产品纷纷赋予"袁家村"品牌，一方面供应袁家村一、二、三产业链，另一方面自行横向延伸发展。在文化创意方面，基于袁家村品牌性，村中已聚集了众多大学生或创意机构的创客，形成艺术街，专门研发制作乡村文化创意产品，纷纷取得良好业绩。近年来，袁家村还积极"走出去"，在西安各大商业综合体内已开设了5家以上"袁家村"店，让城里人近距离享受"袁家村"美食，同时直销"袁家村"农产品。"袁家村"品牌还走向了省外，通过陕西袁家村策划运营管理公司和山西、青海等地合作，岚山根·袁家村·运城印象和平安驿·袁家村·河湟印象先后运营，成功成为两个地区乡村文化旅游的"打卡"地。

袁家村的成功与坚强有力的领军者、政府支持、外脑参与密不可分。在发展乡村旅游之前，袁家村支部书记郭占武多年在外经商，头脑灵活，在其带领下的袁家村"双委会"班子也极具魄力，在打造"小吃街"时敢于向群众承诺，卖不了的小吃全由村上买单，极大坚定了群众的信念。很快，在村上统一运营管理下，群众取得了良好效益。在袁家村发展中，礼泉县和烟霞镇给予了大力扶持，邀请了西北大学等高校科研机构的专家学者协同策划创意，厘清思路；在县上安排下，烟霞镇把村委会主任郭俊武特招为镇政府工作人员派驻村里，作为有力支持。为了支持袁家村发展，2016年陕西省旅游局、咸阳市政府、礼泉县政府等联合中国社会科学院在袁家村专门举办了"中国（袁家村）乡村旅游高峰论坛"，大咖云集，多角度论道乡村旅游发展。为了推广袁家村，也为了学习更加先进的理念，郭占武、郭俊武等人经常出外参加各类研讨交流会。随着袁家村影响不断扩大，各方面专家学者以及创意人才也纷纷来到村中出谋划策。这些使得袁家村创意创新源泉不断，以乡村文化为底蕴的特色文化产业链充分发展，在很大范围内，"一直被模仿，从未被超越"。

（二）镇巴宣纸与起良汉麻纸

宣纸因多在安徽宣城地区集散而命名，在陕西省镇巴县也有从明清时期传承而来的宣纸制造工艺，解放后一度起伏。起良是陕西省周至县的一个村子，在明代之前就以制造汉麻纸（也称"蔡侯纸"）闻名。万历时，朝廷免去其粮赋以鼓励，起良即为"弃粮村"谐音演变。镇巴宣纸与起良汉麻纸均可作为书画专业用纸以及相应用途，技艺先后列入陕西省非物质文化遗产名录，并主要在传承人经营下形成不同程度的特色文化业态。

经过多年资金积累，2014年镇巴宣纸传承人胡明富在该县长岭镇九阵村成立镇巴县胡氏宣纸文化传播有限公司和占地2000平方米的宣纸文化产业园，主要为省内外书画家订制生产"秦宝"宣纸。基于前期基础和科学的发展思路，镇巴宣纸文化产业链快速形成，在主导的手工造纸环节不断改进工艺、培训技术，让更多群众参与生产，扩大类型品种和产量，满足不同人群的宣纸需求；在文化产品端积极增加研学旅行、文化体验等项目，并延伸到字画销售；生产材料端更是发挥原来成立的农业种植专业合作社优势，在县上支持下建成4万亩青檀树基地，青檀树皮用于造纸，树干则成为锨把、拖把等工具的原料。目前，镇巴胡氏宣纸已有三大类型近100个品种，年产量20多吨，产值2000余万元，收藏名家字画2000多幅，带动群众致富年人均增收3000元以上，成为当地重要的特色文化产业园区与示范基地。

起良汉麻纸在改革开放后曾中断20多年。本着文化传承，该村退休教师刘晓东依靠记忆中的古法再现汉麻纸制作流程，并以全部积蓄、举债建成蔡侯纸博物馆和中国汉麻纸制作技艺传习所。起良汉麻纸以天然野生构树皮为主要原料，质地坚柔，书画更具表现力和保存效果，深受西安等地书画家厚爱，争相订购。经过几年发展，起良蔡侯纸博物馆也已成为当地重要的文化体验、研学基地，在产品方面已成功研制出以大熊猫粪为主材料的"熊猫纸"，产品用途上则考虑向茶叶、烟酒、食品包装等方面延伸。但是，限于理念、原材料和资金等各方面因素，目前起良汉麻纸特色文化业态仍处于起步阶段。由于原材料特性以及对制作等方面的专注，起良汉麻纸产业链没有向构树种植端延伸，生产一定程度上受到制约。对此，政府等层面有必要出面接通产业链；同时，鉴于起良汉麻纸和蔡侯纸博物馆的影响性及其特色文化产业发展潜力，政府也可以派驻专门人员，促进招商引资等，加强产业链接通与延伸，扶持其发展。

镇巴宣纸与起良汉麻纸都是原生态纸，市场供不应求，但原材料生产比很小，手工艺非常复杂，这两方面成本很高，在生产环节保证质量前提条件下加强创意提升、高新科技应用成为产业链自发延伸的最大诉求。然而，在世代传承中，工艺创意提升是逐渐完成的，面对当前文化蓬勃发展需求大量产品的时代，仅靠传承人之力很不现实。对此，轻工业院系和机构的专业科研人员介入更为必要。

（三）华州皮影产业

陕西省渭南市华州区是皮影的重要发源地之一，华州皮影戏与华州皮影制作工艺先后被列入第一批国家非物质文化遗产名录（2006）和第一批陕西省非物质文化遗产名录（2007）。基于独特的皮影文化资源和国家大力发展文化产业的号召，当地政府致力推动华州皮影产业发展。

原本，按照文化创意论皮影制作应是皮影产业链中演出业态的下游环节，但是由于皮影戏的衰落，华州皮影产业发展时主要定位于皮影艺术品市场，使得皮影雕刻制作业成为产业链中的主导环节。目前，华州皮影产业从事皮影工艺品研发、生产、销售的企业13家，作坊30家，从业1000余人，年产值3000多万元，而演出产值仅20多万元。其中，从事皮影雕刻工艺30多年的省级非遗传承人薛宏权投资运营的宏权皮影艺术有限公司规模最大，从业50余人，年产值达500万元以上。发展中，宏权皮影公司在皮影工艺品制作基础上不断扩大业务，产业链不断延伸，将皮影和家装相结合，还将皮影嵌入灯箱，特别是还成立了由6个年轻人组成的卡通皮影剧团，研发创意了芭蕾舞剧《喜儿》、动漫剧《老鼠偷油》等，深受广大观众喜爱，大大增加了收入。随着卡通皮影演出的成功，宏权公司将进一步引进激光投影仪、数字调光台等高科技设备，计划打造一部虚实景相结合的皮影动漫《哪吒闹海》等，让古老的皮影表演艺术紧跟时代潮流，使皮影演出成为产业链上的重要一环。面对当前文化旅游融合发展趋势，在有关科研机构和剧团协同谋划下，宏权公司逐渐向皮影演出、"皮影+演出+旅游"的综合性皮影产业发展。在当地政府帮助下，宏权皮影公司在华州区 AAAA 级景区少华山脚下建成集皮影研发、制作、展览、销售、旅游和演艺于一体的"少华山皮影博览园"，2020 年五一期间正式营业，皮影产业链充分接通和延伸。

从目前迹象看，以宏权皮影艺术有限公司为代表的华州皮影产业链在原有的制作销售业基础上除了在区内向文创、动漫演出、旅游业态发展外，还可以动漫皮影演出的形式和省内的华山、兵马俑、曲江等热门景区合作，形成更广的皮影文化与旅游产业融合；另外，还可以向皮影的原材料端——牛皮以及秦川牛养殖业等延伸或者接通，进一步打通一、二、三产业，形成产业链闭环。至此，将实现华州皮影产业的全产业链，以充分发挥"华州皮影"的价值。

【特色文化产业与乡村振兴】

导言（主持人：陈 波[①]）

陈 波

党的十九大报告中明确提出实施"乡村振兴"战略，这是以习近平同志为核心的党中央着眼国内国外大局，深刻把握现代化建设规律和城乡关系时代性变化做出的重大战略部署。从中华民族伟大复兴战略全局看，民族要复兴，乡村必须振兴；从构建新发展格局看，把战略基点放在扩大内需上，农村有巨大空间，可以大有作为。乡土文化振兴是乡村振兴的灵魂，乡村文化生产的发展更是乡村振兴战略的重要抓手。

本栏目的几篇文章，积极探索乡村振兴的新思路、新路径，从不同角度探讨了文化生产与乡村振兴的相关议题。《从"新农村"到"美丽乡村"——传统村落建设规划设计转型研究》聚焦农村村落，梳理了村庄建设规划理念的发展演进，从观念、政策、技术三个层面分析了美丽乡村建设理论在新农村建设理论上的延续性和创新性，并以箬竹村为例展现美丽乡村理论的应用实践；《创意设计驱动中国"一村一品"发展研究》，从"一村一品"模式在发展过程中出现的问题出发，分析创意设计驱动农村文化资源产业化的理论基础以及发展模式和途径，具体提出创新驱动中国"一村一品"发展中的关键问题；《文化小康视域下城乡文化互动共荣的内在逻辑与实现路径》从城乡文化失衡严重的问题出发，抓住全面小康中文化小康这个突出短板，为未来城乡文化发展提出一定的价值参考和路径分析。

[①] 陈波，武汉大学国家文化发展研究院常务副院长，教授，博士生导师。

从"新农村"到"美丽乡村"
——传统村落建设规划设计转型研究

■卢世主　黄　薇[①]

摘要：通过研究"美丽乡村"时期传统村落的设计形态，并与"新农村"时期村落的建设形态相比较，总结传统村落在"新农村"建设时期出现的问题，分析传统村落由"新农村"向"美丽乡村"转型的动因，对村落的设计形态、人们心理活动进行系统研究。最后以修水县箔竹村落转型为例，剖析传统村落空间、建筑、景观环境的转变，探索传统村落在设计转型中问题的来源。

关键字：新农村；美丽乡村；传统村落；设计转型

2008年浙江省安吉县首次提出建设"中国美丽乡村"计划，出台《建设"中国美丽乡村"行动纲要》。"十二五"期间，浙江省制定《浙江省美丽乡村建设行动计划》，随后安徽、福建、海南等省也明确提出推进"美丽乡村"工程。2014年，《美丽乡村建设指南》国家标准强调以"规划布局科学、村容整洁、生产发展、乡风文明、管理民主，且宜居、宜业，可持续发展"为美丽乡村的主要创建目标[②]。

2017年习近平同志在党的十九大报告中提出"乡村振兴战略"，按照"产业兴旺、生态宜居、乡风文明、治理有效、生活富裕"的总要求建立乡村发展体制机制和政策体系，解决村落发展的根本性问题——"三农"问题。实施乡村振兴战略是建设美丽乡村的关键举措，是建立宜居传统村落的主要措施。

---
① 卢世主，湖南大学教授、博士生导师，专业方向：艺术设计与社会创新。黄薇，湖南大学，博士研究生，专业方向：艺术设计与社会创新。
② 江苏省质量技术监督局．江苏省村庄规划导则[S]．2006：12—13．

一、村庄建设规划理念的演进

近年来，传统村落的转型得到广泛重视，由于缺乏科学的理论研究、专业技术的指导和严格的保护规划与发展规划编制，村落陷入盲目开发、保护性破坏的误区。

首先，村民无法理解保护传统建筑的重要性，意识不到传统建筑存在的价值；其次，他们希望提高生活品质，按照自己的意愿改造、拆建处理旧建筑，甚至一部分人认为保护传统建筑是国家、专家的事，与他们毫不相干。面对众多需要保护的传统村落，国家有限的财力、人力只是杯水车薪，要想真正有效地做好村落转型工作，必须普及保护意识，调动公众自觉保护的积极性。

（一）经济观念的改变

1. 国家政策的转化

2006年3月，第十届全国人大四次会议通过的《中华人民共和国国民经济和社会发展第十一个五年规划纲要》第二篇第五章提出：积极发展优质农产品，延长农业产业链条，发展休闲观光农业等，挖掘农业增收潜力；推动乡镇企业机制创新和结构的调整，引导农村富余劳动力从农业生产向非农业产业转移；完善增收减负政策，对农民进行直接补贴政策，并且加大补贴力度，完善补贴方式[①]。

2011年3月，第十一届全国人大四次会议通过的《中华人民共和国国民经济和社会发展第十二个五年规划纲要》第二篇第六章提出：优化农业结构，提高生产经营水平和经济效益；增加新型农村社会养老保险基础养老金；积极发展政策性农业保险；加大扶贫投入，逐步提高扶贫标准。

2. 传统农业发展方式的转变

2015年8月7日，国务院办公厅印发的《关于加快转变农业发展方式的意见》中明确表明：将转变农业发展方式作为这个时期加快推进农

---

① 中华人民共和国国民经济和社会发展第十二个五年规划纲要（节选）第二篇 强农惠农加快社会主义新农村建设[J]. 农业工程技术（温室园艺），2011（03）：10—11.

业现代化的根本途径，以发展多种形式农业适度规模经营为核心，以构建现代农业经营体系、生产体系和产业体系为重点，着力转变农业经营方式、生产方式、资源利用方式和管理方式，推动农业效益的提升[1]。

3. 农民消费观念的转变

第十一个五年计划推进新农村建设，家庭总收入增长，农民摆脱过去吃不饱穿不暖的困境，生活水平得到提高。俗话说"有钱就要建房"，资金的富余使农民不再满意旧宅形式，纷纷在旧址重建或者村落周边圈地自建。

建设美丽乡村计划的提出和第十二个五年规划的推出，乡村经济来源形式多样发展，家庭经济水平也从仅能满足温饱到小康经济再到富裕的生活，经济的稳步提升使农民的消费观念得到转变，过去潜在的购买意愿转化为现实的消费需求，消费产品也不仅仅是住宅建设。

乡村经济的发展促进家庭收入的提高，家庭收入的提高促进农民消费观念的转变，消费观念又促进乡村经济的循环发展。

（二）本土文化的觉醒

1. 风土民情

在传统村落，血缘关系是村民之间交往的主要纽带，家族是父系血缘关系世代传承的宗族共同体，共同的家族文化、精神使村民对家族血缘具有高度的心理认同，形成家族意识。

传统村落作为连接家族血脉的重要载体，国家对传统文化重视程度的加强，专家学者对传统文化的探究以及对村落文化资源转化的相关商业运营，提升人们对传统文化的自信。远离乡村的人们回乡寻根问祖，修建宗族祠堂，这不只是延续家族血缘，也是对村落传统文化的保护与传承。

2. 传统民俗

民族习俗是经历长期自然与人文的磨合后沉淀出的意识形态，从而

---

[1] 黎侨. 低碳经济背景下转变农业发展方式研究[J]. 中国农业资源与区划, 2017, 38(04): 183—186.

表现出具有地域性的行为活动。新农村文化建设，民族习俗以特有的文化形态融入多元的文化环境之中，培养和激励"本土艺术家"，将"送"文化变为"种"文化，不仅保护、传承传统民俗文化，而且激发乡村自身的民俗文化活力，使具有特色的民俗文化资源得到合理利用。

3. 文化回归

乡土文化是中国的传统文化，源头是传统村落。阮仪三在叙述护城之路时说道，乡愁是人们对故乡人与人之间相处的物质环境的记忆。梁漱溟也曾提出："中国文化以乡村为本，以乡村为重，中国文化的根就是乡村。"

城市文化的发展在一定程度上去除了传统文化中封建落后的传统民俗、迷信愚昧的思想，对传统文化进行重新洗礼，留下了优秀的文化正能量，为传统村落文化输入了新鲜的优质血液，加快了农民思想观念的转变，促进了传统村落的顺利转型。

（三）审美层次的提升

审美是人的客观心理活动，受文化结构、地域环境、民俗民情、思想观念、生活习惯等外在意识形态的制约，这种意识性的制约不是改变人们的审美心理规律，而是改变人们审美意识的倾向。

传统村落的美，不仅仅是视觉的美，还包含了听觉、触觉、嗅觉、味觉、知觉等多方主观因素，要将理念、科技、审美等多方面客观因素融合在一起，把自然、生态、社会作为一个完整的系统，将人与自然的相互依赖、和谐共处作为审美的理想。

二、新农村与美丽乡村设计规范的转变

（一）新农村《建设规划技术导则》分析

2000年2月，建设部发布《村镇规划编制办法（试行）》的通知，为贯彻党的十五届三中全会精神，规范村镇规划编制工作，促进新农村建设发展，各省结合自身情况编制适应当地的《村镇规划编制技术导则》。

笔者主要对《江西省村庄建设规划技术导则》（以下简称《江西导则》）进行分析，并与其他省的导则进行比较，具体包括《村镇规划标准》GB50188-93、《江苏省村庄规划导则》（以下简称《江苏导则》）、《山东省村庄建设规划编制技术导则》（以下简称《山东导则》）、《广西村庄规划编制技术导则（试行）》（以下简称《广西导则》）等。

1. 村庄布局的规划

各省村庄布局标准的编制结合当地实际情况，根据不同村庄的人口、规模、用地选择等对村庄的各区域进行不同的限定。

《江西导则》条款1.6.2规定，利用丘陵、岗地、缓坡和非耕地进行建设，引导散居农户和村落向集镇或中心村集中。坚持"一户一宅"的基本政策，对一户多宅、空置老宅形成的"空心村"应整治、改造或拆除。[1]

《山东导则》条款3.2.2将村庄划分为改建型和扩建型村庄，并规定合理处理新旧村庄之间的建设关系，延展旧村庄的建设格局，连接新旧村庄之间的道路系统、空间规划等，打造统一整体的村落。

2. 住宅建筑的规划

农民对宅基地建设一直以自主观念为主导，对住宅建筑没有规划标准，导致部分村庄规划出现混乱无序、难以改造的现象。新农村建设的推动，打破农民以自我意识为中心的住宅建设，严格遵循各省发布的建设标准，改变农村杂乱无序、毫无章法占地建房的现象。

《山东导则》条款5.2规定，低层住宅宜采用联排式，限制建设独立住宅。

《江西导则》条款4.1.1规定，新建住宅应以二层至三层双拼式、联排式为主，允许建设多层公寓式住宅，但避免建设独立式或单层式住宅。

《江西导则》条款4.2.1规定，占用耕地为主建宅，每户宅基地面积不超过120 ㎡；占用原有宅基地或村内空闲地每户不超过180 ㎡；占用荒山荒坡的，每户不超过240 ㎡。

《山东导则》条款5.1.1规定，住宅建筑面积每户不宜超过250 ㎡；建筑基地面积不应大于宅基地面积的70%；建筑层高不宜超过3m，其中

---

[1] 江西省建设厅. 江西省村庄建设规划技术导则[S]. 2006: 6.

底层层高不超过 3.5m；村庄低层住宅建筑密度不超过 35%，容积率不高于 0.6；多层住宅建筑密度不超过 25%，容积率不高于 1.1[①]。

3. 基础设施的确定

首先，道路交通是诸多基础设施项目中最重要的项目，人均道路面积是衡量道路等级的主要标准。

《村镇规划标准》条款 8.1.2 将村镇道路分为四级，车行道宽度 14m—20m 为一级道路；宽度 10m—14m 为二级道路；宽度 6m—7m 为三级道路；3.5m 为四级道路。

《江西导则》条款 5.1.1 则按三级布置，即主要道路路面宽度 4.5m—6m；次要道路宽为 3m—4.5m；入户道路宽为 1m—2m。

《江苏导则》条款 3.4.2 规定村庄主要道路的路面宽度 4m—6m；次要道路的路面宽度 2.5m—3.5m；宅间道路的路面宽度 2m—2.5m[②]。

其次，给水工程是新农村建设中另一项基础设施，农村用水主要用于农田灌溉、林牧渔用水、生活用水、工业用水。给水工程的修建，不仅有利于提高农民生活质量，而且一定程度上促进农业经济的提升。

《江西导则》条款 5.2.1 给水工程规划包括用水量预测、水质标准、供水水源、输配水管网布置等，综合用水指标选取按 100L—200L/人/日。

《广西导则》条款 2.6.1 规定人均生活用水量指标按 60L—160L/人/日。

据调查，我国农村地区供水水质的达标率仅有 50%，江西省多数农村河流不能满足相应区域的水质要求，水质的污染使水生态系统受到严重的损害。

《村镇规划标准》条款 9.2.2 中规定，生活污水量按生活用水量的 75%—90% 计算。

《江西导则》条款 5.3 规定，村庄排水系统可采用雨污合流制，也可采用分流制，污水量按生活用水量的 80% 计算。

最后，2004 年 12 月中央一号文件中首次提及，"农村电网改造升级"要解决农村无电力人口的用电问题，农村电网改造已经成为推动新农村

[①] 山东省质量技术监督局．山东省村庄建设规划编制技术导则[S]．2006：13．
[②] 江苏省质量技术监督局．江苏省村庄规划导则[S]．2006：12—13．

发展的重要内容之一。

《江苏导则》条款 3.5.3 规定，村庄变压器的布点应遵循"小容量、多布点、近用户"原则。村庄低压线路（380/220V）的干线宜采用绝缘电缆架空方式敷设为主，低压架空线路的干线截面不小于 70mm²。低压线路的供电半径不超过 250m。

（二）美丽乡村建设相关政策规范导向

美丽乡村是新农村建设的升级版，是村落整治建设的典范。2010 年，国标委首次将浙江安吉美丽乡村建设列为第七批农业标准化试点项目，各个省也纷纷出台美丽乡村的建设规范及行动方案。2014 年 4 月，浙江省在总结安吉建设"美丽乡村"经验的基础上，结合自身实际状况，发布了全国首个美丽乡村的地方标准《美丽乡村规范》（以下简称《浙江规范》）；2015 年 4 月，国家标准化管理委员会发布了建设美丽乡村的国家标准《美丽乡村建设指南》GB/T32000-2015（以下简称《国标指南》）。

1. 以完善村庄建设为发展策略

传统村落经历 10 年的建设，村庄的基础规划已基本完成，村庄规划从实用、经济型的"文明乡村"向生态、美观型的"美丽乡村"转型。美丽乡村的建设更多地融入人们的观念与审美，不再只是设计师和领导者的个人主义，而是全民参与的聚集设计。

各省对美丽乡村的建设都提出：美丽乡村的建设要符合"五美"，分别是科学规划布局美、村庄整洁环境美、创业增收生活美、乡风文明身心美、山清水秀生态美，建设宜居、宜业、宜人、宜游的可持续发展乡村。

2. 以优化生态环境为突破口

环境污染是破坏村落环境质量的重要源泉。环境污染不仅影响人们的日常生活、视觉审美，更危害着人们的身心健康。制定完善的建设规范，是优化乡村生态环境的主要对策。

《国标指南》条款 7.21 规定，农业固体废物（如农药瓶、废弃塑料薄膜、育秧盘等）及时处理，农膜回收率≥80%、农作物秸秆综合利用率≥70%；畜禽粪便综合利用率≥80%，病死畜禽无害化处理率达 100%；工业污染源达标排放率为100%；生活污水处理农户覆盖率为70%以上；生活垃圾无害化处理率为80%以上。

3. 以改善生活条件为首要目标

建设美丽乡村的目的是改善村民的生活、生产条件，提高乡村生活质量，提升村民以及外来游者的认同感。党的十八大提出统筹推进城乡社会保障体系建设，要"坚持全覆盖、增强公平性，整合城乡居民基本养老保险和基本医疗保险制度"等战略部署和具体要求。

《国标指南》条款9.1提出，建立健全的医疗卫生服务体系，农村居民享有城乡居民基本医疗保险参保率应≥90%，对60岁以上农村老人健康体检率应≥65%，免费妇女病普查服务率两年应≥80%，残疾人社区康复服务率应≥90%。中、大型村庄内应设有建筑面积≥60㎡的卫生所(室)。

4. 文体教育逐渐健全

我国要实现城乡全民奔小康的目标，完善农村的教育体系是必不可少的环节，文化的滞后一定会成为社会前进发展的绊脚石。村庄内建设幼托所、中小学，全面普及学前教育和九年义务教育，适龄人员入园率应达到85%，九年义务教育应达到100%全面覆盖，巩固率应≥93%[1]。建设面积≥200㎡的综合性文体服务中心。

5. 养老保障实现突破

乡村养老保障与医疗保障一样，是村落社会保障制度的核心，是村落老年人对未来生活的安全保障。农村养老体系以居家养老为基础，中、大型村庄或经济较发达村庄建设老人日托中心、幸福院等农村养老设施，低收入贫困家庭最低生活保障、五保供养、殡葬补贴覆盖率达100%。

三、美丽乡村规划实施的技术调整

新农村经历数年的建设，村庄的基础条件已经有了较大的改善，但从村庄设计的层面上来看，村民的生活条件虽然得到提高，村容村貌却意外地呈现出倒退现象，而且在新农村建设中，部分遗留的问题并没有得到解决，而新的问题仍在不断出现。

---

[1] 吉林省美丽乡村考核评分参考细则[J]. 吉林农业，2017（09）：19—21.

传统村落要想成功转型为宜人、宜居、和谐、生态的美丽乡村，要对村庄整体设计进行深入的调查与研究。村庄规划设计的转型应对村庄用地布局、建筑、环境、配套设施等多方面进行摸底，结合村庄具体情况，重点对以下几方面进行深入研究：村域空间用地布局研究、村域内功能配套的完善、各类建设用地比例的确定、合理规划建筑形态、生态保护、环境治理、村庄特色的传承。

（一）传统村落空间设计的调整

村庄空间形态是经历人与自然的长期磨合、适应而形成，明确村庄空间结构规划，分清村庄内部等级关系，以某种强势空间（如宗祠）为中心，其他空间围绕其展开。强势中心的存在起到稳定村庄空间结构重心的作用，所以，强势中心的地位越重，空间结构越稳定。强势中心可以是一个或者是多个，但是，无论是几个，空间结构的整体都是朝中心点集聚，并依次向外减弱。

1. 公共空间的调整

传统村落公共空间布局灵活多变，又保持井然有序的状态，它以生态环境为载体，以人工物质为实体，以传统文化习俗为精神信仰，三者相互融合，形成生态盎然又充满着人情温暖的村落公共空间。

传统村落公共空间的多变性衍生出不同功能的区域空间，将传统村落中公共空间的布局形态以"点""线""面"的形式进行分析，从村落强势中心点出发，以场所精神、传统风水理论为指导思想，为传统村落实现转型提供新思路。

2. 功能空间的充实

虽然戏剧作为传统文化在乡村仍有流传，但老戏台因常年未经整修，戏台质量得不到保障，而且现在村庄内的戏剧、舞台表演等活动都使用活动舞台，老戏台的功能基本废弃。宗祠、公共食堂也是如此。对于这类已经丧失使用价值的功能空间，应区别对待，具有文化遗留价值的予以保留（对破旧的空间进行修复），没有价值的功能空间可进行拆除，并引进村庄需求的新功能。

新的功能空间,如娱乐中心、文化站、老年活动中心等,在进行建设时,应结合村庄空间结构的等级规划,合理分布新功能空间,遵从村庄空间秩序,并便于村民的日常使用。

3. 住宅空间的重构

住宅建筑的空间布局是乡村建筑设计的核心,是诠释村落建筑文化的重要方式。美丽乡村的建设带动传统村落全方面的发展,村民生活水平的提高,对住宅空间的需求不断扩大。为了避免村民建设新住宅时过度地占用土地面积,居住空间的形式应在符合地方标准的情况下,将一层平面转为二层或三层,这样既能满足村民对住宅空间的需求,还能增加住宅的通风采光等。

(二)传统村落建筑设计的转型

民居建筑作为村落的主体,其设计转型要结合不同的文化地位、文化价值采取不同的处理方式。

一方面,对体现文化风貌和文化价值的传统老建筑,要采用恰当的保护;另一方面,对新建的住宅建筑实行外立面改造,在实现功能现代化的同时,充分利用先进的技术和手段,实现新建筑、传统建筑和村落环境的融合统一。

根据传统村落新、旧建筑之间不同的价值和建构关系,笔者总结出以下三种改造策略,并分别称之为"去留""共生"和"再生"。

1. 旧建筑的去留

保留和保护传统建筑是大多数改、扩建遵循的主要原则,但是如何保留,需要根据原有建筑的价值进行判断。目前,多数保护改造策略主要针对保护类遗产建筑,它是历史的象征,赋予了充裕的文化内涵,其修缮要完整地保留历史形象,忠于原建筑。但是,在面对传统村落中的普通建筑时,建筑的改造显然要脱离"完整保留"的框架,采用"修旧如旧"的修缮方式。

对于"去留"的理解不只局限于"谁去谁留",更多的是如何将过去的东西留下来,将传统建筑的"精神"在新修缮的建筑里继续延续。

2. 新与旧的共生

对于融合了新建筑理念的修缮后的传统建筑，在同等对待新、旧建筑中形成的相对独立的理念，呈现出融合、共生的状态，构成新的形式。新、旧建筑的融合共生是对旧建筑的一次反证，为旧建筑提供一次全新的构筑机会，强化旧建筑在传统村落中的历史意义。

3. 新建筑的再生

传统村落中除了保留下的旧建筑，新建筑以"独傲"的姿态坐落于村庄内。为了新、旧建筑更好地和谐共生，必定要跳脱对城市风盲目崇拜的牢笼，寻找一个超越新、旧相对独立的"个性"强调和谐统一"共性"的设计思路。

不少新建筑改造希望保留旧建筑的传统样式，保留旧建筑的符号，将传统符号与新建筑融合，但全盘搬造传统会让人感到乏味，重新审视传统元素，将创新的思维融入美丽乡村建筑的改造，将为新建筑注入新的生命。第一，提炼具有代表性的符号，在新建筑中加工再运用；第二，打乱传统元素并进行重新搭配，形成独特的村落元素再加以运用；第三，以传统符号为底色，吸取其他艺术的精华，创造出新的装饰符号。

（三）传统村落景观设计的重构

传统村落景观设计主要是为村落提供完善的环境保护，它不仅要突显村落自然环境的保护，更要为村落环境提出创造性的保护。传统村落景观设计转型与乡村建设和经济增长，二者相辅相成。美丽乡村景观设计的转型的目的是提高乡村的生态、审美、生产、生活价值，改善村落居住环境。

美丽乡村景观环境体系的重新构建对改善传统村落环境起着颠覆性的作用，是村落规划建设必不可少的部分。传统村落有着独特的个性，但同时也存在诸多问题，传统村落要成功转型必须抛弃套用城市景观的构建模式，对村落景观合理规划控制，形成生态村落、美丽乡村，将乡村景观环境变成城市的"生态氧吧"，建立"布局合理、功能丰富、地域独特、环境优美、自然生态型"的美丽乡村景观体系。

在传统村落景观规划中，除了满足景观的功能、生态外，也应从景观审美的角度对村落景观进行系统规划。村落景观要想实行全面的改善，首先，要对村落环境卫生实行妥善的治理；其次，将村落公共空间进行细致的分化，对庭院空间、街巷空间、广场空间按照其不同的空间性质进行不同的重构；最后，对村落标志性景观等特色景观重新分类，加强村落的核心力。

四、实例研究——箔竹村实践

箔竹村地处修水县东南隅、黄沙镇东北部，与义宁镇、黄坳乡交界。村落通过村道与西南方向距离 9 千米的黄沙镇区相连接，与大广高速修水枢纽互通距离 22 千米。

（一）山水格局的保护

黄沙镇传统村落——箔竹村位于眉毛山东南山腰，四面群山环绕，张家、郑家位于盆地之中，村落整体格局完整，秀水河将张家、郑家分为东西，其选址得天独厚，可谓山环水抱，独居其中，尤其注重于周边山、水自然环境的关系，山水格局特性可以概括为"六山相抱、六水相汇、层叠错落、燕窝格局、两巢相望"。

为了保护箔竹村的自然生态环境，以古村落为中心，提出生态环境保护与控制要求：

1. 农田种植地的保护

耕地及农田是箔竹村千百年来赖以生存的根本，是村落历史文化景观的重要组成部分。保护耕地和农田相当于保护箔竹村的经济根本，是箔竹村村民生活的保障。

2. 河流水体的保护

保护村庄的整体生态环境、维持田园与水系现有的格局，对村域规划范围内的水体环境实施保护措施。对存在坍塌、山洪淹没隐患的河岸，采取整治和清淤等措施，保护河岸两侧的树木林带，维持生态涵养；禁止在河道、河岸两侧新建无关建筑、构筑物，开挖河提、填埋沙土等破坏活动。

3. 山体植被的保护

村庄周边的山体植被是不可或缺的重要自然资源，要建立环境优美、气候宜人的村落，必须对村庄山体的地势地貌采取严格的保护措施，禁止对山体进行开采和破坏，特别注意森林防火等方面的防护措施。

（二）村域空间的管制

箔竹村作为山水环境格局特色突出的传统村落，应当注意保护其历史格局与山水环境，突出村庄与自然山水、农田、水系的整体关系，遵循中国传统村落保护的要求对箔竹村周边环境进行保护，严格控制建设[①]。

（三）景观视廊的控制

根据人的视觉可达的视线控制敏感区，结合箔竹村周边山体格局的实际情况，将古村周边山脊线以内的范围作为重点保护的观山视廊，严格控制建筑高度、树木种植等影响视线的分布，特别注意自然环境保护与设施构筑物建设的控制。

观山视廊：指箔竹古村内部望向周边山体景观而存在的景观视廊。重点保护郑家现状东南方向的实现开阔空间，即看向下山、笔架山、珠盘山山体的视廊。

山体制高点视廊：与箔竹空间关系密切的四周山体高点俯瞰箔竹村的景观视线范围的控制，重点控制从眉毛山向东南石埂山向西望箔竹古村的视廊。

滨水景观视廊：沿秀水河两岸的景观视线控制区域，确保水系景观与山体景观的开阔性、通透性，禁止树木种植、建设活动造成对视廊的遮挡。

（四）基础设施的优化

1. 给水工程规划

箔竹村规划区内供水水源来自周边水体的秀水河上游溪水，秀水河

---

① 郑鑫. 传统村落保护研究[D]. 北京建筑大学，2014：28.

上游溪水经沉淀池、消能箱处理水质达标后，经统一供水管网系统接入住宅，给水管网沿道路和山脚敷设，形成环装。

2. 排水工程规划

在张家、郑家分别建设化粪池共两处，改造每家的厨房和厕所的污水排水系统，生活污水经污水管统一汇聚后排入各户前后新建的三格化粪池处理净化，排入农田、菜地。

3. 供电工程规划

建立安全可靠的供电系统，满足村民生活、生产和旅游接待用电发展需要，规划区内 10kv 由李村变压器接入。

4. 通信工程规划

沿主要道路敷设一条通信光缆，解决箔竹古村现在无数字电视、网络宽带的问题，在眉毛山顶现在有一处移动基站，4G 无线信号覆盖整个古村。

（五）建筑外观的改造

箔竹古村建筑改造后的风格定位为赣西北原始民居特色，突出黄土砌墙、黛瓦顶、麻石门栏等地方形象、特色。要从箔竹村的地域、风俗、民情、文化、环境和现代化建设理念，提取建筑改造设计风格，并与现代技术相结合，最终形成箔竹村独特的民居建筑风格。

（六）景观环境的重构

箔竹村四面环山，位于山区中，形成箔竹村景观设计方法的独特性。保存完好的自然景观，以原生态的森林植被为主，整体层次感垂直、分层明显，利用借景等造景设计手法，将山地自然景观营造成村庄景观背景。

梯田是箔竹村景观的主体，也是农作物和经济作物的主产地，根据农作物播种与成熟阶段的不同，呈现出不同乡村景色。

（七）传统文化的传承

箔竹村充分挖掘、利用自身的文化资源优势，形成新的产业链接。

建设生态型产业（生态农业和旅游服务业）为主的产业，强化农业在村庄的基础性地位，发展为可持续发展的生态观光农业；利用传统文化资源，结合箬竹民俗、戏曲、农耕、建筑等特色，开展演出、体验、参与、观光、展览等活动（如"八班子"采茶戏、下山殿祈福、农耕体验等），融入传统文化内涵，发展村庄文化旅游。

五、结论

我国传统村落正处于传统向现代转型的进程中，而所谓"转型"，其本质就是传统因素与现代因素从相互对抗到消融、此消彼长的过程，这个过程中充斥着生存与发展、传统与现代、本土与外来、老化与新生等各种各样的矛盾与冲突。

传统村落设计转型是观念、制度、技术层层推进的过程，是国家对振兴乡村的回应，主要体现在观念层面、政策层面、技术层面。

（1）观念的转型最直接地反映在人们对村落的印象，不再只满足于日常生活的需求，也不再以"脏、乱、差"的眼光看待。观念的转变让人们用保护、传承传统文化的角度看待村落，重拾乡土文化的根，提升传统文化的自信。正因为人们观念的转变，才有了针对不同时期村落的发展的不同的村落建设政策。

（2）政策的转型为技术转型提供了科学的理论基础，转型后的政策明确美丽乡村建设应以完善村庄建设、优化生态环境、改善生活条件、提高精神文明为重点。与新农村建设时期政策的不同在于，村庄基础建设不再是建设要点，如何提高村民的生活环境、舒适度、幸福指数才是美丽乡村政策的目标。

（3）技术转型是落实美丽乡村的建设计划，从村落空间、建筑、景观三个维度去诠释村落建设技术，不同的空间、建筑、景观通过不同的设计手法，使新、旧环境相融合，展现出融洽的美丽乡村景象。

创意设计驱动中国"一村一品"发展研究[1]

■ 柳 沙 龙 杨 王俊仁[2]

摘要： "一村一品"模式是近年国家大力提倡的，转变经济增长方式和推动农业制度创新的重要举措，旨在以农民或村集体经济组织为决策主体，立足区域资源和自然人文优势，在政策引导和支持下，以创新为导向拓展农业多元功能，打造有市场竞争力的主导产品和产业，同时通过专业化生产和规模化运营延伸产业链。驱动"一村一品"模式的重要途径之一是引入创意设计，提升特色农业产业的科技文化含量，但当前我国"一村一品"发展中明显存在创新不足、缺乏特色、附加值低的状况。针对这一问题，本文通过文献比较和案例分析，从创意设计驱动"一村一品"发展的历史、经验、理论、现状等多视角，探究其意义、作用和驱动体系，并提出创意设计驱动"一村一品"发展面临的几个关键问题。

关键词： 一村一品；创意设计；创意农业

一、"一村一品"运动与文化创意驱动

（一）"一村一品"运动

"一村一品"模式（One Village One Product，OVOP）源自20世纪70年代的日本。20世纪50年代起，日本面临城镇化进程中的乡村衰退问题，城乡差距扩大、青壮年人口流失[1]。1979年日本西南部大分县知事平松守彦倡议发起"一村一品"运动，他认为，振兴乡村产业是留下年轻人、振兴乡村最重要的条件，要创造一种激发活力、振兴农村的新模式，即"挖

---
[1] 本文受到北京市社科基金项目"文化创意设计驱动北京观光休闲农业发展机制和策略研究"（19YTB018）资助。
[2] 柳沙，中国农业大学工学院副教授，硕士生导师，工业设计专业负责人。主要研究方向：设计心理学，产品设计理论与方法。龙杨，王俊仁，中国农业大学工业设计方向硕士研究生。

掘或创造可以成为本地区标志性的、使当地居民引以为傲的产品或项目，并尽快将它培育成为区域乃至世界一流的产品和项目"。这些产品和项目，既可以是农特产品、手工艺品或其他产品，也可以是乡村旅游、休闲体验甚至文化项目[2]。"一村一品"模式获得较大成功，世界多个国家地区竞相效仿，如美国路易斯安那州、中国、泰国、菲律宾、蒙古[3]，以及肯尼亚、埃塞俄比亚等[4—5]。

"一村一品"有三个关键点：（1）立足本地，放眼全国甚至全世界；（2）自立自助，农民处于主导地位，即"内发型发展论"；（3）"凝聚人心"，建设本地居民引以为傲、生活满足的和谐社会[6—7]。发展"一村一品"是涉及政策支持、农业产业化组织、人力资源建设、贸易策略等诸多因素的系统工程，其中重要环节之一，是运用创意设计，将科技、文化、生态、旅游等资源加入特色农业产品的开发、生产和营销过程，提升产品的竞争力和附加值，打造优势产品，塑造农业品牌。

（二）"一村一品"的文化创意驱动模式

"一村一品"发展的主要模式包括龙头企业拉动型、地域品牌带动型、农户合作经营型、生产基地依托型、科技园区引领型以及旅游文化驱动型等[8]。其中，"旅游文化驱动型"主要依托文化创意驱动，通常的形式包括：民俗工艺品（如刺绣、剪纸、风筝等）、特色美食（如"香河肉饼""灶台鱼""宁乡口味蛇"）、风景名胜、采摘休闲、文化艺术活动（如"石城石画""桃花音乐节"等）。此外，成功的"一村一品"往往同时存在多种经营模式，如北京"平谷大桃产业"依托桃种植、加工等特色农业产业，充分挖掘科技文化资源，形成了桃花观赏旅游、桃花音乐节、大桃采摘、桃树、桃核工艺品等一系列的产业链，成为国内外知名的"中国桃乡"。

"一村一品"运动的发起国日本是其中的典范。作为传统设计强国，日本在"一村一品"运动中注重挖掘甚至创造独具特色的地域文化，将农业生产、景观民俗、观光休闲、特色产品和文化体育活动结合在一起。无论是普通农产品、手工艺还是民俗活动、自然风光，甚至温泉、食品等都经创意设计后成为具有竞争力的商品。日本东部水上町在"一村一品"运动中，选择了以手工艺文化展示和旅游休闲为特色，发展人偶、面具、竹编等手工艺，成为著名的"工匠之乡""农村公园"；大分县本匠村的妇女将寿司做成享誉全国的名牌产品，吸引了许多旅游者慕名前来观光品尝。

泰国在20世纪90年代亚洲金融危机之后，将原先"大规模工业化"的"外发型"发展模式改为促进地方经济的"内生型"发展模式，"一村一品"被作为基本国策。泰国政府针对村民缺乏经营销售理念和能力的问题，召集专家成立了20个OTOP项目组（后项目组被纳入政府机构），承担商品的开发、市场营销、外观设计、信息采集、出口贸易，还组织技术人员开发OTOP网站，实现产品的快供快销。泰国2010年登记在册的85183种"一村一品"中，家具装饰与纪念品、手工纺织衣物和藤草类制品三类非传统农产品占总数的73%，超过传统农产品所占比例[9]。

欧洲尽管没有直接发展"一村一品"模式，却是世界乡村旅游和休闲农业发展最早和最成功的区域，创意设计在推动乡村旅游发展中起到重要作用。英国是创意产业的发源地，大力发展与文化紧密结合的旅游型创意农业模式[10]；法国与英国基本相似，以家庭农场为单位，将田园观赏、品酒美食、骑马狩猎和民俗露营等项目结合为一体，发展多元化的休闲农业。荷兰则走上一条与众不同的发展路线，将先进的科技和本地的人文风情结合在一起，发展高科技的创意农业，同时郁金香、风车也带动了荷兰的农业旅游[11]。

二、创意设计驱动"一村一品"发展的理论基础

（一）创意设计的内涵

当代常用的"创意"一词译自英文单词"creative"，《辞海》并未收录这一词汇[12]，《辞典修订版》解释其为"表现出新意与巧思"。中国古代已有使用这个词语的先例，汉代王充在《论衡·超奇》中写道："孔子得史记以作《春秋》，及其立义创意，褒贬赏诛，不复因史记者，眇思自出于胸中也。"宋代程大昌《演繁露·纳粟拜爵》写道："秦始皇四年，令民纳粟千石，拜爵一级，按此即晁错之所祖效，非错刱（"刱"同"创"）意也。"可见自古"创意"一词均有"创新构思"的意义。"设

计"一词既可以指称活动的结果,也可指称活动的过程,广义上的"设计"包含一切为了一定目的而从事的设想、规划、计划、安排、布置、筹谋、筹划的活动。狭义的设计主要是指"建筑与环境设计、工业(产品)设计、视觉传达设计、染织服装设计、装饰艺术设计和手工艺设计等与艺术有关的计划和设计"[13]。两者合而为一的"创意设计"一词即强调创新的设想、构思、规划、计划等活动。

当代"创意设计"一词则更多源自英国提出的"文化创意产业"(Creative industry)和"创意经济"(Creative economic)。1997年英国文化、媒体和体育部成立了特别工作小组,把推广文化创意产业作为振兴英国经济的重要举措,将其定义为"那些发源于个人创造力、技能和天分,能够通过应用知识产权创造财富和就业机会的产业",其范畴包括软件开发、出版、广告、电影、电视、广播、设计、视觉艺术、工艺制造、博物馆、音乐、流行行业以及表演艺术13个类型[14]。其中的"设计"(产业)不仅是文化创意产业的类型之一,也通过参与其他产业类型的创作过程与之融合,如工艺品设计、游戏动漫设计等。文化创意产业是文化产业发展的新阶段,值得注意的是英国将其范围扩展到应用程序、游戏、互联网等信息和数字内容的开发生产,正如特里·弗鲁所指出的:"创意也不仅仅是存在于艺术或媒体行业,而变成了全球经济市场上以设计和内容为竞争优势基础的一切部门的中心和日趋重要的注入元素。"[15]

中国台湾2002年正式将文创产业列为政策发展方向,提出"文化产业化,产业文化化"。其文创产业包含三大类16个部门,其中第三大类即"创意设计类产业",包括广告产业、设计产业(包含产品设计和视觉传达设计)、设计品牌时尚产业、建筑设计产业、创意生活产业、数位休闲娱乐产业与流行音乐及文化内容产业[16]。我国国家统计局2018年版《文化及相关产业分类》中将文化及相关产业分为九大类,包含"新闻信息服务、内容创作生产、创意设计服务、文化传播渠道、文化投资运营和文化娱乐休闲服务等"六大文化核心领域,其中,"创意设计服务"的范畴包括:(1)广告服务:互联网广告服务、其他广告服务;(2)设计服务:建筑设计服务、工业设计服务和专业设计服务[17]。

可见，在"文化创意产业"的语境下，创意设计被视为一种"源于人的技能和才华的文化生产力"[18]，它以文化为主要元素，以创新为驱动力，与相关行业形成"越界、渗透、提升、融合"的多样路径，整合资源、技术、资本等生产要素，使之全方位地满足人的功能需求和审美需求。因而，我国将作为业态的创意设计定义为一种"生产性服务业"，2014年《国务院关于推进文化创意和设计服务与相关产业融合发展的若干意见》中指出"推进文化创意和设计服务等新型、高端服务业发展，促进与实体经济深度融合，是培育国民经济新的增长点、提升国家文化软实力和产业竞争力的重大举措"，并将"推动文化软件服务、建筑设计服务、专业设计服务、广告服务等文化创意和设计服务与装备制造业、消费品工业、建筑业、信息业、旅游业、农业和体育产业等重点领域融合发展"作为发展的重点，明确地指明了创意设计驱动产业的主要方向。

（二）创意设计驱动农业发展的模式和途径

创意设计作为一种文化生产力，它与文化互为前提，既是文化存在的一种状态，也是文化价值的体现。创意设计本身独立的经济效益并不显著，但它处于文化创意产业与其他相关产业交叉融合的中心位置，包含产品设计、建筑设计、广告设计、新媒体设计、公共艺术、视觉传达设计、服务设计等多种业态，贯穿了产品和服务价值创造活动的全过程。它一方面通过对科技文化要素的再配置和创意要素的衍生延展，对相关产业的生产消费过程进行重组、改造和创新，催生出新业态、新技术、新工艺、新产品，带动和满足消费者的新需求；另一方面，也推动了文化创意产业自身的扩张壮大，使其在经济活动中的比重和贡献得到增强。

创意设计促进产业融合主要包括以下三种机制。首先，在保持传统产业原有产业形态不变的基础上，借助知识产权交易作用于其生产和消费环节，重构产业价值链，提升产品的使用价值和审美属性，提升其附加值，实现全新的利润来源。其次，借助互联网和信息技术手段，以创意设计实现文化创意要素的扩散和转移，促进文化产业与相关产业之间的价值链和产业链的衔接和重组，产生出知识、技术、信息内涵更为丰富的新型产业，如微商、互联网内容付费、自媒体营销等。最后，通过创意设计实现文化产业向其他相关产业延伸和融合，实现产业之间的相互衔接和协同发展。随着经济发展和物质文化的极大丰富，消费者需求从最初的物质需求提升到生态、审美、体验等更高层次的需求，从而使传统的第一、第二产业经济具有了服务经济乃至体验经济的属性。以农业为例，美国学者约瑟夫·派恩（B. Joseph Pine II）和詹姆斯·吉尔摩（James H. Gilmore）1992年在《体验经济》一书中指出，普通农产品（咖啡豆）经过筛选、包装、营销等环节的针对性综合，成为具有品牌价值的百货商品（咖啡商品），一部分又成为高品质、个性化的服务（咖啡店的服务），同时部分地以体验价值替代了原本的实用价值[19]。不仅农产品的消费可以产生服务和体验价值，农村生态环境和农业生产经营活动本身也具有服务和体验的功能，从而使农业具有了新的属性，综合效益得到提升。

文化创意与农业融合发展的产物是创意农业，它也是创意设计驱动农业发展的对象与结果。自英国提出"文化创意产业"的概念以来，创意农业就一直是其中的重要组成部分。国内外多位学者均试图定义"创意农业"，其中较普遍采用的定义是：创意农业指利用农村的生产、生活、生态"三生"资源，发挥创意、创新构思，研发设计出具有独特性的创意农产品或活动，以提升现代农业的价值与产值，创造出新的、优质的农产品和农村消费市场与旅游市场[20—22]。创意农业主要分为创意农产品和创意农业旅游两大类，也是创意设计驱动"一村一品"发展的主要设计对象。

目前，国内学术界对创意农业的概念界定有两种主要视角[20],[23]：一种是从农业生产的视角，强调对农业生产经营的过程、形式、工具、方法、产品进行创意和设计，从而创造财富和增加就业机会（秦向阳等，2007）。相对而言，这种视角强调通过融入科技元素和文化元素，改造和提升现有的农业生产，赋予农产品文化、科技、生态的内涵，从而实现农产品和产业的增值。创意设计的主要驱动方式包括传统农业生产方式的改造升级，传统农副产品和手工艺品的创新研发和品牌塑造，营销方式的创新升级等。日本的"一村一品"模式主要是农民依靠自己的创意和经验对各村镇的特色农产品进行的创意开发设计。

另一种视角是更宏观的产业发展模式创新的视角。厉无畏（2009）、王爱玲等（2010）学者认为，创意农业不应只局限于对特色农产品的创意加工，而应包括农业发展模式创新等一系列通过提升附加价值进而产生盈利的活动。厉无畏（2009）称之为构筑"多层次的全景产业链"，并按照核心产业、支持产业、配套产业和衍生产业四个层次，把农业生产、文化艺术活动、农特产品研发加工、包装展示、营销推广，以及依托农业生产的旅游、娱乐、餐饮、休闲、健康、养老、教育，甚至金融、媒体服务、文创衍生品开发销售等相关产业结合在一起，实现产业价值的最大化[24—25]。这种视角极大地拓展了农村、农业的发展空间，突破了传统农业的自然资源禀赋和环境的限制，诸如农业科技园区、观光农场、红酒庄园、森林公园等面向都市消费者的创意农业项目，凭借科技元素和文化创意就能获得较高的经济、社会和文化效益。

尽管两种视角在文化创意驱动农业发展模式的广度和深度上存在差异，但也难以明确区分开。日本的"一村一品"模式主要侧重于创意农产品的开发生产和品牌塑造，但由于"一品"并不仅限于农产品，也包含自然景观、农耕活动、宗教民俗、艺术创作、手工技艺等一切物质和非物质产品和项目，因而往往围绕特色产品（项目）能够延展和形成一系列相互衔接、互为补充的产业链。

三、创意设计驱动中国"一村一品"发展的关键问题

（一）创意设计驱动中国"一村一品"发展的现状

20世纪80年代，"一村一品"模式传入中国后，展现了广泛的适应性和旺盛的生命力。2004年起连续16个中央一号文件聚焦"三农"问题，2007年中央一号文件首次提到"一村一品"模式，其后共有7年的中央一号文件提到推进这一模式（表1）。可见，"一村一品"模式在国家层面已被作为"推动农村一、二、三产业融合发展""增加农民收入""提高农业生产经营组织化程度""壮大新产业新业态，拓展农业产业链价值链""培育农民宜居宜业特色村镇""发展多样性特色产业"的重要抓手。

表1　2007—2019年中央一号文件对"一村一品"模式的提法

时间	章节名称	具体内容
2007年	四、开发农业多种功能，健全发展现代农业的产业体系（三）大力发展特色农业。	因地制宜地发展特而专、新而奇、精而美的各种物质、非物质产品和产业，特别要重视发展园艺业、特种养殖业和乡村旅游业。通过规划引导、政策支持、示范带动等办法，支持"一村一品"发展。加快培育一批特色明显、类型多样、竞争力强的专业村、专业乡镇。
2008年	二、切实保障主要农产品基本供给（四）支持农业产业化发展。	支持发展"一村一品"。
2010年	四、协调推进城乡改革，增强农业农村发展活力 20.着力提高农业生产经营组织化程度。	大力发展农民专业合作社……扶持农民专业合作社自办农产品加工企业……支持龙头企业提高辐射带动能力……扶持建设标准化生产基地，建立农业产业化示范区。推进"一村一品"强村富民工程和专业示范村镇建设。
2015年	12.推进农村一、二、三产业融合发展。	增加农民收入，必须延长农业产业链、提高农业附加值。立足资源优势，以市场需求为导向，大力发展特色种养业、农产品加工业、农村服务业，扶持发展一村一品、一乡（县）一业，壮大县域经济，带动农民就业致富。
2016年	三、推进农村产业融合，促进农民收入持续较快增长 15.大力发展休闲农业和乡村旅游。	依托农村绿水青山、田园风光、乡土文化等资源，大力发展休闲度假、旅游观光、养生养老、创意农业、农耕体验、乡村手工艺等，使之成为繁荣农村、富裕农民的新兴支柱产业……加强乡村生态环境和文化遗产保护，发展具有历史记忆、地域特点、民族风情的特色小镇，建设一村一品、一村一景、一村一韵的魅力村庄和宜游宜养的森林景区。
2017年	三、壮大新产业新业态，拓展农业产业链价值链 16.培育宜居宜业特色村镇。	围绕有基础、有特色、有潜力的产业，建设一批农业文化旅游"三位一体"、生产生活生态同步改善、一产二产三产深度融合的特色村镇。支持各地加强特色村镇产业支撑、基础设施、公共服务、环境风貌等建设。打造"一村一品"升级版，发展各具特色的专业村。

续表

时间	章节名称	具体内容
2018年	三、提升农业发展质量，培育乡村发展新动能（二）实施质量兴农战略。	深入推进农业绿色化、优质化、特色化、品牌化，调整优化农业生产力布局，推动农业由增产导向转向提质导向……实施产业兴村强县行动，推行标准化生产，培育农产品品牌，保护地理标志农产品，打造一村一品、一县一业发展新格局。
2019年	四、发展壮大乡村产业，拓宽农民增收渠道（一）加快发展乡村特色产业。	因地制宜发展多样性特色农业，倡导"一村一品""一县一业"。积极发展果菜茶……产业。支持建设一批特色农产品优势区。创新发展具有民族和地域特色的乡村手工业，大力挖掘农村能工巧匠，培育一批家庭工场、手工作坊、乡村车间。健全特色农产品质量标准体系，强化农产品地理标志和商标保护，创响一批"土字号""乡字号"特色产品品牌。

2011年至今，农业农村部已认定2409个全国"一村一品"示范村镇，同时各省也通过认证和系列政策扶持当地"一村一品"产业的发展。然而，在国家级"一村一品"专业村镇的特色产品（项目）中，绝大部分仍为水果蔬菜等传统农产品（图1），文化创意主导的产品（项目）所占比例非常有限，特色产品普遍区分度低、创新不够、同质化竞争严重，营销方面还沿袭传统的大宗商品销售模式。以"一村一品"为主题词在知网共检索到1480篇文献，其中仅有10余篇文献显示创意设计介入了当地"一村一品"建设。

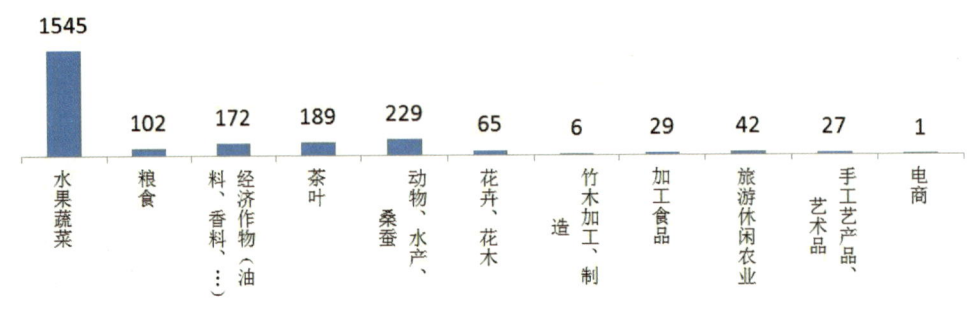

类型	数量
水果蔬菜	1545
粮食	102
经济作物（油料、香料……）	172
茶叶	189
动物、水产、桑蚕	229
花卉、花木	65
竹木加工、制造	6
加工食品	29
旅游休闲农业	42
手工艺产品、艺术品	27
电商	1

图1 2011—2018年全国2409个"一村一品"示范村镇的产业类型

另一方面，中国"一村一品"发展中的创意设计介入不足与近年来艺术、设计广泛参与"新农村建设"的现状并不匹配。以"新农村"和"设计"为主题词在知网进行检索，发现自2005年十六届五中全会以来相关文献数量急剧增长（图2），又以"新农村"分别加"建筑""规划设计""景观""住宅""古村落""产品设计""农产品品牌""包装设计""非遗""手工艺""创意产业"等主要设计类型作为主题词进行分类检索（图3），可见尽管各设计类型介入乡村建设的程度不一，但均不乏数量可观的实践个案。

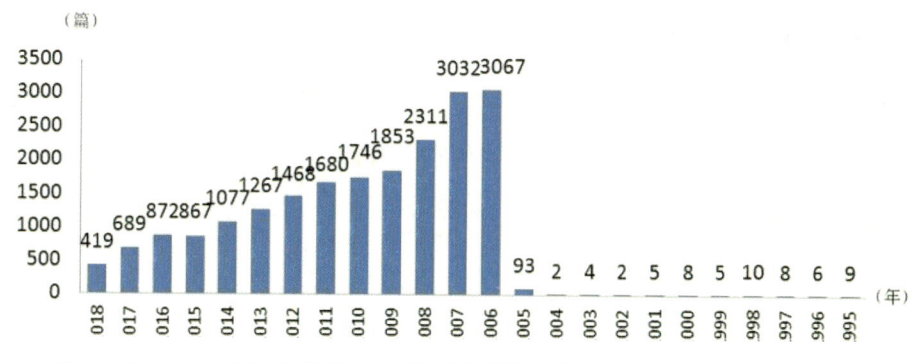

图2 1995—2018年以"新农村"和"设计"为主题词的知网检索文献数量

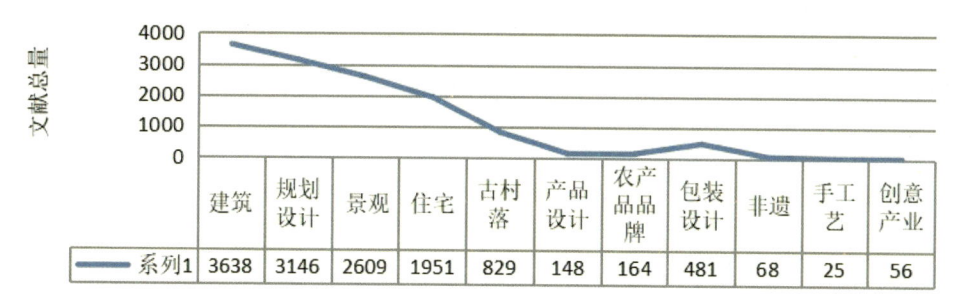

图3 2005—2018年以"新农村"+设计类型为主题词的知网检索文献数量

其中，建筑师和规划设计师是乡村建设的主力，不仅个案丰富且理论研究也较为深入，主要集中于城镇规划建设、新民居设计和面向乡村旅游的景观和建筑设计。与之相比，其他设计门类的深入研究偏少，尤其直接面向乡村特色产业创新设计的个案和理论研究均偏少，主要涉及手工艺活化和再设计、创意农产品设计、农特产品的视觉形象设计、包装、广告和品牌设计以及旅游文创产品设计等[26—30]。许多文献提到，通过挖掘历史文化传统和地域特色，提升农特产品的文化品位，有助于增强产品的竞争力和附加值，塑造农业品牌，提升用户体验[31—33]。

从现有文献看，我国"一村一品"发展中创意设计介入不足，其原因可能在于该模式强调农户为主体的"内生式"发展，但农户的设计需求因意识、能力不足、资金匮乏等原因被抑制。而许多设计师主导的项目，对"当下乡村的真正诉求"关注不够，难以植根乡村，可持续性不佳（方晓风，2018；左靖，2019；罗德胤，2019）[34—36]。王丽坤等（2015）曾对"内力主导"和"外力主导"的乡村建设进行比较，认为专业人员主导的建设能在短期内产生效果，效率较高；村民主导的建设则持续时间长，对内在需求把握更加准确。如何在"内力为主，外力为辅"的基础上，使内、外力形成合力，是创意设计驱动农业特色产业时要特别关注和解决的问题[37]。

（二）创意设计驱动中国"一村一品"发展的关键问题

设计业界常使用 1932 年美国学者拉斯维尔提出并逐步发展成熟的"5W1H"法分析问题，即原因（Why）、对象（What）、地点（Where）、时间（When）、人员（Who）和方法（How）六方面。按照这一分析框架，对创意设计驱动农业特色产业发展的体系和关键问题进行如下梳理。

1. 原因——为何驱动

一方面，乡村振兴，产业兴旺是重点，"一村一品"模式旨在发挥农民在乡村振兴中的主体作用，因地制宜，打造本地优势农产品（项目）和产业，并将其推向全国乃至全世界，发掘和打造特色产品（项目）是"一村一品"发展的核心。目前中国"一村一品"中传统农产品比重过高，特色不突出，品牌效应不明显，附加值低，而文化创意主导的农业旅游、农耕体验、创意农产品、手工艺产品等类型比重较低。创意设计以创新为核心，将科技、文化、生态等要素加入农业特色产品（项目）的开发、生产、营销的全流程，能有效地带动产品（项目）提质增效，向优质化、特色化、绿色化、品牌化发展。另一方面，随着我国经济迈入"新常态"，以创意设计促进文化创意产业与相关产业融合发展，是推动国家经济增长方式由要素驱动向创新驱动转变的重要途径，农业是产业融合的重要发展方向之一。以创意设计驱动农业特色产业发展，同时也为文化创意产业发展壮大，在国家经济中发挥更大作用带来了重要机遇。

2. 对象——驱动什么

文化创意产业与农业融合的产物是创意农业，它是创意设计驱动农业发展的主要对象和结果。创意农业主要包含创意农产品和创意农业旅游两方面，两者也是"一村一品"的产品和项目。

2014年国务院《关于推进文化创意和设计服务与相关产业融合发展的若干意见》中明确指出要"提高农业领域的创意和设计水平，推进农业与文化、科技、生态、旅游的融合"，并详细列举了文化创意和设计服务驱动农业发展的主要内容：休闲农业和乡村旅游的创意设计，农业产品、农事景观、环保包装、乡土文化等创意和设计，塑造休闲农业知名品牌；建设特色农产品展览展示馆（园），以及创新具有地域文化特色的农产品营销模式。

可见，创意设计驱动特色农业发展的内容主要如图4所示。一方面，创意设计将科技、文化、生态等资源融入特色农产品的研发、生产、经营和消费的全流程，具体包括特色产品研发设计、生产加工方式和过程的创新设计、视觉形象设计、包装展示设计、供应链创新设计、创意营销和广告设计等，从而打造有竞争力、高附加值的创意农产品，塑造农业品牌。同时，围绕创意农产品的生产过程，开发观光旅游、教育体验、餐饮娱乐、衍生产品等产业链，延伸价值链。另一方面，充分挖掘农村的生产、生活、生态的"三生"资源，以设计推动创意农业旅游发展，具体包括创意旅游产品、文化艺术活动策划、农业园区规划设计、自然人文景观开发和规划设计、旅游服务设计以及旅游商品设计等。

```
                    文化创意产业 ⟷ 农业

  ┌─────────────────────────────────────────────────────┐
  │        ┌─特色产品研发设计─┐   ┌─创意旅游产品和旅游─┐        │
  │        │                │   │    项目设计       │        │
  │        ├─生产加工方式和过程─┤  开 ├─文化艺术活动策划─┤        │
  │  创    │   的创新设计    │  发 │                │  创    │
  │  意 品 ├─视觉形象设计────┤  多 ├─农业园区规划设计─┤ 旅 意  │
  │  设 牌 │                │  功 │                │ 游 设  │
  │  计 塑 ├─包装展示设计────┤  能 ├─自然人文景观开发和│ 品 计  │
  │    造 │                │  、 │   规划设计      │ 牌    │
  │        ├─供应链创新设计──┤  扩 ├─旅游服务设计────┤ 塑    │
  │        │                │  展 │                │ 造    │
  │        └─创意营销和广告设计┘  产 └─旅游商品设计────┘        │
  │                              业                           │
  │                              链                           │
  └─────────────────────────────────────────────────────┘
              ↓                              ↓
         创意农产品                       创意农业旅游
              └──────────────┬──────────────┘
                          创意农业
```

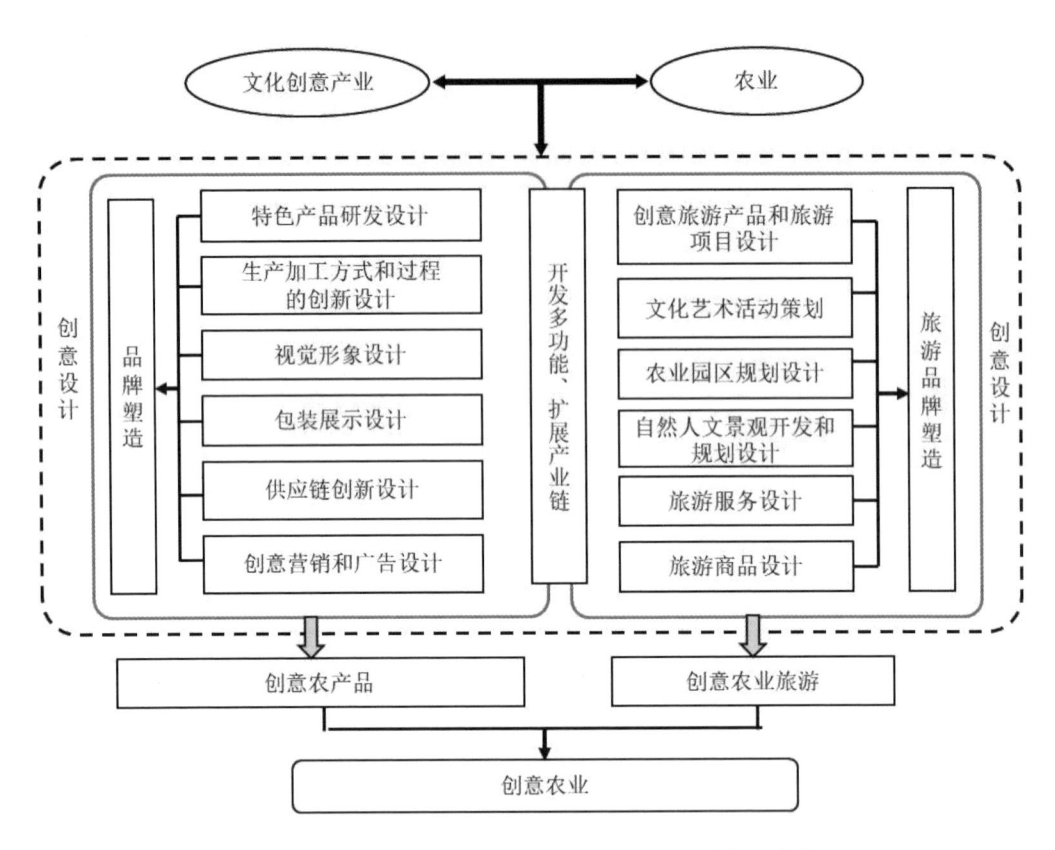

图4　创意设计驱动"一村一品"发展的主要对象和内容

3．地点——何处驱动

创意设计驱动农业特色产业发展的"主战场"在乡村。创意设计服务作为典型的文化创意产业，高水平的创意设计人才是其最重要的生产资源。而创意设计人才的培育、成长往往需要浓厚的文化氛围，相对密集的科技文化资源和畅通的资讯交流环境，他们很难长期扎根乡村，这也是以往诸多设计师主导的设计项目难以持久的重要原因之一。针对这一问题，工信部2018年颁布《设计扶贫三年行动计划（2018—2020年）》，提出了实现"3000人次设计培训、50次设计师进入贫困地区"的计划，尝试组织设计师深入有需求的贫困地区（主要为乡村）开展设计服务，并积极培养本地设计人才。此外，另一条重要的解决途径还在于近年国家大力发展的"农村信息化"工程。截至2017年，全国88%的行政村已经开通互联网，可以推知，日新月异的高速数据传输技术将逐渐成为连接设计师和各地农业生产者的纽带，吸引越来越多的设计组织和职业设计师参与到"一村一品"建设中，使地域不再成为创意设计推动农业发展的障碍。

4．时间——何时驱动

"一村一品"模式源自日本，20世纪80年代便已传入中国，各地出现了一批规模化、集约化、品牌化的区域特色产品，2007年中央一号文件正式从国家政策层面推广和发展这一模式。2017年党的十九大报告中提出"乡村振兴战略"、2018年中央一号文件制定了从现在至2050年的乡村振兴战略的总体目标任务，明确提出"培育农产品品牌，保护地理标志农产品，打造一村一品、一县一业发展新格局"，将其作为"质量兴农的战略规划"的具体措施之一。可见，今后"乡村振兴战略"全面实施的30年，也是创意设计驱动"一村一品"向绿色化、优质化、特色化、品牌化发展，推动文化创意产业与农业融合的重要时间段。通过这一阶段的探索、培育和提升，建立相应的资金支持、政策保障、人才培养机制等，使农业生产经营者逐步具有创新设计的意识和能力，最终使创意设计驱动农业特色产业形成常态，成为农业及其相关产业链经营生产的必要环节。

5．人员——何人驱动

创意设计驱动"一村一品"发展的相关主体包括设计师或设计组织、农业生产组织（者）和政府，三者之间的良性互动关系是驱动体系中的另一关键问题，直接影响创意设计资源的可持续性。

"一村一品"模式强调农民的"内生式"发展，发展和壮大乡村特色产业的主体应为农民，即农户、家庭农场、农业合作社和农业龙头企业等农业生产组织，同时创意设计作为一种服务，也必须依托其他行业的实施和运营才能发挥作用。一方面，农业生产经营者最初往往创新意识不强，相关知识缺乏，创意能力不足，并且资金缺乏，缺乏购买较高水平的创意设计服务的动机和能力；另一方面，即使在政府、非政府组织、社区组织等单位的协助下，能够获取到公益性的设计服务，许多农业生产经营者也缺乏实施和长期维护的能力。例如，在一些案例中，下乡的设计师提供了改进农产品品质和视觉形象的设计方案，而农业经营者虽然感觉能够提升产品品质，但又担心改进产品或包装需要投入不少资金，且投入后也难保其他农户不会直接模仿和套用，从而使自己花钱为大家服务，因而投入意愿不高，创意设计方案实施异常困难。

目前，积极投身乡村建设的设计组织和设计师来源有三类：第一，专业院校、科研院所以教学科研、社会服务为目的开展的"产学研合作"；第二，一些艺术家、设计师出于个人兴趣和艺术理想而进行的创作和实践；第三，地方政府、专业协会、公益基金和非政府组织等为推动乡村振兴和实现"扶贫攻坚"开展政策引导，提供项目资助，吸引设计组织和设计师深入乡村开展设计实践。通常，单纯以公益为主的"设计下乡"活动难以持久，同时，创意设计的主体——各类专业设计组织、职业设计师自身存在盈利和扩张的需求，难以长期为农业生产经营者提供公益性的创意设计资源。

诚如"一村一品"模式所倡导的那样，还迫切需要探索一套"内力为主、外力为辅"，能够长期持续且真正面向乡村真实需求的设计人才引入机制。这一关键问题，很可能只有当城乡一体化建设为设计协作建立良好的软硬件条件，农业生产经营者的创新意识和能力显著提高，经营和盈利能力得到明显提升，创意设计驱动乡村特色产业发展的作用得到广泛认可的前提下，才能逐步得到解决。

6. 方法——怎样驱动

即创意设计驱动"一村一品"发展的模式与途径。

根据创意设计驱动"一村一品"发展的深度和广度，大致可分为三种模式：资源利用型、品牌塑造型和全产业链型。

第一，资源利用型是最基本、最传统的模式，即挖掘和利用农村的生产、生活、生态的"三生"资源，发挥创意，设计出具有当地特色的产品（项目）。尽管此类的成功案例较多，但目前创意设计的介入往往集中在农产品（项目）生产后或建成后的营销阶段，缺乏系统化、贯穿全流程的整体规划设计。

例如，当前越来越多的农业生产经营者意识到需要聘请设计师提升其产品的包装和广告宣传，却很少考虑，让创意设计介入产品（项目）的研发和生产中，从初始阶段便按照市场需求，引入科学技术手段，对其形状、色彩、口味、加工和包装等进行有目的、系统化的改进和提升，并形成产后营销的诉求点，更有效地满足市场需求。北京密云某杂粮合作社曾向笔者提出，希望改进其小米产品的包装，提升产品档次。而笔者通过市场调查和竞品分析发现，一方面，仅依靠一套漂亮的包装很难满足合作社的需求，而市场上的杂粮产品的高溢价往往源自产品自身属性的创意设计。例如，按照不同人群营养需要，加入其他杂粮和营养成分；或针对年轻群体需求，加入科技元素，改为自热小米粥或冲泡小米粥等（表2）。另一方面，现代消费者越来越注重小米等农副产品的绿色和生态价值，而要突出这一属性，也离不开产前、产中环节的监控和保障。可见，创意设计介入农产品开发生产，不能孤立在生产流程中某一单独环节，而应涵盖产品的产前、产中、产后的整个过程中。

表2 高溢价小米产品情况比较（数据来源：淘宝网）

品牌	市场售价	实际售价（元/千克）	特点
燕之坊红枣燕麦小米粥	4.8元/150g	32	小包装、添加红枣、燕麦
雁门清高黄金粥	69元/1600g	43	黑苦荞香米＋黄小米组合
东方亮氮气黄小米礼盒	99元/2000g	48	充氮气包装、保鲜
沁州黄小米	92元/2500g	36.8	康熙赐名、历史典故、地域品牌
太行明珠小米粥	47.90元/6杯		即食早餐速食，搭配石头饼和小菜，添加茯苓＋红枣、茯苓＋绿豆等成分
娃哈哈红枣小米粥罐头	4元/罐360g		红枣＋小米，即食产品
懒人速食自热粥	48元/12袋		多口味、开水冲泡

第二，在品牌塑造和营销方式的创新等方面，针对小微农业生产经营者规模较小，资源不足、投入困难等现状，创意设计往往能够另辟蹊径，发挥巨大作用。如目前蓬勃发展的电商、微商、自媒体等新兴媒介，已极大降低了农业产品的品牌塑造、展示宣传和营销推广的投入门槛，有时只凭借新鲜有趣的创意和富有美感的表达，就能实现内容"自传播、自生长"的高效模式。根据笔者调查，目前北京郊区民宿（农家乐）经营者的主要促销和宣传方式为：专业旅游网站上的网络广告，朋友圈内的信息分享或微信推送，同时，在淘宝、火山、快手等 APP 平台上直播产品信息，甚至日常生产生活情景也成为许多农户扩大影响、宣传产品和品牌的主要手段。由此可知，伴随"互联网+"产品供应链和营销模式的普及，自媒体资源的不断丰富扩张，创意设计很可能成为中小微农业生产经营者最重要的营销资源。

第三，也是未来农业产业发展的主要方向之一，通过农业知识产权（商标、专利、品牌等）的交易和再分配，形成不同层次的产业体系，打造全产业链，带动相关产业和整个区域的发展。在全产业链体系中，围绕特色农产品和农业园区的生产活动，使创意设计不仅参与特色农业产品（项目）研发、生产、加工、推介、营销等全部流程，同时也介入围绕核心产业衍生、延展出的旅游、餐饮、休闲、娱乐、培训、教育等多层次的相关产业群。通过创意把农业技术、农业生产、农业产品、农业旅游和文化艺术活动有机结合起来，形成彼此衔接、相互促进的农业体系，构建农村一、二、三产业融合发展体系。

四、结论

"一村一品"模式是党和政府推动乡村"立足本地资源，做大做强优势特色产业"的重要措施，目前中国"一村一品"存在"一产"比例过高，"一、二、三产业"融合不足，产品附加值低、特色不突出、科技文化内涵不足、市场竞争力较差等问题。创意设计作为全球发展最快、最具活力的生产性文化服务行业，是促进文化创意产业与其他相关产业融合发展的纽带，在文化创意推动农业产业发展过程中处于中心位置。

创意设计以创新为中心，将科技、文化、生态等资源融入农业特色产业生产经营的全流程，能够在打造特色产品（项目）、促进农业产业多元化经营、塑造农业品牌、发展农业多功能和延伸产业链方面发挥重要作用，是解决目前我国"一村一品"发展所面临问题的重要力量。

目前从"创意设计介入新农村建设"的现状来看，尽管在建筑规划、手工艺保护与活化等方面取得了显著效果，但在驱动农业特色产业发展方面还存在明显不足，驱动体系中的一些关键性问题还未能得到解决，如农业生产经营者的创新意识和能力，创意设计服务主体与农业生产经营者的协同创新模式，本地创意设计人才培养，以及政府推动特色农业创新设计的政策机制等。

参考文献

[1] 王玉莲. 日本乡村建设经验对中国新农村建设的启示 [J]. 世界农业，2012（6）：24—27.

[2] 李乾文. 日本的"一村一品"运动及其启示. 世界农业 [J]. 2005（1），总309：32—35.

[3] Nishikawa Y. One Village One Product Movement in Africa; Issues and Feasibility in Ethiopia[D].OVOP Movement and Rural Development; Tokyo, Nagoya University. 2008. www.jaicaf.or.jp/publications/1village_et_e.pdf.

[4] Nyamu G. K., Wagah G. G. and Obala L. M.，The Role of Human Resource Development on the Implementation of Differential Advantage Approach in OVOP Projects, Kenya[J]. *Journal of Geography and Regional Planning*, 2018,11(7):102-108.

[5] Nick R. Smith. One village, one product: Agro - Industrial Village Corporatism in Contemporary China [J]. *Journal of Agrarain Chance*. 2018(19):249-269.

[6] 廖靖边. 大分县"一村一品运动"的经验及启示 [J]. 日本研究.1993（2）：1—6.

[7] 农业部赴日本考察团. "一村一品"运动的实践、发展与启示 [J]. 农村经营管理，2007（03）：46—48.

[8] 钟钰, 王立鹤. 一村一品的主要模式 [J]. 农村经营管理, 2011（02）: 13—14.

[9] 刘德平. 中日泰三国"一村一品"地理格局与公共政策比较研究 [D]. 武汉: 华中师范大学, 2013.

[10] 梁文卓. 创意农产品供应链运行机制研究 [D]. 北京: 中国农业大学, 2018.

[11] 林炳坤, 吕庆华. 创意农业研究述评 [J]. 经济问题探索, 2013（10）: 177—184.

[12] 郑蕾. 文化创意驱动农业发展研究 [J]. 西南民族大学学报（人文社会科学版）, 2016（6）: 120—124.

[13] 李砚祖. 造物之美——产品设计中的艺术与文化 [M]. 北京: 中国人民大学出版社, 2000.

[14] 佟贺丰. 英国文化创意产业发展概况及其启示 [J]. 科技与管理, 2005（1）: 30—32.

[15] 金元浦. 当代世界创意产业的概念及其特征 [J]. 电影艺术, 2006（5）: 5—10.

[16] 梁若冰. 台湾文化创意产业发展初探 [J]. 台湾研究, 2011（3）: 34—39.

[17] 国家统计局. 关于印发《文化及相关产业分类（2018）》的通知 [EB/OL]. http://www.stats.gov.cn/tjgz/tzgb/201804/t20180423_1595390.html.2018-4-2.

[18] 尹宏, 王苹. 创意设计促进文化产业与实体经济融合 [J]. 西南民族大学学报（人文社会科学版）, 2016（6）: 159—163.

[19] Pine II B J, Gilmore J H. The Experience Economy: Work is Theater & Every Business a Stage[M]. Boston: Harvard Business School Press, 1999.

[20] 秦向阳, 等. 创意农业的概念、类型和特征 [J]. 中国农学通报, 2007（10）: 29—32.

[21] 郭华, 蔡建明. 创意农业的理论、发展模式及国内外案例 [M]// 郭焕成. 都市农业与乡村旅游发展研究. 北京: 中国矿业大学出版社, 2010.

[22] 张若琳, 连丽霞. 影响中国创意农业发展的主要因素分析 [J]. 山东农业

大学学报（自然科学版），2012，43（1）：105—109.

[23] 梁文卓，等. 创意农业、农产品研究脉络梳理与展望 [J]. 华南理工大学学报（社会科学版），2017（19）：38—48.

[24] 王爱玲，刘军萍，秦向阳. 创意农业的概念与创意途径分析 [J]. 中国农学通报，2010，26（14）：409—412.

[25] 厉无畏，王慧敏. 创意农业的发展理念与模式研究 [J]. 农业经济问题，2009（2）：11—15，110.

[26] 姚克难. 农产品包装设计与品牌塑造的关系 [J]. 艺术教育，2012（9）：173.

[27] 王珑，杨文剑. 农产品品牌形象设计研究——以临安山核桃为例 [J]. 包装世界，2012（11）：8—9.

[28] 刘升，杨文剑. 地域农产品包装设计探索 [J]. 包装世界，2014（3）：22—23.

[29] 李琦. 农产品品牌形象多形态设计的应用研究 [D]. 杭州：浙江理工大学，2017.

[30] 许金友. 衢州市"一村一品"农产品包装设计的特色与实践 [J]. 包装世界，2013（11）：100—101.

[31] 张传统. 农产品区域品牌发展研究 [D]. 北京：中国农业大学，2015.

[32] 钱杭园，杨小微，孙文清. 农产品品牌传播模式及其创新 [J]. 河北农业科学，2010（10）：122—125.

[33] 杨明强，鲁德银. 基于产业价值链的农产品品牌塑造模式与策略研究 [J]. 农业经济，2013（2）：127—128.

[34] 方晓风. 设计介入乡村建设的伦理思考 [J]. 装饰，2018（4）：12—15.

[35] 左靖. 碧山、茅贡及景迈山——三种文艺乡建模式的探索 [J]. 美术观察，2019（1）：12—14.

[36] 罗德胤. 艺术下乡：前景无限，来日方长 [J]. 美术观察，2019（1）：27—28.

[37] 王丽坤. 基于文化人类学视角的乡村营建策略与方法研究 [D]. 杭州：浙江大学，2015.

文化小康视域下城乡文化互动共荣的内在逻辑与实现路径

■ 李 林 范盈格 李 旺[①]

摘要：20世纪70年代末，邓小平首提"小康社会"战略构想。随着中国特色社会主义建设事业的不断深入，"小康社会"的内涵不断丰富和发展。文化是民族的血脉和灵魂，加强文化小康建设是全面小康的题中之义。论文从"文化小康"与"全面小康"的关系切入，分析了在"文化小康"视域下城乡文化互动共荣的内在逻辑；提出应通过树立城乡文化互动共荣的观念意识与健全体制机制，推动城乡公共文化与文旅产业协调发展等路径，实现城乡文化互动共荣。

关键词：文化小康；城乡文化互动共荣；逻辑；路径

"民亦劳止，汔可小康"[②]，《诗经》最早诠释了"小康"一词。从古代追求富足安稳生活状态的"小康"，到近代旨在找寻救国救民之路的"小康"，再到现代旨在探索民族复兴之路的"小康"，其内涵在一次次被烙上时代印记的过程中不断丰富和提升。"文化小康"是"全面小康"的题中应有之义，但因长期突出的城乡二元结构导致我国城乡文化失衡严重，使"文化小康"成为"全面小康"的突出短板。城乡文化互动共荣是一种新的城乡文化关系发展理念，是城乡文化发展繁荣的高级耦合形态，可为我国"文化小康"的全面推进提供新的发展思路。

---

① 李林，华中师范大学国家文化产业研究中心教授，博导，主要研究领域：城乡公共文化建设。范盈格，华中师范大学国家文化产业研究中心硕士研究生，研究领域：文化资源与文化产业管理。李旺，华中师范大学国家文化产业研究中心硕士研究生，研究领域：农村文化。

② 郑建伟，译注. 诗经[M]. 乌鲁木齐：新疆人民出版社，2002：385.

一、"全面小康"与"文化小康"

随着小康社会内涵的不断拓展，文化小康建设已成为全面小康社会不可或缺的重要内容，对提升民众精神生活品质和文化幸福感的意义更加凸显。

（一）全面小康：小康内涵的发展与提升

消灭贫困是人类社会长久存在的共同热点话题。"人类越是发动对其古老敌人——贫困和愚昧的战争，也就越是发动了对自身的战争"[①]，自然资源禀赋、人文历史环境及社会意识形态的异质性，使各地区消灭贫困的方式各不相同。基于此认知，邓小平在20世纪70年代末首次提出"小康社会"的战略构想，为中国经济社会发展规划了宏伟蓝图。

从"小康社会"的构想到"总体小康"的实现，再到"全面小康"的建设，几代共产党人不断借鉴吸收前人智慧，从多元视角不断赋予"小康"新意蕴，从最初物质资料的富足状态逐渐扩展到社会生活各方面的提升。马斯洛需求层次理论认为人的基本需求得到满足后会追求更高层次的需求。"小康"内涵的丰富发展，正是基于人们物质生活富足后，追求更高层次的美好生活的需要。"光靠物质条件，我们的革命和建设都不可能胜利。"[②]因而文化作为一般意义的上层建筑和公众更高层次的需求日益受到重视。

（二）文化小康：小康社会重要的精神基石

如何理解文化小康？彭晓川（2004）认为文化小康应有可量化的目标，并提出从文化工程、文化设施、文化产业、文艺精品四方面进行评价[③]。宋长善（2016）指出满足民众文化需求、提供社会进步的精神支撑、增

---

① 亨廷顿. 变动社会的政治秩序[M]. 上海：上海译文出版社，1989：45.
② 邓小平. 邓小平文选：第3卷[M]. 北京：人民出版社，1994：144.
③ 彭晓川. 论"文化小康"的目标及其可操作性[J]. 学术交流，2004（01）：126—128.

强国家竞争力是文化小康的价值诉求[1]。姚翼源（2018）认为文化小康是文化软实力内涵式发展的根本路径[2]。关于"文化小康"的评价方法研究，朱波（2017）从公共文化服务、文化产业发展和公民素质提升三个层面构建文化小康评价体系[3]。2018年成都市龙泉驿区在全国率先发布"文化小康指标体系"，从政府投入和社会供应、公众获得感、促进社会发展三个维度开展测评工作。学界对"文化小康"概念的认识逐渐深入，其内涵从物质层面向精神层面扩充，并强调提升公民素质与国家软实力；"文化小康"的指标体系构建研究虽起步较晚，但迅速深入并日臻完善。

"文化小康"是指全面建成小康社会阶段性目标下社会主义文化发展的一种繁荣状态，是全面小康的有机组成部分和重要指标，是社会主义现代化强国的文化发展起点。"文化小康"要求人人共享优质的公共文化服务，城乡共享文化产业发展机会，全社会共享社会主义先进文化繁荣发展的福利，最终实现全民族的文化自觉与文化自信。

（三）文化小康与全面小康的关系

文化小康是全面小康不可或缺的重要内容。梅燕京（2015）认为全面建成小康社会包含了作为整体系统的"五位一体"总目标，离开任一方面便不是全面小康[4]。马珂琦（2019）认为文化承载着民族精神血脉与价值追求，"文化小康"是全面小康的题中应有之义[5]。此外，文化相关指标的设定逐渐成为全面小康评价指标体系研究的关注重点。《全面建设小康社会统计监测方案（2008）》中"文化教育"指标权重为14%[6]；《全

---

[1] 宋长善. 推进文化小康建设的价值诉求与路径选择[J]. 艺术百家, 2016（32）: 412—414.
[2] 姚翼源. 习近平文化小康思想的逻辑与价值探讨[J]. 理论导刊, 2018（01）: 93—97.
[3] 朱波. 文化小康内涵、评价体系构建及指数编制——基于中部六省数据的实证研究[J]. 经济问题, 2017（08）: 123—129.
[4] 梅燕京. 对全面建成小康社会内涵、路径和挑战的思考[J]. 人民论坛, 2015（14）: 30—32.
[5] 马珂琦. 文化小康视域下新时代乡村振兴路径探析[J]. 西北农林科技大学学报（社会科学版）, 2019（03）: 18—26.
[6] 国家统计局. 全国建设小康社会统计监测方案[J].. 统计研究, 2008（07）: 114.

面建成小康社会统计监测指标体系（2013）》中，剔除教育方面的指标后，"文化建设"指标权重为14%[①]；任海平（2017）在《全面建成小康社会进程评估》中依据指标重要程度和历史值，确定文化建设指标权重为19%[②]。文化相关指标在全面小康建设指标中的权重呈持续上升趋势。

文化小康是全面小康不容忽视的重要短板。数据显示，我国文化教育指标实现程度虽从2000年的58.3%提高到2010年的68.0%，但相对经济发展、生活质量等方面，文化教育指标的实现程度最低[③]。依据近年部分地区的统计数据，文化指标实现程度总体呈现出低于其他指标的规律。如2015年河北省文化建设指标低于全省小康综合指数9.27%，其中"文化产业增加值占GDP比重"不增反降，降幅达8%[④]。习近平指出，"小康不小康，关键看老乡"，实现文化小康的重点和难点在乡村。文化小康是全面小康的短板，而乡村文化发展是文化小康的短板，乡村文化小康成为"短板中的短板"。在"文化小康"视域下，理顺城乡文化关系，补齐上述两个层面短板，事关全面建成小康社会。

二、"城市文化"与"乡村文化"

城市与乡村是中国社会的两大共生单元，城乡文化关系问题是现代化进程中必然面临的现实问题。寻求城乡文化间的互动并共荣，可为新时代我国城乡关系发展提供指引。

（一）城市文化与乡村文化的概念

"城市总是有自己的文化，它们创造了别具一格的文化产品、人文景观、建筑及独特的生活方式。"[⑤]关于城市文化概念的界定,唐永进(1999)认为它既包含市民文化、旅游文化、商业文化等软件内容，又包括文化

[①] 国家统计局. 全面建成小康社会统计监测指标体系[S]. 2013.
[②] 任海平. 全面建成小康社会进程评估[M]. 北京：中国经济出版社，2017：62.
[③] 国家统计局科研所. 中国全面建设小康社会进程统计监测报告[R]. 2011.
[④] 杨景祥. 河北省全面建成小康社会统计监测报告2015[M]. 石家庄：河北科学技术出版社，2016：1.
[⑤] 费瑟斯通. 消费文化与后现代主义[M]. 刘精明，译. 南京：译林出版社，2005：139.

馆、图书馆、博物馆等硬件设施[①]；顾敏敏（2012）将城市文化分为物质文明、精神文明和政治文明三个层面[②]；杨章贤[③]（2002）与任致远[④]（2012）认为广义的城市文化是城市人类的所有生产、生活方式等各要素相互作用的总和；其狭义概念仅包含指导城市人类生产、生活的精神意识形态。本文所言城市文化指城市空间范围内能够满足城市居民多样化的文化需求，提高城市居民文化生活质量的物质和精神产品。

关于乡村文化概念的界定，吕红平[⑤]（2001）、张艳[⑥]（2007）认为广义的乡村文化既包括乡村物质财富也包括乡村精神财富；其狭义概念仅包含精神活动范围；韦浩明（2007）认为乡村文化是乡村生产生活要素在历史发展过程中的沉淀[⑦]；赵旭东（2017）提出乡村文化展现了乡村意境的因素，包括乡村价值观念等无形的抽象层面和有形的物质层面[⑧]。本文所谓乡村文化是乡村居民在长期生产、生活中创造的物质与精神财富的总和，包括乡村居民思想价值观念、乡村居民素质、乡村文化设施、文化组织制度与乡村文化资源等。

（二）历史演进：城乡文化关系的嬗变

城乡关系随着生产力的发展而变迁，且"城乡关系一改变，整个社会也跟着改变"[⑨]。新中国成立伊始，为迅速改变积贫积弱局面，国家出台了一系列政策大力发展物质生产，经济状况快速好转的同时城乡经济结构也发生深刻变化，城乡不平衡问题日益凸显。"物质生活的生产方

---

① 唐永进. 城市文化内涵初探[J]. 齐鲁学刊，1999（06）：121—124.
② 顾敏敏. 批判与建构——中国当代城市文化建设新路径研究[J]. 学术探索，2012（07）：96—100.
③ 杨章贤. 城市文化与我国城市文化建设的思考[J]. 人文地理，2002（04）：25—28.
④ 任致远. 关于城市文化发展的思考[J]. 城市发展研究，2012（19）：50—54.
⑤ 吕红平. 农村家族问题与现代化[M]. 石家庄：河北大学出版社，2001：63.
⑥ 张艳. 乡村文化与乡村旅游开发[J]. 经济地理，2007（03）：509—512.
⑦ 韦浩明. 乡村文化传承：歇后语和民谣——以广西贺州市壮族枫木村为考察对象[J]. 贺州学院学报，2007（04）：79—82.
⑧ 赵旭东. 中国乡村文化的再生产——基于一种文化转型观念的再思考[J]. 南京农业大学学报（社会科学版），2017（01）：119—127.
⑨ 马克思，恩格斯. 马克思恩格斯选集：第1卷[M]. 北京：人民出版社，1995：157.

式制约着整个社会生活、政治生活和精神生活的过程"[1]，城乡二元结构致使城乡文化失衡。因而城乡文化关系问题是城市化进程中必然出现且必须解决的问题。

结合城乡发展的道路选择与城乡关系的发展实际，我国城乡文化关系历史演变可分为三个阶段：一是城乡文化初级交流阶段。新中国成立之初国家采取一系列促进城乡交流的措施，但随后启动的"一五"计划使城乡发展差距拉大。二是城乡文化二元发展阶段。社会主义工业化战略的实施使工农业发展逐渐失衡，城乡差距越发明显。三是城乡文化协调发展阶段。近年来我国先后提出城乡统筹、城乡文化一体化、城乡文化融合等理念，使城乡文化关系趋于协调。但总体而言，乡村仍是全面建成小康社会和建设社会主义现代化强国的短板。

"城乡关系是一种纵深的、多维度的交往关系，这种交往是'空间关系'重组的过程。"[2]我国在"重组"城乡间纵深多维的复杂关系方面虽取得一定成效，但两者依然呈较大的分离趋向。这种趋向一方面由政策导向决定，另一方面是"城市生活的法理社会与乡村生活的礼俗社会的隐性对比"[3]的结果，两种因素共同致使城乡文化的失衡。只有扭转此种失衡才能"使每个人都有充分的闲暇时间去获得历史上遗留下来的文化中一切真正有价值的东西"[4]。马克思城乡观认为"过去自给自足和闭关自守状态被各方面的互相往来和互相依赖代替了，物质的生产和精神的生产都是如此。各民族的精神产品成了公共的财产"[5]。这表明城乡融合发展是工业化发展到较高阶段后一种高质量的城乡关系，城乡文化的互联互通、互鉴互补是两者关系发展的必然趋势。

（三）关系重构：城乡文化的互动共荣

城乡融合发展是破除我国城乡二元结构的必然选择。"只有通过城

---

[1] 马克思，恩格斯. 马克思恩格斯全集：第13卷[M]. 北京：人民出版社，1962：8.
[2] Lefebvre H. *The Production of Space*[M]. London:Blackwell, 1992:73.
[3] 芒福德. 城市文化[M]. 北京：中国建筑工业出版社，2008：517.
[4] 马克思，恩格斯. 马克思恩格斯选集：第3卷[M]. 北京：人民出版社，1995：150.
[5] 马克思，恩格斯. 马克思恩格斯选集：第1卷[M]. 北京：人民出版社，1995：276.

市和乡村的融合"①，才能从根本上打破城乡二元。城乡融合发展中要协调好城乡文化发展关系，"帮助农民上升到城市的水平"②，弥合城乡之间的文化鸿沟。当代中国城乡文化关系不是替代与被替代的关系，而是两种不同文化形态和而不同、和谐共生的关系，其实质是城乡文化的互动共荣。

城乡文化互动共荣是指在保持城乡文化特质差异性基础上，城市和乡村相互借鉴吸收先进文化、摒弃落后文化的一种双向演进与和谐互动的文化发展关系。在此种关系下，城市和乡村将作为一个文化发展共同体，力求实现城乡文化资源互补、城乡文化发展互动、城乡文化和谐共生等要求，把满足城乡居民文化需求、保障城乡居民文化权益、城乡共享文化发展成果作为最终目标。

三、文化小康视域下城乡文化互动共荣的内在逻辑

在文化小康视域下，确立城乡文化互动共荣的发展关系是基于文化小康的内在要求、保障其指标的有效实现、对"两个短板"问题的现实回应，是理论逻辑、价值逻辑和实践逻辑的统一。

（一）理论逻辑：城乡文化互动共荣是"文化小康"的内在要求

实现文化小康是人民的夙愿。改革开放40余年来，我国物质领域的匮乏已得到有效缓解。"实现我们的发展目标，不仅要在物质上强大起来，而且要在精神上强大起来。"③文化上的富裕充实，才能达到精神上的满足。文化小康的要求可概括为三个层面的"三个共享"，即人人共享优质的公共文化服务；城乡共享文化产业发展机会；全社会共享社会主义先进文化繁荣发展的福利。人人共享，强调每个公民个体都能享受到高水平的文化服务。城乡共享，强调城乡发展中资源配置的优化与城乡文化产业发展的机会平等。全社会共享，强调整个社会都能享受文化繁荣的成果。

---

① 马克思，恩格斯. 马克思恩格斯选集：第2卷[M]. 北京：人民出版社，2012：684.
② 列宁. 列宁全集：第36卷[M]. 北京：人民出版社，1985：247.
③ 习近平. 在同全国劳动模范代表座谈时的讲话[EB/OL]. 人民网，2013-4-28.

"三个共享"旨在最终实现全民族的文化自觉与文化自信。

"文明时代的特征之一是把城市和乡村的对立作为整个社会分工的基础固定下来"[①]，在现代性的冲击下，城乡在物质、精神、行为及制度方面的文化堕距加剧了城乡文化冲突。在此种冲突加剧背景下提出的城乡文化互动共荣，可通过城乡文化服务互助共进，城乡文化资源互补互通，城乡文化发展互动共生，满足文化小康"三个共享"的要求，弥补城乡文化割裂。因此实现城乡文化互动共荣是补齐文化发展短板、实现文化小康的内在要求。

（二）价值逻辑：城乡文化互动共荣是"文化小康"的有效保障

为衡量文化小康的实现程度，可依据学界理论研究成果与各地文化小康建设实践，将文化小康的评价维度归纳为政府投入和社会供应、公众获得感、促进社会发展三方面。

城乡文化互动共荣是以实现满足城乡居民的文化需求，保障城乡居民享有文化权益，让人民共建共享文化发展成果为目标的。此目标与"文化小康"的三方面评价指标高度契合。改革开放以来，我国实现了从盼小康、奔小康，到全面建成小康的跨越式发展，公众文化需求的个性化、差异化、多元化和特色化愈加明显。城乡文化互动共荣发展能够让城乡居民为弥补各自文化特质上的缺陷，在城乡文化互动中互鉴、共享各自特有的文化特质，形成优良的多层次、多样性的文化生态。现阶段城乡间文化的不平衡不充分发展是造成文化小康实现程度低的现实问题，全国城镇居民人均教育、文化和娱乐消费从2013年的1988元增长至2018年的2974元，而全国农村居民人均消费从2013年的755元增长至2018年的1302元[②]，城乡间的文化市场繁荣程度还存在较大差距。因此实现城乡文化互动共荣，能够在继续推动文化发展的基础上有效缓解"文化小康"发展不平衡问题。

① 马克思，恩格斯. 马克思恩格斯选集：第4卷[M]. 北京：人民出版社，1995：176—177.
② 数据来源：国家统计局官网 http://data.stats.gov.cn/easyquery.htm?cn=C01&zb=A0A04&sj=2018。

（三）实践逻辑：城乡文化互动共荣是"两个短板"的现实回应

"三农"问题作为关系国计民生的根本性问题，长期以来并未得到良好有效的解决。实现全面小康，就要跨越城乡之间的鸿沟。"全面建成小康社会，最艰巨最繁重的任务在农村贫困地区。没有农村的小康，就没有全面建成小康社会。"[①]因此农村"文化小康"的建设彰显着国家发展性的价值维度。

"文化小康"是全面小康的短板；乡村文化发展又是"文化小康"的短板。通过构建城乡文化互动共荣的发展关系，激发城市和乡村各自的文化潜能，使全社会既保持传统文化的底蕴，又富含现代文明的精华；使得城乡人人能够共享优质的公共文化服务，城乡文化产业拥有平等的发展机会，全社会共享社会主义先进文化繁荣发展的福利，全民族拥有高度的文化自觉与文化自信。通过城乡文化互动，缓和文化价值观念冲突；通过城乡文化互鉴，协调文化管理体制；通过城乡文化互补，平衡文化产业发展；通过城乡互通，缩小文化供给水平差异；通过城乡文化互助，全面提升公民素质。这种城乡之间文化资源的合理性共享能够加强农村文化建设、实现农村"文化小康"，补足社会主义文化建设的发展"短板"，补齐全面建成小康社会的短板。

四、"文化小康"视域下城乡文化互动共荣的实现路径

建成"文化小康"是满足人民文化需求的有效途径，因此必须以文化小康评价指标体系为基础，围绕"让人民共享发展成果"的主线，着力构建新型城乡文化发展关系。

（一）树立城乡文化互动共荣观念意识

首先，应传承乡村传统文化，发展城市现代文化。"中国乡村就像

[①] 中共中央党史和文献研究院. 习近平扶贫论述摘编[M]. 北京：中央文献出版社，2018.

构成生命体的细胞一样,携带着中华文明演化的秘密和基因。"①农业文明是中国传统文化的基础和源泉,中华优秀传统文化是城乡文化认同的深厚根基。斯宾格勒认为"一切伟大的文化都是城市文化"。人类所创造的伟大文化富集于城市,使城市成为人们向往生存、享有与发展的空间。建立在现代工业文明基础之上的城市文化,相对乡村文化而言具有天然的优越性。在城市文化的强烈冲击下,城乡之间形成了新的文化鸿沟。

其次,应吸收延展先进现代城市文化。借助传统节日纪念、古老仪式传承等相关文化活动的举办,以农民喜闻乐见的形式将现代文化要素融入乡村居民生活助其逐渐克服传统小农心理。加强城乡文化的交流共享,构建"和而不同"的精神秩序。传统与现代两者并不是非此即彼的二分状态,而是互为表达、彼此推进的,传统揭示了现代的另一种面向②。以现代工业文明为特征的城市文化和以传统乡土文明为代表的乡村文化在城乡关系的发展演变中也展示了两者之间能够实现相互融合转化。因此,树立城乡文化互动共荣的观念意识是城乡居民对各自文化价值的彼此认可、相互融合与成果共享,是城乡文化关系和谐共生的内在要求。

(二)健全城乡文化互动共荣体制机制

首先,应着力提高农村居民收入水平。现代经济学理论认为在市场机制引导下,城市规模经济效应能有效带动城乡协调发展,但政府实施的城市偏向政策则造成城乡要素配置扭曲③。2019年,我国城乡居民人均可支配收入比值为2.64,差距依然较大。因而只有农民的"钱袋子"鼓起来了,才会真正实现农村文化市场的繁荣,农村文化建设才有扎实的"造血功能"。

其次,以城乡人才共育共享为抓手建立以城带乡、以乡促城的互动

---

① 张孝德.中国的城市化不能以终结乡村文明为代价[J].行政管理改革,2012(09):14—17.
② 郑杭生.现代性过程中的传统和现代[J].学术研究,2007(11):5—10.
③ 苏小庆.新型城镇化与乡村振兴联动:现实背景、理论逻辑与实现路径[J].天津社会科学,2020(03):96—102.

联通机制。"人力资本是具有生产性的、经过长期投资形成的能力"[①]，然而我国乡村地区高质量人力资本匮乏，阻碍了城乡文化交流和人才自由流动。因此应从德高望重的老人、心系故土的有识之士、农村优秀基层干部、服务人员、乡村教师、道德模范、经济能人、身边好人中选威望高、口碑好的文化乡贤、文化能人，建立城乡文化乡贤、文化能人交流机制[②]。

最后，畅通乡村居民文化表达渠道，完善城乡共建共享文化发展成果的互动机制。借鉴城市居民参与城市文化发展的经验，创新文化服务方式。针对留乡农民、进城务工的农民工、进城上学的学生等不同乡村居民群体，设置意见箱、征集热线、网站专栏、专门APP等特定的乡村文化诉求表达渠道。组织"村头问政会"，设立干部接待日，开展覆盖全体乡村居民的乡村公共文化服务满意度动态测评，督促城乡文化发展主体作为。

（三）推动城乡公共文化协调发展

首先，应优化公共文化财政支出结构，继续加大文化投入向乡村地区倾斜的力度。注重提高文化投入资金使用效益，加强公共文化重点领域、重点项目的建设保障。同时应根据地区之间、城乡之间不同类型的公共文化需求，提供不同的公共文化项目建设，从强调"公共文化服务的内容、结果均等"转向"享受公共文化服务的机会、供给水平均等"。

其次，应健全城乡文化设施共建共享机制。促进设施建设主体多元化及各主体之间的有效配合，注重文化设施的供需匹配。统筹城乡文化设施运行管理，保障城乡居民的使用机会平等。建立城乡公共文化服务联盟，构建公共文化服务的"菜单式""订单式""自助式"等定制模式，促进城乡公共文化服务供需对接。可通过城市文化下乡、乡村文化进城的方式加强城乡文化类社会组织的交流合作。支持城乡居民自发组建文

---

① 舒尔茨.论人力资本投资[M].北京：北京经济学院出版社，1990：98.
② 欧阳雪梅.振兴乡村文化面临的挑战及实践路径[J].毛泽东邓小平理论研究，2018(05)：30—36.

艺队伍，举办各类文化活动。

最后，应发挥文化科技融合对城乡公共文化协调发展的作用。协同推进"智慧城市"与"智慧乡村"建设，发展公共文化服务数字平台，同步提升城市与乡村的文化云覆盖率。利用新媒体等技术信息容量大、实时性和交互性强的优势，打造全媒体、多样态、广覆盖的城乡公共文化网络载体集群，建设数字文化广场、农耕文化体验长廊等设施，构建跨城乡的农家书屋服务网络体系。

（四）促进城乡文旅产业协调发展

顺应文化旅游深度融合发展趋势，抓住"文化+"和"旅游+"战略实施的契机，必须在扩大文旅产业整体规模的同时，促进城乡文旅产业的协调发展。

首先，应依托各区域独特的文化资源禀赋，建构具有独特性、历史性、发展性的城乡特色文化空间。充分利用乡村文化景观、民风民俗、农耕文明、生态环境等乡土资源，深度挖掘和诠释乡村文化的历史样态、现实内涵和时代魅力，让乡村特色文化资源标识化，易于读取，便于传播。加强跨区域、跨界合作，打造和推广具有乡土特色的区域性文化公共品牌，增强乡村文化资源的市场吸引力。

其次，应发挥城市文旅产业相关制度较为健全、设施较为齐全、技术较为成熟、资本较为充足、信息较为丰富、人才较为优质、品牌较为突出等优势，促进城乡文旅产业资源共享、要素互补、合理分工，健全"文化+创意+旅游"的乡村文化产业集群，打破城乡文旅企业公平竞争的制度障碍，健全城乡文旅企业信用管理体系，推进城乡文旅产业资本市场相互开放，培育乡村龙头企业和覆盖城乡的文旅连锁企业，创新乡村文旅融合发展模式，增强乡村文化企业适应城乡文化市场发展的能力，使城市文旅市场和乡村文旅市场两个共生单元通过良性竞争、双向耦合的互动，形成城乡协调发展、开放有序、互补互济的发展新格局。

五、结语

推进文化小康建设过程中,城乡文化应当通过互鉴、互补、互利的"互动"关系来促进城乡文化的"共荣",让人民共享社会主义先进文化,进而形成高度的文化自觉与文化自信。城乡文化"互动共荣"是未来城乡文化关系的理想形态,在当前"两个一百年"奋斗目标的历史交汇期,重塑城乡文化关系,推动其互动共荣既有利于补齐全面小康的短板,为全面建成小康社会创造条件,又为国家软实力的增强提供话语体系的当代价值。

【特色文化产业扶贫的
理论与模式研究】

导言（主持人：李炎[①]）

李 炎

贫困是人类最尖锐的社会现象和共同难题，贫困不仅是物质上的极度匮乏，贫困人群的生活模式也在塑造着他们的人格特征，形成落后的精神文化、惰性心理。特色文化产业和解决贫困问题之间有着天然的、内在的联系，特色文化产业扶贫具有"扶志"和"扶智"的双重作用。一方面，特色文化产业基于民族及区域的资源条件和生产活动而产生，具有文化传承、产业发展、创业就业、生态涵养等再生性功能特点，具备内容、社会、艺术、经济、传承、就业创业和脱贫等多层次、多方面的复合价值；另一方面，我国贫困地区虽然自然和文化遗产资源十分丰富，但由于各种主客观条件所限，长期以来处于沉睡状态而未得到有效开发，致使很多地区仍然处于相对贫穷的状态。因此，特色文化产业扶贫是以贫困地区独具特色的文化资源为基础，重在变物质优先为精神与物质同步，变外在的"输血"为内生的"造血"，通过激发脱贫地区的内在生命力，成为国家扶贫动能转换中的新引擎。

本栏目选取的4篇文章（《文化扶贫的演进逻辑与创新实践》《权力视域下特色文化产业的扶贫逻辑与开发模式》《特色文化与产业有机融合 助力脱贫攻坚——以山东省枣庄市峄城区为例》《医保制度健康扶贫的动态效应研究——基于CFPS数据的贫困脆弱性实证研究》），既分析和总结了我国脱贫攻坚的重要成果和重大意义，又分别从文化扶贫、权力视域、案例分析、医保制度等角度，探索特色文化产业扶贫的新思路、新路径。

---

① 李炎，文旅部云南大学国家文化和旅游研究基地主任，云南大学文化发展研究院院长、教授、博士生导师。

文化扶贫的演进逻辑与创新实践

■ 邓子璇[①]

摘要：减贫是持续困扰古今中外的全球化难题，也是社会有机体健康有序运转过程中必须应对的重要挑战。改革开放40多年来，我国减贫的脚步从未停止，一直在跨步前进中，贫困的原因并非单一经济问题，实则有着更深的文化根源，文化扶贫作为一种激活贫困地区脱贫攻坚的内生性动力，其脱贫含金量不容小觑。回顾中国乡村特色扶贫路径中文化扶贫的作用机理，展望"十四五"时期我国文化扶贫的目标及战略方向，探索如何创新乡村特色文化产业以巩固脱贫攻坚成果，发挥其在常态化扶贫中的引领作用，对顺利实现与乡村振兴的衔接具有重要的现实意义。

关键词：精准脱贫；文化扶贫；"十四五"时期；特色文化产业

中华人民共和国成立初期，积贫积弱、百废待兴、民生脆弱、一穷二白笼罩于广辽的中华大地间，面对贫瘠的工农业生产力和西方资本主义列强的围堵封锁，中国政府审时度势，从"摆脱普遍的饥饿和贫苦"出发，加快建设、深化改革，筚路蓝缕逐步探索出一条从救济式扶贫转向开发式扶贫进而迈向精准扶贫的特色化乡村脱贫之路，在长期反贫困的持久战中创造了世界减贫史上的卓越成效。截至2019年年底，我国农村贫困发生率已降至0.6%，对全球减贫贡献率超过70%，成为全球最早实现联合国千年发展目标中减贫目标的发展中国家。2020年是"十三五"规划收官之年，是决胜小康社会之年，对那些丧失劳动力、无法通过帮扶脱贫的深度贫困人口来说，年底全部采取兜底方式也能消除中国现行标准下农村贫困人口的绝对贫困，但需要明确的是，这不代表着贫困的

[①] 邓子璇，女，华中师范大学国家文化产业研究中心博士；研究方向：乡土文化、文化资源与文化产业、文化贸易。

终结，多数乡村仅仅满足"两不愁三保障"的生存和物质消费需求。中国的社会主义现代化进程即将进入全新阶段，我国社会主要矛盾已转化为人民日益增长的美好生活需要和不平衡不充分的发展之间的矛盾，扶贫工作方式由集中作战转向常态推进，扶贫重心从绝对扶贫转向相对扶贫。因而丰盈乡民精神文化境界，利用贫困地区特色文化资源来改造其落后文化，采用经济扶贫与文化扶贫相结合的方式，以文化之力阻隔贫困的自然传递，充分发挥公共文化服务与经营性特色文化产业的助推作用，巩固脱贫成果，顺利实现与乡村振兴的衔接和融合具有重要的现实意义。

一、中国乡村特色扶贫路径中文化扶贫的作用机理

消除贫困，改善民生，逐步实现共同富裕是中国特色社会主义的本质要求，扶贫是建党近100年发展历程中的一项重要工作，扶贫既要带动人民生存状态的整体性变革，缩小贫富差距，还要发挥文化的"扶志""扶智"作用，以文育人，以文启智，进而以文造物，激发贫困人口脱贫致富的能力。我国脱贫攻坚实践史上，深深镌刻着文化扶贫的历史印迹，在每个标志性的扶贫工作历史推进阶段，文化扶贫的范畴及战略定位也随扶贫事业的发展不断演变和丰富。

（一）新中国成立至改革开放前的救济式扶贫期：文化扶贫主要体现在"破旧立新"的识字扫盲及意识形态宣传

这一阶段，文化扶贫与经济扶贫的战略定位相互分离，文化的经济属性尚未体现出来。新中国成立初期，农业生产落后，农村普遍贫困，农民"食不果腹"，扶贫重心始于自上而下的农村救济和救灾，输血性地把财政资金物资补贴给贫困农户并鼓励农业生产合作化成为改善人民生活水平、活跃农村经济的主要方式，遵循着"缺什么给什么"的单一思路。早在新民主主义革命时期，毛泽东就提出"不但要把一个政治上受压迫的中国，变为一个政治上自由和经济上繁荣的中国，而且要把一个被旧文化统治因而愚昧落后的中国，变为一个被新文化统治因而文明先进的

中国"①。在社会主义革命和建设初期，读书识字只存在于少数精英阶层，文盲成为新中国发展道路上的拦路虎。当时在全国范围内开展大规模群众识字扫盲运动，成立扫除文盲协会和业余教育委员会，按照"农闲多学，农忙少学，大忙放假"原则，力求达到农业生产、学习文化两不误，将现代教育和自然科学普及至乡村各处。此外，党和政府还开展多种意识形态教育宣传活动，"立"马列主义、毛泽东思想的指导地位，"破"唯心主义等错误思潮和旧社会痼疾，开展文艺创作整风运动。文化供给被纳入计划与公有体制，文化生产活动以文化事业的形式服务于社会，新文化以灌输、渗透的形式融入乡民之中。然而，传统计划经济体制的弊端和一系列错误方针如"文化大革命"的实施，也加剧了农村贫困。

（二）改革开放后至党的十八大召开前的开发式扶贫期：文化扶贫侧重于公共文化服务"项目化""工程化"供给的辅助性扶贫

救济式扶贫也只是暂时性缓解贫困，救急不救穷，要从根本上改变贫困地区面貌必须依靠乡民自己的力量，在党和政府相关利好政策的帮扶下，因地制宜，扬长避短，充分利用本土特色资源，进行开发性生产建设，增强地区经济的内部活力，改变群众"等、靠、要"的传统脱贫思维模式。1978年12月，党的十一届三中全会把党的工作重心转移到社会主义现代化建设上来，以经济建设为中心，准确认识到社会的主要矛盾为人民日益增长的物质文化生活需要同落后的社会生产之间的矛盾，《中共中央关于农业和农村工作若干重大问题的决定》强调"经济开发要同智力开发相结合，开展科教扶贫"，国务院《中国农村扶贫开发纲要（2001—2010）》指出"要逐步改变贫困地区经济、社会、文化的落后状况"。改革开放以来，党中央在全国范围内实施了以解决贫困人口温饱问题为主要目标的大规模扶贫开发，中国共产党的扶贫实践证实了该阶段采取以物质扶贫为主，文化扶贫为辅的扶贫工作模式，文化扶贫仍未逃离处于经济扶贫附属品的艰难困境。这一时期文化扶贫侧重于农村基层群众的项目化、工程化公共文化服务供给，建立结构均衡的公共文

---
① 毛泽东. 毛泽东选集：第2卷[M]. 北京：人民出版社，1991：663.

化服务体系，在满足群众基本物质生活需要的基础上，让乡民充分享受现代文化的建设成果。如中国文化扶贫委员会以帮助贫困地区农民提升科学文化素质，摆脱贫困奔赴小康为宗旨，实施了万村书库、送戏下乡、报刊下乡、电视扶贫等文化扶贫专项工程；中国扶贫开发协会组织实施了文化扶贫开发研究、村落文化建设、公益文化场馆建设、文化资源开发、文化扶贫交流与合作等各类文化扶贫项目，弥补了改革开放后一段时期内农村文化基础设施薄弱和文化活动匮乏的问题[1]。但政府主导下实际的公共文化扶贫成效并不理想，也存在着公共文化的投入产出不相称，公众参与率低，供需脱节较为严重等现象。

（三）党的十八大召开后至2020年全面建成小康社会前的精准扶贫期：公共文化扶贫与特色文化产业扶贫并重的共生性扶贫

党的十八大以后，我国扶贫工作进入啃硬骨头的攻坚阶段，全面小康下的脱贫是"一个都不能少"的精准脱贫，需要稳定实现农村贫困人口的"两不愁三保障"。针对贫困的多维性，习近平总书记提出"五个一批"脱贫工程，即从发展生产脱贫、易地搬迁脱贫、生态补偿脱贫、发展教育脱贫、社会兜底脱贫五个维度冲刺脱贫"最后一公里"，扶贫内涵和层次越发丰富。虽然这一时期精准扶贫工作的目标是如期实现现行标准下农村贫困人口的全部脱贫，总体基调依旧是轻文化扶贫重经济扶贫，但文化精准扶贫渐成热点并引导文化扶贫新阶段。随着精准扶贫战略的实施和文化扶贫事业的快速推进，文化扶贫逐渐从小概率事件走向常态和普及，从零星的"点"状分布向"面"的整体态势延展，逐渐成为扶贫脱贫的重要内生路径。[2] 此阶段文化精准扶贫发挥的效能主要是将文化要素禀赋转化成人力资源要素禀赋和物质要素禀赋，即加强对集中连片特困区尤其是老少边穷地区公共文化服务的帮扶力度，促进公共文化服务协调均衡发展，并依托乡间异质性资源禀赋催生出特色文化产业，挖掘文化资源的经济价值。文化扶贫从政府主导下的文化教化专项

---

[1] 胡守勇. 文化扶贫70年：范式演进与攻坚方略[J]. 求索，2020（01）：188—195.
[2] 孙贺. 文化扶贫的逻辑机理与推进路径[J]. 东岳论丛，2018，39（11）：33—37.

行动逐渐转向社会力量协同发力的文化活化自觉行动，如打造"文化＋旅游＋扶贫"的乡村游项目品牌，构建"非遗＋扶贫"传统工艺制作基地、"政府＋文化企业＋贫困户"的文化扶贫产业园等。

二、"十四五"时期我国文化扶贫的目标及战略方向展望

在以习近平同志为核心的党中央坚强领导下，我国脱贫攻坚取得了史无前例的成就。2020年后，中国现行标准下农村人口将全部实现脱贫，脱贫攻坚的阶段性任务告一段落，但这并不代表着中国反贫困事业的终结，在实现全体人民共同富裕之前，贫困群体将长期存在。相比全面建成小康社会之前以吃饱穿暖为衡量标准的贫困，贫困的内涵发生了升华，国民无法依靠自身的力量创收、精神文化需求无法得到满足定义了新时期的贫困。此外，我国贫困的存在形态将由绝对贫困转向相对贫困，区域、城乡、行业以及群体间都存在着相对落后和相对差距，在经济增长为动力推动国家减贫效果下降的背景下，文化扶贫不外乎成为一种激活贫困地区脱贫攻坚的内生性动力。通过科学文化普及和思想道德教育，树立新风和塑造新人，即形成"文化力"，以反作用于经济，促进经济发展，实现脱贫致富[①]。"十四五"时期我国文化扶贫的目标与整体减贫目标一致，即巩固脱贫攻坚成果，防止返贫和新贫困现象的出现，文化扶贫的战略方向可以从以下三方面来进行探索性思考。

（一）从区域发展不协调看"精准文化扶贫"战略

我国区域经济、社会、文化发展"一条腿长一条腿短"的问题仍较为严峻，边疆地区、革命老区、少数民族地区等老少边穷地区的公共文化服务兜底工程尚未完全达到均等可及、普惠共享的水平；贫困落后地区村民自身的文化教育水平有限，休闲娱乐习惯原始，公共文化服务供给存在着一定程度的"供需错位"；当地"贫困文化"、特色传统文化与主流文化的融合与碰撞，带来乡土文化衰落和文化多样性消解的可能

---

① 鲁建彪. 关于民族贫困地区扶贫路径选择的理性思考[J]. 经济问题探索，2011（05）：150—154.

性；人才和青壮年劳力流失严重，乡民本土创业意识弱，村落空心化严重；特色文化生产在产业、技术等方面还不成熟，文化转化率低，难以实现文化造血的功能……这些都是贫困地区文化发展的短板。当前，需要推动精准文化扶贫向纵深发展，助力贫困地区经济、社会、文化提质升级，从而实现脱贫工作由治标向治本转变。"十四五"时期要确保公共文化服务供给向深度贫困地区如"三区三州"倾斜，全面补齐公共文化服务供给的短板；加强对乡民的政治宣传和思想教育，激发群众自主创业、脱贫致富的主观愿望；弘扬乡贤文化，发挥"新乡贤"的引领作用，以乡情乡愁为纽带，鼓励外出乡贤回归家乡投资兴业；依托老少边穷地区较为丰厚的民间特色文化资源和非物质文化遗产，将传统工艺、文化习俗变现。

（二）从经济形势和外部环境不确定性看"文化自信"和"文化创新"战略

在全球经济负增长、国内经济下行压力倍增以及中美关系日趋紧张等形势下，知识产权争议、包括文旅业在内的文化产业发展、就业压力甚至国民信念信仰都在发生不同程度的波动，如何发挥文化优势，通过提振文化自信、引领文化创新来推动发展和转型升级，找寻当地脱贫致富的新路子成为新时期文化扶贫的一大战略转向。文化自信是对所在国家、民族、地区文化价值的充分肯定，其发挥着育民、励民、惠民、富民的积极作用。提振文化自信，首先要紧扣"扶智"标题，培育当地乡民的学习和进取意识，开展就业技能、民族特色手工艺培训，增强贫困群众的自我发展能力；其次要"扶志"，弘扬中华传统优秀文化、革命文化以及社会主义先进文化，鼓励群众不忘初心，砥砺前行，为扶贫提供最宝贵的精神财富，增强贫困人口的斗志和信心，通过文化惠民工程，提升公共文化服务效能，引导群众在共享文化活动中走出个体的封闭和自卑，开放自我；最后，帮助贫困地区群众认清生活地所拥有的独特生态环境和文化资源优势，以创造和创新的方式拓展产业空间，带领全村走上脱贫致富的发展新路。文化创新是文化的生命之源，是先进文化的特质，更是繁荣文化、推动经济、产业发展的重要支撑。通过总结人民群众的创造性实践，借鉴世界优秀文化成果，传承改造民族传统文化，并坚定不移地深化文化体制改革，与新业态、新技术融合不断激发文化创新的活力，以文化创新助力精准扶贫。

（三）从疫情、汛情等不可抗灾害看"生态文化""绿色减贫"战略

近年来，世界范围内资源环境问题加剧，病毒疫情、蝗虫肆虐、洪涝灾害等突发情况促使我们思考人与自然的关系。习近平总书记指出，自然是生命之母，人与自然是生命共同体，人类必须敬畏自然、尊重自然、顺应自然和保护自然。资源开发利用要正确处理好经济发展同生态环境保护的关系，"既要绿水青山，又要金山银山"，坚持绿色发展理念，实现脱贫致富和生态文明建设双赢。我国乡村旅游规模和品质显著提升，但仍存在着资源被过度开采，挖山填湖、污染水系，生态环境遭遇破坏，垃圾和污水治理等农村人居环境整治不到位等问题。一方面，推动绿色减贫理念内化于心，外化于行，将生态环保与经济、文化旅游开发相结合，要顺应景区地形地势，将建筑设施规划与山水风貌、生物群落等相协调，形成人工环境与自然环境互促共生的格局；另一方面，积极推进"智能＋文旅""互联网＋文旅"等资源能耗低的发展模式，打造蕴含不同生态主题创意的独特文化品牌，提升旅游体验感。从另一个角度看，在不可抗灾害面前，生命显得如此脆弱，人们渴望在高压、快节奏的生活下寻求身心放松和精神愉悦，对健康养生、修身养性、陶冶情操更为重视，城市反哺乡村、人们回归自然的趋势明显增强，为文化、食疗、生态等康养小镇带来广阔的市场前景。

三、探索乡村特色文化产业创新之路

脱贫攻坚取得举世瞩目成就，即将迈入"十四五"时期，开启中国特色社会主义现代化国家新征程，在外部帮扶性举措已经稳定贫困地区人民温饱问题之后，如何依靠地区内在的生命力，充分发挥其地域、乡土、民族特色来壮大本族本村成为关键。贫困地区大多处在偏远地段，空间

封闭，现代化水平低，虽然经济发展较为滞后，但其地域文化形态保存完整，众多特色文化资源"待字闺中"，可以通过深度挖掘、创意整合与市场运作将乡村潜在的资源要素转换成产业内源式的发展动力。现有的特色文化产业存在市场化程度不高、产业基础薄弱、知名品牌少、高端创意和管理人才不足等问题[1]，如何创新特色文化产业亟待全面分析与探讨。创新特色文化产业不仅能够巩固脱贫攻坚成果，发挥其在常态化文化扶贫中的引领作用，也为文化产业结构的优化升级提供了全新的契机。值得注意的是，特色文化产业创新不是照搬城市文化产业的发展模式，而是根据自身的地域资源、特色文化资源优势与发展现状，回归乡土文化，在延续历史文脉的基础上适当汲取城市文化产业的实践精华，调试其战略规划与发展路线，在政府引导、市场运作、社会参与等多元主体的协作下实现。

（一）资源开发层面：挖掘本土文化资源，整合外部先进资源，推进产业融合扶贫开发

将地域性、民族性的文化资源转换成文化资本是特色文化产业发展的基础条件。老少边穷地区民族气息浓郁，本族本村人民在世代生产、生活实践中传承着绚丽灿烂的物质文化资源，如古村落、历史建筑、文明遗址、服饰以及精神文化资源，如手工技艺、非遗展演、乡规民约、历法节气等，如何活态保护、传承、创新特色文化资源，实现经济和社会双重效益，成为产业化开发中的重点。一方面，关注本土现有的——自身文化资源。纵观地域文化资源，并非所有资源存量都适合拿来开发，开发可行性受文化资源的遗存完整度、稀缺性、代表性、实施难度、经济价值与人文价值等因素影响，因此需要在科学的文化资源开发效应评估指标体系的指导下，综合各类评估指标，衡量投入产出比后确定某项文化产业项目是否值得开发。经过合理评估后的文化资源更易进行产业化开发，但是需要秉持原真、深度、生态、可持续的原则，原真体现在能够真实反映原始风貌、原住民的生活形态、传统文化风格和技艺，深

---

[1] 范建华. 中国特色文化与特色文化产业论纲[J]. 学术探索，2017（12）：114—124.

度体现在文化资源变现后文化产品和服务能使消费受众体验、感受进而融入当地博大精深的民族文化，生态体现在形成人与自然、人与文化、文化与自然之间的和谐统一、相互依存的乡村文化生态系统，可持续体现在通过产业化开发的方式传承延续优秀历史文化，以产业养文化，以文化助产业。另一方面，融合本土发展需要的——外部先进资源。外部先进资源包括创意素材、现代技术、资金人才等，可借助外部先进资源对本土原始特色文化资源进行包装、设计与升级，如不少文旅景区开展夜游演艺项目，聘请演艺制作团队通过"独立的演艺IP+有创意的产品设计"打造立体沉浸式的观感体验。此外，引进外部资源时需匹配衔接当地资源和文化系统，基于贫困地区的手工技艺、风土人情、民间艺术等符号价值开拓运营空间，通过"乡村文化+"为产品赋予精神、灵魂、文化内涵，不断扩大文化产品的附加值和市场影响力[①]。

（二）产业融合层面：打造乡村文化发展新业态，延伸特色文化产业链条，创新文化产业发展模式

当前我国乡村特色文化产业发展多走文化旅游这条主线，辅线配以传统手工艺品售卖、非遗展演、乡村休闲娱乐等相关衍生品，将自然和文化资源作为卖点，采用粗放、简单的营销方式来迎合消费者的需求，文化产业链条单一，串珠成线的文化产业集聚区不多。因此，需要在透视、分析当地文化产业发展的内在优势基础上，选择科学的开放方式，打破文化旅游单一化的产业壁垒，实现与特色农业、服务业、电商业、金融业、物流业、媒体等产业领域的跨界融合，逐步形成一条完整的且充分向后端延伸的文化产业发展链，将乡村文化创意成果推广至更深远的经济社会领域。首先，深挖"农业+"文化产业创新模式。乡村产业组织系统中，以农产品和农业园区为载体的农业生产活动是其核心产业，新时代特色文化产业创新发展应当找寻文化产业与传统农业、加工制造业的衔接点，融通第一、第二、第三产业，以农产品为原点，以文化创意为

---

① 李军红. 基于乡村文化资源开发的产业扶贫路径探析[J]. 东岳论丛，2019，40（02）：107—114+192.

核心，形成集农产品交易、特色美食、文化旅游、休闲娱乐为一体的特色农产品商业文化综合体。其次，探索"电商+"的文化产业创新模式。偏远地区大山阻隔、交通不便，当地文创产品想走向城市、走向国际，弘扬当地独特的乡土传统文化并不是件容易事，电商下基层进农村可以解决这一困境。建立覆盖广泛的农村电商公共服务体系和物流配送体系，除了乡民创业自设网店售卖产品外，还可与阿里巴巴、抖音、快手等电商平台及网络红人洽谈直播助农项目合作，打造"乡字号"的乡土特色品牌。最后，推行"生态+"文化产业创新模式。现代人既追求文化特色，又追求品质生活，乡村具有独特的山川、田野、河流等良好的生态环境，空气清新、蔬粮有机，乡土气息浓郁，成为人们休闲度假、养身养老的好去处。乡村可以因地制宜建设以"健康"为核心，以度假、休闲、养老、健身多功能为依托的康养小镇，打造既养身又养心的文旅产品。

（三）产业环境层面：建立政府引导+社会帮扶+村民参与的乡村特色文化产业发展体系

在人们的精神文化需求越来越多样化和精细化的背景下，一方面，政府需要发挥其在特色文化产业创新发展中统筹规划、政策落实、监督管理、宣传引导的职能作用，进一步健全乡村文化产业体系，通过宏观政策引导、优惠政策扶持、配套政策制定来激发乡村特色文化产业的发展活力。当前我国出台的有关乡村文化产业、乡村文化振兴的指导性意见较多，而乡村特色文化产业政策的具体实施内容还不够健全，需要创新文化资源整合与保护传承救治；人才培养、税金减免、贷款贴息等专项政策的制定不够完善，需要营造良好的营商环境，完善激励机制，通过建立文化产业发展基金、专项基金鼓励并引导民营企业入驻和投资乡村特色文化产业[1]；地方政府落实中央决策的行动较为迟缓和不对称，应在调查当地乡民的实际需求和充分尊重他们的意愿之后，因地制宜制定相应的乡村文化振兴战略；在文化工程立项审批、投资核准、金融借贷、

---

[1] 吴理财，解胜利. 文化治理视角下的乡村文化振兴：价值耦合与体系建构[J]. 华中农业大学学报（社会科学版），2019（01）：16—23+162—163.

文化资源分配等方面，要简化准入程序，减少审批环节，为公益性较强或处于创业初期的文化企业开辟"绿色通道"。另一方面，以政府单位主导来规划贫困地区特色文化产业发展的"自上而下"模式经常脱离当地文化资源和村民实际需求，未能清晰定位地区资源的特色优势、产业化运营思路，导致一些特色文化产业开发项目与其他地区项目雷同，缺乏代表地方韵味、民族风情的文化产品和服务，产品没有卖点和特色，脱贫任务并未实现真正意义上的成功。因此，可以在政府宏观政策引导的基础上，引进 NGO 与 NPO、国内外文旅规划投资设计集团等企业，充分尊重当地村民发展理念和本土文化发展规律，与本土文化传承人合作共同制定特色文化产业实施战略，打造政府财政增收、开发者获利、村庄脱贫三方互利共赢的共享经济模式。

（四）人才资本层面：重视乡村文化人才的培育和引进，创新文化产业发展的用人模式

农村空心化、边缘化、老龄化问题制约着乡村文化产业繁荣发展，光靠政府出台相关利好政策进行有序引导只能起暂时性的作用，最关键的因素在于民间力量，文化人才是乡村文化产业建设的主力军。只有重视、理解、满足人才需求，才能留住本土文化人才，吸引外地文化人才和乡贤回归，为乡村文化振兴做出贡献。本土文化人才常年受乡村传统文化浸润熏陶，掌握着非遗展演、文艺创作、手工艺制作的核心技能，但也正是因为他们长期处于封闭式的居住环境，导致与外界缺乏文化、技能、知识交流，无法及时了解、掌握现代科学技术知识和新鲜文化讯息。培育本土文化人才，要完善乡村文化人才教育体系，将先进的科技知识、生活方式、思想理念融入教育课堂，为本土文化传承人提供进城技艺进修的机会，并主动聆听、了解、满足他们的创作需求，为他们提供展示、分享和售卖文艺创作成果的平台。外地文化人才受过高等教育，拥有丰富的文化产业实践经验或者行政管理经验，所属群体为相关专业高校毕业生、大学生村官、专家学者等，因而需要进行乡村文化产业用人制度改革，主动发布招募令，鼓励文产专家入驻乡村，成立创作工作室，扩

大招募的民间文化人才范围,提升下乡文化人才的福利待遇和工作生活条件。此外,弘扬乡贤文化,探索行之有效的制度创新,鼓励乡贤荣归故里,回报桑梓,在乡投资兴业,推动家乡文化建设。

权力视域下特色文化产业的扶贫逻辑与开发模式

■ 王广振　陈　洁[①]

摘要：随着国家政策出台和乡村资本市场发展，特色文化产业成为农村扶贫的重要手段。贫困凸显了权力的失衡，从权力视角理解特色文化产业的扶贫逻辑是以资源调配为权力核心，以农民在场为参与主体，以空间正义为扶贫目标，并形成了从物质文化到精神文化的内生循环式扶贫模式。基于不同地域的资源禀赋，可以通过内生型、导入型、再造型扶贫开发模式进行特色文化产业扶贫。

关键词：特色文化产业；产业扶贫；开发模式；权力生产

一直以来，贫困都是世界各国尤其是发展中国家经济社会发展过程中不得不面对的重要挑战，2000年签署的《联合国千年宣言》就将"全世界生活在绝对贫困线下的人口数减半"作为千年发展目标的第一个项目。2016年5月，农业部、国家发展改革委、财政部、中国人民银行、国家林业局、国家旅游局、银监会、保监会、国务院扶贫办等多部门联合印发了《贫困地区发展特色产业促进精准脱贫指导意见》，在《意见》中提到了推进产业扶贫的八个方向，其中旅游、休闲等众多方向都与特色文化产业息息相关。特色文化产业兼具文化与商业属性，其落地农村的扶贫实践与其他产业的扶贫实践有着明显不同。讨论特色文化产业的扶贫逻辑和开发模式实际上就是探讨产业和文化如何相得益彰、共同实现扶贫目标。

---

① 王广振，山东枣庄人，山东大学管理学院文化与旅游学院教授，研究方向：文化资源与文化产业，乡村振兴与文旅融合。陈洁，山东临沂人，山东大学历史文化学院、美国亚利桑那大学东亚研究中心联合培养博士研究生，研究方向：区域文化产业。

一、特色文化产业扶贫的权力观

阿玛蒂亚·森认为一个人或群体的贫困不能单纯以经济资源的多寡来判断，而应以他或他们取得收入、社会地位和其他生活条件的能力来衡量，即贫困不仅指收入无法满足最低生活消费需求，还意味着健康、教育、居住等能力上的缺失，是对人的基本可行能力的剥夺，是一种"多维贫困"[1]。在经济学视角下，贫困意味着匮乏，从单纯的物质匮乏到社会精神层面的文化匮乏都包含在内，世界银行在《1981年世界发展报告》中就给出了这种匮乏类贫困的定义："当某些人、某些家庭或某些群体没有足够的资源去获取他们那个社会公认的，一般都能享受到的饮食、生活条件、舒适和参加某些活动的机会，就是处于贫困状态"[2]；在社会学视角下，贫困是一种能力的缺失，包含了基本可行能力的剥夺和面对风险的脆弱性，在《2000/2001年世界发展报告》中对贫困的表述为："贫困除了物质上的匮乏、低水平的教育和健康外，还包括风险和面临风险时的脆弱性，以及不能表达自身的需求和缺乏影响力。"[3] 在文化学视角下，贫困和阶层地位有着密切的联系，并且存在一种"贫困文化"，艾尔泽认为贫困是经济、政治、社会和符号的等级格局的一部分，奥斯卡·刘易斯进一步指出，贫困是一种社会与文化氛围影响下的结果，社会阶层低下的年轻人更容易"听天由命地安于一种贫困的生活"[4]。

"以开发式扶贫为主，救助式扶贫、保障式扶贫为辅"是我国长期以来农村扶贫开发的基本方针。其中，开发式扶贫是根本，救助式扶贫和保障式扶贫是保证。扶贫作为一种实践活动，其分类标准并不统一。根据扶贫的实践模式，可分为旅游扶贫模式、金融扶贫模式、易地搬迁扶贫模式、特色产业扶贫模式、政府购买服务式扶贫模式、文化扶贫模

---

[1] 李珍. 全面小康须打好扶贫攻坚战[N]. 经济日报，2015-11-5.
[2] 青连斌. 贫困的定义和类型[N]. 学习时报，2006-6-5(1).
[3] 同上。
[4] 吉登斯. 社会学[M]. 赵旭东，等，译. 北京：北京大学出版社，2003：23—30.

式等①。根据扶贫资源的分类，可将扶贫方式分为财政扶贫（一种救助式扶贫），即通过拨冗资金的方式，将部分特定申报资金或物资投入特定地区；文化扶贫（一种保障式扶贫），正如梁漱溟等人在乡村自救运动中号召"乡村建设除了消极地救济乡村之外，更要紧地还在积极创造新文化"②，新中国成立后，中国多次号召并组织文化教育事业下乡建设与帮扶，以资金配备和文化传播的方式对其进行"文化输血"；产业扶贫（一种开发式扶贫），作为三种扶贫方式中相对较新的概念，肩负着一定的时代使命，在前两种扶贫方式无法满足当下乡村脱贫需求的时代背景中，通过产业构建的方式对整个乡村的经济结构进行调整，继而辐射农村其他方面，从而全面地实现脱贫致富。

在大力倡导发展区域文化产业的时代背景下，特色文化产业扶贫被列入文化和产业扶贫的重要方策。我国扶贫实践已走过输血式扶贫到造血式扶贫进而到文化扶贫的探索道路。辛秋水认为贫困农村存在的文化贫困根源，是导致贫困的深层次原因，所以扶贫也应该从文化扶贫入手③。胡守勇则从建国初期的识字扫盲运动开始爬梳文化扶贫70年的范式演进和攻坚方略，认为文化扶贫是利用文化手段和文化力量对贫困群体在思想观念、知识水平、地域文化上进行改造、提高和挖掘，其最终目的是实现贫困地区经济、文化、社会的全面协调发展④。特色文化产业扶贫作为文化扶贫和产业扶贫相结合的独特方式，既具有产业发展、创收盈利的造血式扶贫优势，又兼具文化自省、精神自信的文化扶贫优势。故此，特色文化产业扶贫就是利用或建构当地独特的文化资源、文化元素，以产业化的形式进行综合扶贫，以期达到以文化去贫困、以产业达营收的目标。

从马克思需要理论出发，贫困的根源来自人的需要不能得到有效的满足。只有调配资源、创造资源才能满足人们的"物质需要""交往需要"

---

① 聂伟，龚紫钰. 十八大以来精准扶贫研究进展与未来展望[J]. 中国农业大学学报（社会科学版），2018（05）：7.
② 梁漱溟. 乡村建设的意义[M]. 济南：山东人民出版社，2005：611.
③ 辛秋水. 文化扶贫的发展过程和历史价值[J]. 福建论坛（人文社会科学版），2010（03）：137—140.
④ 胡守勇. 文化扶贫70年：范式演进与攻坚方略[J]. 求索，2020（01）：181—188.

和"精神需要",一方面,资源禀赋的不同决定着地区话语权和开发权的不同;另一方面,资源协调能力的不同也决定着扶贫程度。贫困可看作资源调配的失衡,它反映出权力结构中存在的"真空困境"。为了解决贫困问题,资源需要被重新调整和分配,资源的变动会带来权力结构的变化,从而生产出新的权力。扶贫过程也是资源变化和权力变化的过程。从权力视角理解扶贫开发,主要有两种思路:效果论和根源论,前者通过"输血式"扶贫形成了权力的补给,通过社会资源的外部转移来达成扶贫效果,后者则通过"造血式"扶贫完成权力的生成,通过资源调配和促进再生的方法来实现脱贫[1]。

权力是一种社会资源,是社会行动者合作或竞争的基础[2]。在新时代语境中,权力不再是一种统治阶级地位巩固的工具,而是一种资源调配和协调运作的沟通媒介。从这个角度看,资源即权力。权力有狭义和广义之分。狭义的权力特指国家或统治阶级在组织中一种占主导地位的力量,用来实现其阶级利益、建立符合标准的统治秩序,从而支配社会资源的运作方式;广义的权力是指在各种社会关系中体现出的支配力和交互关系,是一种动态的、可生产的资源权力观。从尼采到卢克斯再到福柯,权力的分析从宏观框架落地到日常生活,福柯认为:"权力无所不在。"[3] 卢曼认为媒介化的权力基于交往互动而产生,不能被简单地视作财产或能力的归属,而担任着媒介的功能[4]。本文所使用的"权力"侧重于后一种分析逻辑,强调权力在资源配置和交往互动之间的形塑与流动。

特色文化产业扶贫的实质就是通过文化产业重新进行定权和增权。特色文化产业扶贫针对贫困地区的资源调配权力失衡、资源获取权力缺失、资源主体权力缺位等问题,通过文化和产业双重规划进行了精准识别、精准帮扶、精准管理。

---

[1] 盛德荣,何华征.论大数据时代的扶贫开发与权力生产[J].现代经济探讨,2018(09):8.
[2] 赵永琪,陶伟.权力空间的研究进展:理论视角与研究主题[J].世界地理研究,2017(04):2.
[3] 福柯.性经验史[M].佘碧平,译.上海:上海人民出版社,2000:67.
[4] 盛德荣,何华征.论大数据时代的扶贫开发与权力生产[J].现代经济探讨,2018(09):8.

二、特色文化产业的扶贫逻辑

在研究和解决"贫困文化"时，打破贫困的恶性循环也非常重要。美国学者 D. P. 莫伊尼汉在《认识贫困》中提出了"贫困恶性循环"模式，认为生活在贫困中的人们受到贫困文化的影响缺少向上的动力和环境，使得他们只能从事低收入工作，从而陷入更加贫困的循环之中[①]。为了打破这种贫困循环，"文化＋产业"的扶贫方式从文化根源着手，着力于改变贫困人群的精神面貌和收入模式，提升群体社会地位，增加群体话语权和主动权，从而构建一个新的扶贫循环体系，强化扶贫力度，增加资源有效性，创造源源不断的扶持资源。

传统产业扶贫的一般逻辑是通过产业植入、财政扶持、税收优惠等形成围绕某个产业的扶贫体系。这种扶贫方式拥有直接和短期有效的明显优势，其扶贫逻辑为线性扶贫。传统文化扶贫则强调通过文化事业、公共文化服务对贫困人群进行文化教育，提升其个人素质和文化自信，虽然有更浓重的文化色彩，却容易缺失精准性和持续性，对贫困人群的直接需求满足度较低。在区域文化产业发展迅速的今天，特色文化产业扶贫集合了两种扶贫方式，实现了双重运行机理：一是"文以化人"，提高贫困群体的文化自信，延续并发扬文化资源的文化价值，实现文化扶贫目标；二是"产以化物"，发挥文化资源的经济价值，以物质营收实现产业扶贫目标[②]。从权力视角出发，特色文化产业扶贫强调通过文化和产业双重手段对资源进行构建、再生、重组、调配，从而实现权力的再生和重赋。它的独特之处在于创造了扶贫"造血"的循环体系，以产业形式造就物质文化，以物质满足丰富文化形式，以文化自信改善"文

---

① 方清云. 贫困文化理论对文化扶贫的启示及对策建议[J]. 广西民族研究, 2012 (04): 160.
② 孙贺. 文化扶贫的逻辑机理与推进路径[J]. 东岳论丛, 2018 (11): 35.

化堕距"①，极大地实现扶贫的延续性。（图1）

图1 特色文化产业扶贫逻辑示意图

（一）特色文化产业扶贫的权力核心

特色文化产业扶贫以权力为中心，通过重新调整资源配置和资源再造实现权力的重组与划定。作为权力的资源既包含文化资源、物质资源，也代表着权力簇（如所有权、管理权、经营权等）。特色文化产业扶贫通过循环体系搭建了新的权力生产分配平台，从而实现着资源的重新组合，缩小因文化堕距带来的贫富差距。

一方面，特色文化产业扶贫中的管理问题重塑了原有的治理权力结构。权力结构是指决策权力在社会各阶层的分配状态，具体表现为决策者的阶层构成及组织形式。亨特在《社区权力结构：决策者研究》中提出了决策权力的组成结构，并认为只有少数精英掌握着决策的权力②。有学者认为精准扶贫隐喻的实质是中央部门对基层扶贫权力的控制与监督③。特色文化产业的发展模式大致分为政府主导型、项目带动型、景区

---

① 文化堕距（culture lag，也译为"文化滞后"）是美国社会学家威廉·奥格本在研究文化的变迁性时提出的概念，其要义是：由相关依赖的各部分所组成的文化在发生变迁时，各部分变迁的速度是不一致的，有的部分变化快，有的部分变化慢，结果就会造成各部分之间的不平衡、差距、错位，由此造成社会问题。详见：奥格本. 社会变迁——关于文化和先天的本质[M]. 王晓毅，陈育国，译. 杭州：浙江人民出版社. 1989：106—107.
② 何艳玲. 城市的政治逻辑: 国外城市权力结构研究述评[J]. 中山大学学报(社会科学版), 2008(05): 182.
③ 高新雨，丁绪辉. 权力结构治理与乡村旅游精准扶贫的研究综述[J]. 西北人口, 2018(03): 27.

帮扶型、公司+农户型及农户自主经营型等[1]，为解决新的扶贫产业管理问题，以企业与政府联合投资，由村委会领导的农村合作社或村镇企业进行管理运营的结构是目前较为常见的乡村产业扶贫治理权力结构。不同权力主体在扶贫中发挥着不同的作用[2]。特色文化产业扶贫改变"空心村"现状，为村民提供更多的原地就业机会和更高的村民主体身份认同，变相地实现村民增权，改变了原有的"服从—命令"权力结构，推进农村自治、法治、德治三治融合。新的治理权力结构会对资源进行重新调配，更适应产业扶贫的管理和发展的需要。

另一方面，特色文化产业扶贫中的盈利问题造成了文化权力的消解和再生产。福柯的"知识—权力"理论认为微观权力蕴藏于日常生活的方方面面[3]。特色文化产业扶贫改变了传统的乡村社交、产业、人际，对乡村日常生活或文化元素进行了重新排列组合，由此发生了权力的消解与再生。乡村民俗产业就是典型的特色文化产业扶贫开发造成文化权力消解重构的案例。民俗产业将习俗、节庆、民居等传统文化元素进行整合，通过合理得当的运作赋权，当其中某一项的盈利情况更可观时，这一文化元素将会被强调与推崇，围绕着它的资源调配形成新的文化权力。

特色文化产业扶贫开发中的权力生产本质在于资源调配，通过治理权力结构调整和传统文化权力消解与再生，形成新的权力网络。在深入调研核心景区贫困村现象时，何莽等发现景区内的贫困现象源于权力结构的失衡，即社区旅游吸引物所属权和管理权等产权问题上的剥夺或弱化。因此，在优化特色文化产业扶贫效能的过程中，需要首先重视权力核心，强调资源配置的均衡性和合理性。

（二）特色文化产业扶贫的参与主体

在特色文化产业扶贫开发建构的权力空间之中，参与主体由原来强

---

[1] 李佳. 扶贫旅游理论与实践[M]. 北京：首都经济贸易大学出版社，2010：32—56.
[2] 徐莉，马阳，孙艳. 旅游扶贫背景下民族社区治理的多元权力结构探究[J]. 西南民族大学学报（人文社科版），2018（10）：201.
[3] 福柯. 福柯说权力与话语[M]. 陈怡含，编译. 武汉：华中科技大学出版社，2017：252—257.

调政府在场变成了强调村民在场。空间是社会实践发生的地方,身体作为最小的空间尺度,不仅是一种乡村特色文化产业的象征系统或话语,也是社会实践的结果,被实践所建构与规训[1]。

在产业扶贫研究中,关于村民主体性的论述很多,大多关注于管理体制中的村民参与,认为要"调动贫困农民的脱贫意愿,激发其内生动力",增加农民决策话语权[2]。无论哪种主体性表达方式,实质上都是强调了农民作为参与主体的在场性。特色文化产业扶贫与其他产业扶贫的区别还在于前者进一步强调农民的身体在场——在特色文化产业扶贫中激发农民身体力行的主动性,增加农民参与决策和利润分配的话语权,调动农民作为景观、产品的身体展演能力,以创造独特的乡村文化氛围。尤其在乡村旅游产业扶贫开发中,身着民族服饰售卖特色手工艺品的妇女,或参与节庆表演的儿童,抑或参与编织品或艺术品制作的老人,这些都是村民身体在场的证明。

以乡村特色旅游产业扶贫开发为例,农民的身体在场主要通过象征符号、话语体系、实践规训等方面得以呈现。

1. 农民身体的象征意义

关于农民形象的论述主要集中在电影研究领域,在电影的可视空间之中,农民有着相对稳定的朴实坚韧、任劳任怨的人物形象。而他们的身体表现也被媒介建构为罗中立《父亲》油画般的模样。在长期的外在建构下,新时代农民虽然实际生活条件和身体外在表现已经发生了变化,但在融入特色旅游扶贫开发时,其外在身体形象又被赋予了新的象征含义,这其中尤其表现为女性农民的身体象征。据统计,旅游业,尤其是餐饮和酒店业中的女性从业者占到九成[3]。乡村旅游和农村妇女之间也存在着先天的联系,女性特色的装扮和方言作为一种文化景观为游客营造了深厚的文化氛围,她们的身体演化为一种文化产品,甚至参与了文化

---

[1] 王敏,等. 传统节庆、身体与展演空间——基于人文地理学视觉量化方法的研究[J]. 地理学报,2017(04):672.

[2] 张志胜. 精准扶贫领域贫困农民主体性的缺失与重塑——基于精神扶贫视角[J]. 西北农林科技大学学报(社会科学版),2018(03):73.

[3] 吴巧红. 女性在乡村旅游助推乡村振兴中的作用[J]. 旅游学刊,2018(07):11.

产品的展览和销售。

2. 农民身体的话语体系

农民通过身体力行的参与产业管理和运作，从而将身体上升为身份。一方面，他们以生产者的身份亲自参与特色文化产业扶贫中的产品制作、销售等环节，如袁家村美食街中制作特色小吃的农民；另一方面，他们以决策者或股东的身份参与产业布局规划和利润分红，如担任农民合作社负责人的村领导或返乡创业的青年农民创客。他们以身体的物质性和身份的文化性揭开了农村扶贫的新篇章，为扶贫工作注入了内生活力。

3. 农民身体的实践规训

农民的主体参与性受到实践的约束。在农村合作社模式的产业运作中，农民的股权分配、参与数量、项目选择等都需要经过统一审批和调配，而非拥有完全自主权。而返乡创业农民虽然是自己产业的老板，却也仍然要受到各项规章制度的束缚，在有效行为空间内实现身体在场。袁家村关于食品安全的集体性约束实现了对农民身体的有效规训，保障了乡村旅游产业中核心产品的质量。人际关系也是对农民身体规训的重要尺度，杜赞奇在研究20世纪上半叶国家政权扩张对中国华北乡村社会权力结构影响时，提出了"权力的文化网络"一词，认为："（权力）文化网络由乡村社会中多种组织体系以及塑造权力运作的各种规范构成，它包括在宗族、市场等方面形成的等级组织或巢状组织类型。……这一网络……是权威存在和施展的基础。任何追求公共目标的个人和集团都必须在这一网络中活动。"[①]村民长期生活在固定区域，拥有稳定的关系网络，这些关系网络无时无刻不在影响着他们的行为举止。邻里合作、亲属任用等现象在乡村产业扶贫中是常态。

（三）特色文化产业扶贫的空间正义

在特色文化产业扶贫的循环体系中，最终要实现的目标是均衡权力结构的空间正义。"空间转向"为乡村贫困治理问题提供了新的解决思

---

① 杜赞奇. 文化、权力与国家：1900—1942年的华北农村[M]. 王福明，译. 南京：江苏人民出版社，1996：13—14.

路。贫困地区作为与主流文明相背离的空间逐渐出现了权力失衡的现象，诉诸空间正义，打破资源调配壁垒，创造城乡空间中的权力共享，能够从根源上消除贫困现象。

空间的区隔象征着权力的差异，"空间规划与隔离是一种权力手段，是监视和规训民众的重要工具"[1]。高嘉遥认为，贫困地区空间的非正义性集中体现在城乡空间失衡的现象，首先是自然空间的非正义，贫困地区以山地、荒漠等地形为主，市场发育不足，产业发展受限；其次为政治空间的非正义，沿海发达地区获得优先发展权，内陆地区的发展政策和平台受限；最后为文化空间的非正义，"贫困文化"带来的恶性循环，乡村文化水平受限[2]。

合理恰当的特色文化产业通过搭建精神文化和物质文化相辅相成的平台得以满足扶贫需求，构建了内生性循环的扶贫体系，形成区域内的文化和产业正义。首先，特色文化产业利用当地资源优势，"化荒凉为美景"，弥补了地理空间的非正义；其次，特色文化产业的发展响应了国家扶贫开发、发展区域特色产业以及扶持中华民族优秀传统文化的政策文件号召，能够有效获得各级政府财政、资源和智力支持，弥补了政治空间的非正义；最后，特色文化产业提升了贫困地区群众的文化自信、增强精神凝聚力，为乡村带来大量人才及人才培养机会和平台，弥补了文化空间的非正义。

事实上，由特色文化产业所带来的空间正义使得该地区的人、文化和空间形成了一个整体，这个整体是一种具有内生动力的共同体。特色文化产业扶贫要实现空间整体，还需要特别注重其与精准扶贫之间的对接：第一，合理规划乡村各项资源在乡村空间中的配置和分布；第二，组建专门扶贫工作小组，文化产业扶贫具有周期长的特点，应适应文化产业的运营特点；第三，确保农民的核心利益地位，通过增权和定权的方式保障农民主体地位；第四，尊重生态差异和文化多样性，保持当地

---

[1] 薛稷. 空间批判与正义发掘——大卫·哈维空间正义思想的生成逻辑[J]. 马克思主义与现实, 2018（04）：113.

[2] 高嘉遥, 高晓红. 基于空间正义导向的乡村贫困治理研究[J]. 人民论坛·学术前沿, 2019（16）：103.

生态面貌，打造特色文化品牌，增强农民文化自觉感和自信心。

特色文化产业扶贫逻辑体现出了文化扶贫与产业扶贫结合的新思路，既倡导"公共性文化帮扶形成新的文化积累，又反对唯公益性的被动输血"，既倡导依托"资源形成特色文化经济，又反对唯GDP的错误导向"[1]。在这种新的产业生长点上，特色文化产业扶贫将在全球贫困问题解决上发挥重要作用。

三、特色文化产业扶贫的开发模式

特色文化产业扶贫重在文化产业。区域文化产业的发展，尤其是文化资源的开发利用一直以来都是扶贫开发的重中之重。从实践案例和资源特性出发，根据文化资源开发利用方式的不同，常见的特色文化产业扶贫开发模式主要分为以下几种：内生型特色文化产业，导入型特色文化产业和再造型特色文化产业。每一种类别都对应着不同的产业结构，也带来了不同程度和角度的权力结构变化。

（一）内生型特色文化产业扶贫

内生发展作为一种理论是在20世纪70年代提出来的。1975年瑞典哈马绍在联合国发表的关于"世界未来"的报告中提出："如果发展作为个人解放和人类的全面发展来理解，那么事实上这个发展只能从一个社会的内部来推动。""内生发展"概念被正式提出[2]。在资本化席卷全球的过程中，城市的工业辐射着周边乡镇区域，并给它们带来了外生发展的动力，在过往的城镇一体化发展过程中，很多农村地区都出现了野蛮生长而内生文化尚未同步的尴尬局面。长期以来，农村的外生发展模式不断掠夺着农村资源、加剧农村衰落力量，还带来了限制地方资助发展的压力[3]。2000年左右，欧洲率先提出了新内生发展的概念，其核心是

---

[1] 章军杰. 中国文化扶贫四十年：从专项扶贫到精准文化扶贫[J]. 甘肃社会科学，2019（02）：57.
[2] 张文明，章志敏. 资源·参与·认同：乡村振兴的内生发展逻辑与路径选择[J]. 社会科学，2018（11）：75.
[3] 同上：76.

农村经济与生态保护的协调互动,后引申为一种外生与内生的对立消解,将农村发展置于整体的、互联的、动态的视角下进行讨论①。(图2)

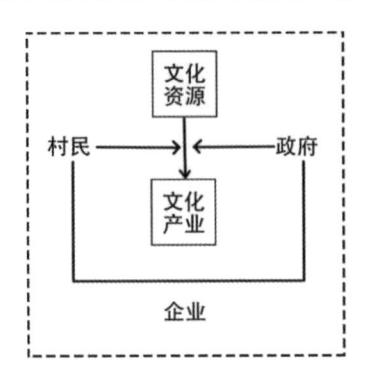

图2 内生型特色文化产业扶贫开发模式示意
(外围虚线表示开发模式的开放性,图3、4同图2)

内生型特色文化产业反向于城市扩散效应和外生发展模式,通过整合、调配、重塑农村地区本身的文化资源和产业情况,力求激发内部活力,实现自内而外的扶贫效果。这种内生的肌理在欧亚地区的乡村振兴实践中展示出了不同的维度:欧洲主张激活乡村内部要素与外部支持之间的联结,以企业主导、雇用村民的参与方式来进行内生产业运营和扶贫开发;亚洲模式更强调内部结构与力量,主张并希望权力的主导者为"内部人员"。

从中国扶贫实践历程中可以看出,内生发展的扶贫模式是中国农村扶贫的理想形态。内生型的特色文化产业顺应着中国农村长期以来的小农思想和家庭作坊经营模式,依托于本地文化资源或地理环境等原有基础,侧重于以乡贤为权力关系网,打通以某类特色文化产业为主体的商业链条,以人情关系和社交网络为主要管理渠道,最大化地方文化资源的价值并最终形成自己的竞争优势。这种内生发展的模式基于参与式发展理论,可以看作一个自下而上的"赋权"过程②。如开发自然观光产业、

①Ray, Christopher. Endogenous Socio-Economic Development in the European Union — Issues of Evaluation[J]. Journal of Rural Studies,2000(04): 447–458.
② 周大鸣,刘志扬. 寻求内源发展:中国西部的民族与文化[M]. 广州:中山大学出版社,2006:16.

民俗旅游产业或某些非物质文化遗产的特色文化产业，这些均是现阶段常见的内生型农村特色文化产业扶贫方式。

内生型特色文化产业扶贫模式大大减少了产业与当地文化的磨合期，操作得当可迅速树立差异化竞争的市场优势，占领特色市场。尤其在新内生发展的理论支撑下，内生型产业更加注重产业与生态、产业与文化之间的协同发展，有效实现"人"与"村"的全面发展。不过内生型特色文化产业的扶贫模式如果过于依赖本体资源和内部力量，则有可能落入"桃花源"的理想主义困境。过度强调本土特色而否认新生力量的介入，会让整个扶贫模式和产业体系缺乏外在激励和发展驱动，造成权力结构的固化与陈腐，影响扶贫目标的最终实现。

（二）导入型特色文化产业扶贫

导入型特色文化产业是将其他地方的特色文化产业或文化配套产业移植到农村中进行扶贫的产业模式，这是一种他者视角开发的产业，如目前国内知名的油画村、国画村等。它与本地乡土乡情关联程度不大，具有一定的偶发性，依托于周边某个区域的特色产业而生，由于地租、人力或交通等问题转移或复制到本地。这种特色文化产业隐藏着特色悖论，它依托于区域特色，而非个体特色，是特色文化在一定空间内的脱域表现。进行这种特色文化产业扶贫开发的村庄与周边地区存在着同质现象。这种导入型文化产业大多呈现为某类或某些文化产品，如手工艺品、书画作品、旅游配套产品（酒店、餐厅、花园）等。而当它呈现为旅游业态时，就形成了全域旅游的概念。（图3）

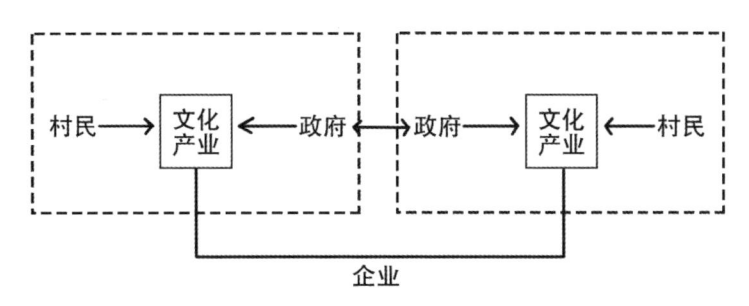

图3 导入型特色文化产业扶贫开发模式示意

导入型特色文化产业实质上是一种广义的空间溢出现象，通过地域之间的联系实现产业的溢出，又因存在地缘关系，而造成产业集聚。从产业源头看，导入型特色文化产业既有可能是附近导入产业的延伸链条，体现了产业的溢出效应；也有可能是附近内生产业的配套链条，体现了产业的集聚效应。无论哪种方式，导入型特色文化产业都彰显了开发式扶贫（产业扶贫）的一个显著特点和发展趋势，即特色文化产业的全域开发。中南财经政法大学研究团队曾就我国2007—2016年的省级面板数据，采用空间计量经济模型，设置了邻接权重、地理权重和经济权重三种空间权重矩阵，从空间维度实证了产业发展对农村贫困影响的直接效应与溢出效应，展示了农村贫困与脱贫中必然存在的空间依赖性和异质性[1]。开发全域旅游扶贫，其实就是导入型特色文化产业扶贫的一种形式，通过产业扶贫和地理集聚实现双重的全域开发——全地域和全产域。

全域的扶贫开发模式意味着传统扶贫的地域限制有了一定的松散，而非完全的消解，地域之间还被技术、交通、文化等条件关联和掣肘。20世纪后半叶，信息技术革命的兴起与发展使得技术空间逐渐改变着原有的区域空间。曼纽尔·卡斯特在流动空间理论的论述中提到"技术革新和网络发展带来的新工业空间（或称新产业空间），这种空间的特征是其技术与组织能力，可以将生产过程分散到不同区位，同时通过电子通信的联系来重新整合为一体……新工业空间区位逻辑的特征神秘地由地域性的生产复合体组成其地理形势上的不连续状态……围绕着信息流动而组成，这些流动……同时汇聚和分散了其地域性的组成部分"[2]。与城市流动空间不同，乡村扶贫要素发生区域流动，但不会完全失去地理联系，乡村与乡村之间通过产业的聚合和连接形成了一个个新的空间，这些空间之间既有离散、又有聚合。

除产业溢出外，导入型特色文化产业扶贫还存在文化溢出的现象，

---

[1] 谭昶，吴海涛，黄大湖. 产业结构、空间溢出与农村减贫[M]. 华中农业大学学报（社会科学版），2019（02）：16.

[2] 卡斯特. 网络社会的崛起[M]. 夏铸九，王志宏，译. 北京：社会科学文献出版社，2001：466—485.

最终仍表现为产业溢出的形态。在时空压缩的作用下，相近地区的文化、社会、政治、经济都会发生相似态变，空间经济学的研究表明这种溢出效应会明显随着距离的增加而减弱[1]。特色文化产业中生产出的文化产品是文化的载体，也代表着文化禀赋的积累程度。因此，相近地域的文化在发生溢出后，相应地也会反映在其产品形态之中，这也是此种扶贫模式容易形成连片式产业同质的原因。

导入型特色文化产业的扶贫开发模式具有较高的产业可操作性并且极大地节约了产业成本和扶贫成本，具有可复制、可延伸、可关联等特点。但这种导入结构更偏重于产业发展，而可能造成文化的缺失。过分强调产业在场，疏漏了文化特色的保持。

（三）再造型特色文化产业扶贫

1973年布尔迪厄提出了"文化再生"的概念，这一概念的立脚点在于日常生活实践，试图阐明社会文化和权力构成的动态发展过程[2]。不过，布尔迪厄仍然保持着一种社会批判态度，认为现代教育"再生"着统治阶级的文化，确保了统治阶级的权力。哪怕是从批判的角度入手，也可窥见布尔迪厄对于文化资本可积累、可再生、可开发的认可。时至今日，文化再生向文化再造转变，这种转变不仅意味着文化的创造对象发生了变化，也意味着文化向着更多元的维度转化[3]。区别于"文化再生"原始词根的社会批判隐喻，"文化再造"更多地成为激活甚至重塑地区文化

---

[1] 毛琦梁. 时空压缩下的空间知识溢出与产业升级[J]. 科学学研究, 2019（03）: 422—435.

[2] 萧俊明. 布尔迪厄的实践理论与文化再生理论[J]. 国外社会科学, 1996（04）: 49—50.

[3] 在社会学批判意识中，布尔迪厄等社会学家将文化再生看作一种社会批判和资产阶级自我服务的工具。他们认为资产阶级、统治阶级通过文化再生的方法不断创造出新的文化，从而巩固自己的权力与地位。这实际上间接承认文化的创造者是统治阶级。而文化再造的提出象征着一种自下而上的文化演变和积累方式，是一种由民众参与的主动式的文化再创造，它象征着文化创造的大众根底。文化再生（Cultural Regeneration）和文化再造（Cultural Reconstruction）也有着明显的词性转变，前者是一种内源性的社会文化词义，后者则有了向产业领域转换的趋势。

的途径，如历史文化街区的空间再造等。

再造型特色文化产业是一种全新的农村文化产业，通过多样化的方式实现新文化的再造与认同；严格意义上，它属于内生型特色文化产业的一种独特类型。（图4）20世纪80年代，张贤亮在宁夏银川镇北堡提出了"出卖荒凉"的口号，一座中国西部"好莱坞"影视城书写了贫困地区发展特色文化产业脱贫致富的新篇章，这其实就是一种再造文化的体现。虽然在这场再造过程中，它利用了本地的自然环境资源，但其实是通过自然场景再造内生出了新的文化以及文化景观。

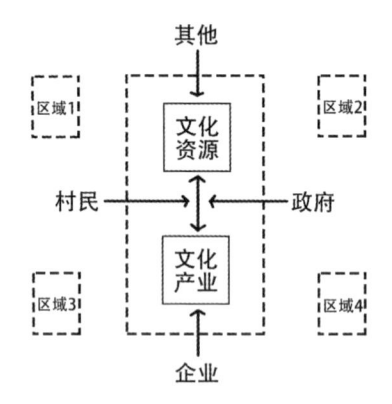

图4 再造型特色文化产业扶贫开发模式示意

之所以提出再造型特色文化产业的扶贫开发模式，一则为多地扶贫开发的实践总结，二则为资源禀赋差异性提供解决方案。在实际进行乡村项目规划策划时，文化资源禀赋的差异性会对方案造成极大的影响。在文化资源禀赋充足的情况下，通过合理布局和景观重构可以在该地内生出特色文化产业，从而实现产业扶贫。而在文化资源禀赋相对较少，较难进行提炼总结，甚至文化资源禀赋接近于无的情况下，只能通过文化索骥[①]的方式进行文化再造。尤其在新农村社区建设后，依赖古村落或

---

① 文化索骥是指在少量资料中寻找文化再造的可能性。在文化资源禀赋极少的情况下，文化索骥通过多方资料汇总和爬梳，重新组合文化元素，打造新的文化肌理。如采用地名、人名、事件、新闻报道、党建活动、特色物件、特色景观小品等作为切入点，进行文化索骥，从而实现文化再造。

传统民居等特色建筑开发民俗产业进行特色文化产业扶贫的可能性降低，有些村庄经历了改区、改名甚至搬迁等，未有村志留世或与邻近村庄文化禀赋有极大相似性。在面对这些情况时，文化再造成为一种佳选。

要素禀赋理论认为，生产不同产品时根据要素禀赋的不同，可以利用自身优势生产商品，以换取稀缺要素生产的商品。这种要素的交流与互换前提则是双方均有一定的要素禀赋，且这个要素禀赋是其他地区可能需要的。但这种要素禀赋的交流与互通更符合导入型特色文化产业扶贫模式。在乡村特色文化产业的开发过程中，文化资源禀赋的流通远比普通产业的要素流通来得复杂。它不一定是其他地方所需要的，而且为了保持文化特色，也不会使得这种资源禀赋具有较高的流动性和交换性。

在实际发展中，可以总结出三种常见的文化再造方式：一是狭义的文化再造，即在对本地文化索骥的基础上对文化进行重新阐释与表达；二是文化的品牌再造[1]，通过品牌的方式进行文化禀赋的新整合，以品牌文化代替乡村形象，实现更符合产业需求的文化再造，陕西袁家村就是通过品牌再造的方式营造了新的文化形象。三是文化的空间再造[2]，这是目前较为常见的一种文化再造模式，国家级田园综合体示范区临沂朱家林等多个乡村进行特色文化产业扶贫开发时都是通过空间的变化和表现

---

[1] 关于农村文化品牌的相关论述参见：余俊渠，秦红增.乡村振兴与农村传统文化资源传承创新的村落社区机理探析[J].云南民族大学学报（哲学社会科学版），2019（03）：63—69.徐华颖.融合地域文化的乡村品牌视觉形象设计研究[J].浙江师范大学学报（社会科学版），2017（04）：96—102.冉燕.乡村旅游品牌建设的困境与对策[J].农业经济，2015（10）：96—98.

[2] 关于农村文化空间再造的相关论述参见：疏仁华.农村公共文化的场域、空间表达与结构再造[J].安徽师范大学学报（人文社会科学版），2019（01）：91—96.陈波，侯雪言.公共文化空间与文化参与：基于文化场景理论的实证研究[J].湖南社会科学，2017（02）：168—174.不过在目前较多的乡村文化空间再造论文中，更多偏向于对公共文化空间进行论述，通过社会文化和公共文化的角度来切入文化再造，而对于诸如朱家林和袁家村这种通过空间和地域改造的方式进行文化再造的专业论述几乎没有。叶继红等人以实际案例出发，将其空间布局进行重新整合，参照列斐伏尔空间文化生产理论对其规划过程中出现的空间演化阶段进行了划分，将"慢城"的空间生产实践划分为绝对空间的碎片化、抽象空间的阶层化和差异空间的倒置化，论证了暗藏于乡村空间之中的传统与现代文化要素的交融。（叶继红，张洋阳.乡村振兴中的地域空间再造与价值重塑——以我国首个"国际慢城"为例[J].探索与争鸣，2018（08）：91—97+143.）

实现了文化再造。

再造型特色文化产业扶贫开发模式具有较高的人才配备需求，需要有专业的团队进行创意开发和后期运营，保证再造的文化能够落地生根并形成新的想象与认同。一旦形成了新的文化形象、文化符号或文化品牌，对同质化现象渐趋严重的乡村特色文化产业市场而言，将是一个绝佳的制胜机会。当然，再造文化模式需要时刻保持对市场的敏感和文化的把握，避免出现再造文化在落地过程中的"水土不服"现象。

以上三种特色文化产业扶贫方式在要素流动和文化扩散的过程中也各有特点。它们分别对应着三种流动和扩散形态：螺旋式、均质式和圈层式。螺旋式象征着内生型扶贫方式由内向外的自主发展形态，强调自身文化禀赋和开发力度；均质式呈现出倒8形态，代表了区域之间的要素流通和产业导入，是一种集聚和溢出效应的体现；圈层式则有着几何放大的效果，表达了再造文化为资源禀赋匮乏区带来的重要影响。（图5）

螺旋式　　　　均质式　　　　圈层式

图5　三种特色文化产业扶贫开发模式的要素流动和文化扩散示意图

在乡村振兴和全域旅游的大力推进下，乡村扶贫正以更融合多元的形式实现产业扶贫开发。在实践过程中，三种及多种开发模式的互通共融已成为一种趋势。临沂朱家林不仅通过空间再造实现了文化再造，也将这种文化内生为自己的发展动力，实现了向周边区域的产业延伸与导入。

新时代扶贫力求实现精准目标，发展特色文化产业和实现精准扶贫之间有着必然的内在联系。特色文化产业扶贫根植于乡土文化，依托于本地自然、人文、社会等资源禀赋实现开发，能够有效克服传统产业扶贫中"水土不服"的现象，直接有效地与脱贫目标相匹配，通过完善传统产业扶贫中的精准定位问题、文化特色问题实现精准扶贫的目的。从权力视域解析特色文化产业扶贫逻辑与开发模式，对于解读特色文化产业扶贫战略重要性以及如何实现扶贫地区文化产业化有着重要启示。

参考文献

[1] 卢曼. 权力 [M]. 瞿铁鹏，译. 上海：上海人民出版社，2005.

[2] 范建华. 中国特色文化与特色文化产业论纲 [J]. 学术探索，2017（12）：114—124.

[3] 郭熙保、罗知. 论贫困概念的演进 [J]. 江西社会科学，2005（11）：38—43.

[4] 曲蕴、马春. 文化精准扶贫的理论内涵及其实现路径 [J]. 图书馆杂志，2016（09）：4—8.

[5] 王元周，徐鹏. 城市：生活空间、权力结构与文化衍生 [M]. 南京：江苏人民出版社，2018.

[6] 西川润，林燕平. 内发式发展的理论与政策 [J]. 宁夏社会科学，2004（05）：23—28.

特色文化与产业有机融合　助力脱贫攻坚
——以山东省枣庄市峄城区为例
■刘　强　张大东[①]

摘要： 新时代下随着经济全球化的发展，知识与文化成为国家实力的重要衡量指标。中华民族深厚的文化积淀，以及通过历史累积而形成的独特文化资源，是发展特色文化产业重要的基础条件。如何将特色文化产业与乡村振兴有机结合，更加高效地进行特色文化资源与脱贫攻坚的融合，并有效地管理、利用、开发，成为新时代背景下发展特色文化产业与脱贫攻坚的一个重要组成部分。

关键词： 特色文化产业；乡村振兴；脱贫攻坚；开发利用

2020年是脱贫攻坚和全面建成小康社会的收官之年，是实现"十三五"规划和中华民族第一个百年奋斗目标的决胜之年。新年伊始，新冠肺炎疫情的暴发彻底改变了人们的生产、生活方式，促使人们重新冷静地思考人与自然关系这一人类社会面临的基本问题。

一些贫困地区依托其独有的特色文化资源，将文化与技能传习、旅游、农业、生态等相融合，发展特色文化旅游、现代观光农业等产业。文化产业的发展成为"撬动"脱贫攻坚的一个有力"支点"，在促进贫困群众增收致富的同时，也将丰盈的文化精神融入百姓的日常生活。

一、特色文化产业的内涵

特色文化是文化的重要组成部分，是特定区域范围内，人们在长期的生产、生活实践中所形成的共同价值观，是区别于其他地区得以存在、繁衍和发展的内在根基和精神动力。特色文化的最主要特点是富有特色和地方性，对一个区域的经济、社会、环境、人文乃至人的习惯、习俗

---

① 刘强，就职于齐鲁工业大学（山东省科学院）；张大东，就职于中共枣庄市峄城区委党校。

和价值观的取向有重要影响。如山东的儒家文化、四川的休闲文化、苏州的园林文化、深圳的创业文化、内蒙古的草原文化等。

特色文化产业则更为具体，它是文化产业在特定地域空间的具体实现形式，是依托区域特色文化资源、产业发展基础、高新技术优势和经营创新能力，以核心价值观为指导，以满足文化市场（社会）需求为目标，以产业化生产方式为手段，向社会（市场）提供精神文化产品和服务，并具有跨区域影响力的文化产业。

特色文化产业源于民间，贴近民众，具备社会、艺术、经济、传承、就业创业和脱贫等多层次、多方面的复合价值，与当地群众的生产、生活息息相关，有利于改善和优化贫困地区的文化生态环境。

二、峄城区特色文化底蕴丰厚独特

峄城，旧称峄县，是枣庄市的发源地，自夏朝在此建鄫国，有着4000多年的文明史。总面积636.8平方千米，占枣庄市的七分之一，是济南市面积的百分之六；总人口43万，占枣庄市的九分之一，是济南市人口的百分之五。峄城区基本情况可概括为"五个一"：一个最大的石榴园——冠世榴园。峄城石榴园有2200多年的历史，东西长30里，南北宽4里，有石榴树600余万株，因其历史之久、面积之大、株树之多、品色之全，于2001年入选上海大世界基尼斯纪录，被誉为"冠世榴园"。2014年又被评为国家级森林公园。一位最早的县长——荀子。荀子是峄地最早的行政长官，在战国时期曾两任兰陵令，长期在阴平文峰山等地开学讲课，著书立说，著名的《劝学》就写于峄地。一个勤学的故事——凿壁引光。故事的主人公匡衡，生于榴园镇匡谈村，曾先后在汉元帝、汉成帝时任丞相。匡衡墓至今保留在榴园镇境内，其勤学苦读的故事一直激励着后人。一张便捷的交通网络。枣庄是继济南后全省第二个高速绕城的城市，峄城在绕城高速上有4个出口，10分钟可上高速，半小时到京沪高铁枣庄站、1小时到徐州观音机场、2小时入日照海港、2.5小时就能到达北京和上海。另有206国道、京杭大运河穿境而过。一幅优美独特的风景画卷。境内自然风光秀丽，旅游资源丰富，已经形成东有仙人洞、寨山核桃园、石膏塌陷地旅游观光，西有冠世榴园，南有万亩枣园、古运荷乡湿地公园"一体两翼"的旅游格局。①

（一）抱团相依的石榴文化

冠世榴园为国家 AAAA 级旅游景区、国家古石榴森林公园和省级风景名胜区，先后建设了冠世榴园南大门、中华石榴文化博览园、石榴精品示范园等项目，拥有石榴树 530 余万棵，48 个品种。枣庄古石榴园被认定为全国重要农业文化遗产；石榴盆景栽培技艺被列入山东省非物质文化遗产保护名录；峄城石榴酒酿造技艺、榴芽茶制作技艺、石榴园的传说、石榴盆景栽培技艺、峄县石榴栽培技艺等被列入枣庄市非物质文化遗产保护名录；石榴盆景大师杨大维被确定为枣庄市非物质文化遗产代表性传承人。

冠世榴园青檀寺景区的千年古檀群，为我市独有，世所罕见。青檀谷生长着 2000 多棵青檀树，其中千年以上的有 36 棵。围绕青檀、青檀寺景区经过千百年来的积淀、孕育与传承，氤氲而成了独具特色的青檀文化，滋养了一代又一代人的精神世界，青檀文化主要包括青檀秋色、青檀庙会、青檀诗社、青檀精神等方面。

（二）开放包容的运河文化

峄城境内有 18.1 千米的古运河。京杭大运河枣庄段于 1593 年在峄县迦河的基础上开凿，全长 42.5 千米，总流域面积 1501 平方千米。其中，峄城区境内大运河（以北岸）位于古邵镇八里沟至四支沟处，全长 18.1 千米，流域面积 288.1 平方千米，共有一支沟、二支沟、阴平沙河、魏家沟、三支沟、四支沟 6 条支流。运河峄城段有着丰富的文化遗迹、遗存，也是当年运河支队抗日的主战场，讲述运河支队抗战故事的峄州港红色港湾就坐落在古邵镇。近年来，借助运河优势，峄城区正在加快完善峄州港航产业园区基础设施，规划建设煤炭交易市场、粮油交易市场、钢铁中转场地、黄沙贸易区、水泥熟料等集散地，加快建设古运荷乡湿地公园，

---

① 许秀菲. 新时期特色文化产业的发展及社会需求分析 [J]. 青年文学家，2012（5）.

打造运河渔村，整合港航、工业、运河生态旅游资源，融入台儿庄古城、冠世榴园旅游线路，撬动沿运经济带绿色崛起，全力做好"运河做长"文章。同时挖掘整理了非物质文化遗产剧目"运河小调"和峄县大饶，其中成功申报运河莛子编织、运河黑陶、古邵扎染等6项市级非物质文化遗产。

（三）历史悠久的遗址文化

峄城是一座历史悠久的古城，7000年前就有人类生息繁衍，2000年前设县，600年前扩县为州。现有省、市级文物保护单位32处，省、市级非物质文化遗产名录55项。峨山的二疏城遗址、杨堡汉墓群、太平庄墓群、金山寺遗址、刘伶古台遗址、落星石、沃洛遗址等人文古迹和自然景观得以保护和展现。吴林加大对古峄之源——天柱山文化的保护与修复，大佛寺、贞修庵、黄家大院等遗迹得以重生。榴园镇加大了对娘娘坟、三近书院、匡衡墓、匡衡祠、石屋山泉、幡古堆遗址、张古堆遗址等历史遗迹的保护力度，"榴园·榴乡"人文景观、自然风貌的特色小镇初露端倪。阴平围绕女娲始祖园、红土埠、邢店、唐代马刨泉、元代铁角山、明代白马泉等历史资源，融入名人故事，主抓女娲始祖园、大枣生态园、鲁笔博物馆的建设。底阁的岳城故城、西滩子遗址、望夫台遗址以及城区内的国共谈判旧址、枣庄师范方楼、承县故城等也都展现出新的魅力。据统计，目前全区共有省级文物保护单位16处、市级16处、区级70处。

（四）传承发展的红色文化

峄城区建有阴平烈士陵园、榴园镇塔山烈士陵园和峨山镇军魂园等烈士陵园3处。有国共谈判旧址、基督教堂等红色省级文物保护单位2处，黄家大院等红色市级文物保护单位1处。建有峄城区历史文化展馆、青檀精神干部政德教育基地、文峰大队抗战纪念馆等革命纪念馆，大力弘扬峄城革命历史文化。同时，镇街大力发展红色文化，古邵镇程庄村以胜利渠精神为底本，以知青文化为内涵，精心打造党性教育新基地。吴林街道的米庄会谈旧址、三里庄临时机场旧址、七里店村115师"老虎团"

作战指挥党支部,红色文化人物陈焕彩、陈丹秋、刘亦夫等广为传诵。[①] 峨山军魂园、鲁南战役遗址、平山战斗遗址、傅山口反击战遗址也成为新的教育基地。

(五)内涵丰富的旅游文化

峄城以山为脊,以水为脉,山灵水秀,山环水抱。全区共有 AAAA 级景区 1 处,AAA 级景区 1 处,AA 级景区 2 处,4 个省级旅游强镇,15 个省级旅游特色村,17 个省级旅游示范点。在整体旅游布局中,以冠世榴园核心景区为中心,东部打造以寨山核桃园、底阁塌陷湿地为主的生态观光旅游项目,南部打造以运河文化、鲁笔文化为主的文化体验旅游项目,逐步形成"一体辐射两翼、两翼带动中心"的全域旅游格局。

(六)充满活力的现代文化

投资 3.5 亿元,建设了区文体中心,包含体育场、图书馆、文化馆、博物馆、市民中心、新时代文明实践中心为一体的综合性文化场馆建筑和文体广场,对石榴文化、运河文化、匡衡文化、老峄县文化等特色文化资源进行系统梳理和展示,目前体育场与市民中心已投入使用,2019 枣庄冠世榴园国际马拉松及峄城区机关首届职工运动会在新落成的体育场举办,图书馆、文化馆、博物馆、新时代文明实践中心正在进行内部装修,很快投入使用。

三、特色文化产业项目异军突起

(一)鲁笔文化亮点纷呈

阴平毛笔制作技艺源于东汉,已有 2000 多年的发展历史,为省级非物质文化遗产,目前正在申报国家级非遗,其产品已出口至日本、韩国、美国、东南亚、欧洲等国家和地区。制作传承人刘慎海在传承中创新,创建了山东鲁笔博物馆,建设山东集律鲁笔文化产业基地。山东集律博

---

① 周通. 中国特色文化产业发展路径研究 [D]. 扬州大学,2014(1).

物文化发展有限公司荣获 2019 年第十五届中国（深圳）国际文化产业博览交易会"贸易贡献奖"，并成功签约 684 万美元订单。9 月，山东集律鲁笔文化产业基地建设项目成功申报国家文化产业发展项目库，并于 11 月参加了上海进博会，收到了良好的经济效益和社会效益。

（二）陶瓷文化动力十足

山东北钛河陶瓷有限公司属外商独资企业，该公司目前拥有 7 项国家级结构专利，260 多个外观专利，公司品牌为"乾唐轩"，以日用科技陶瓷结合文化、艺术、科技元素，打造文化创意与可量化制作工艺的最佳搭配，多次获得国内外设计大奖，产品远销美国、意大利、韩国等国家。公司年产值 9000 万元，实现利税 1900 万元，并计划于 2020 年在台湾文创板上市，下一步，该公司将建设一座以石榴为主题元素的大型产品展示厅和综合陶瓷体验馆，将公司打造成融艺术性、实用性、教学性为一体的现代化"文化旅游观光工厂"。

（三）石榴产业不断壮大

中华石榴文化博览园收集、保存国内外石榴品种 298 个，2016 年 10 月被国家林业局批准为全国 99 个国家林木种质资源库中唯一的石榴种质资源库，成功培育出国家第一个、目前也是唯一一个国家审定的石榴林木良种"秋艳"。中华石榴文化博览馆加大对石榴酒、石榴茶、石榴汁、石榴药品和护肤品的研制开发力度，大力发展石榴盆景、石榴糕点、石榴包装业，石榴相关产业产值近 20 个亿；成功举办了多届中国·峄城榴花节和石榴采摘节、世界石榴大会、国家石榴产业科技创新联盟筹备暨石榴设施栽培技术交流会议、"峄县文化与金瓶梅"征文活动等。

（四）新兴文化产业项目蓄势待发

吴林街道的山东鑫飞翔旅游用品有限公司于 2019 年 4 月注册，注册资本 1000 万元，资产总额 1.3 亿元，是一处生产加工航空旅游用品的综合型工厂，预计建成时间 2020 年 10 月。枣庄龙腾玉制品有限公司注册资金 200 万元，预计建成时间 2019 年年底。枣庄市大成青铜艺术有限公司成立于 2011 年 5 月，注册资本 500 万，目前有特聘教授设计制作队伍 12 人。想念服装有限公司投资 400 余万元，主要生产中式婚纱，年产值 2000 余万元，已形成完整产销供应链。

四、特色文化产业在扶贫中闪光

峄城区是枣庄市脱贫攻坚的主战场，共有建档立卡贫困户 9743 户、16661 人，占枣庄市贫困人口总数的近四分之一。

（一）以石榴文化和特色产业为突破口，探索扶贫新模式

2019 年以来，峄城区采取"区级统筹协调、镇级联合共建"模式，依托特色石榴文化和产业资源，组织实施了大理峪石榴休闲庄园、石榴文创产业园 2 个"传统"与"创新"相结合的石榴产业开发项目，共投入扶贫资金 1958 万元，成功将产业扶贫与石榴特色产业发展有效融合。峄城区始终坚持将产业扶贫作为脱贫攻坚的有效途径，不断加大"建管护养"力度，近年来先后探索出了"345"运营模式、"红黄蓝"管理机制、产业扶贫项目"双保险"等模式，其中"345"运营模式被山东省扶贫开发办选入扶贫典型案例[1]。

"345"运营模式就是用好专项、涉农、金融"三个渠道"聚资金；通过镇级统筹、镇企共建、联村共建、村企共建"四种模式"建项目；所有权、经营权、收益权、受益权、监督权"五权分置"管资产。"红黄蓝"管理机制就是将营收正常的项目放入"蓝区"；将出现苗头性问题的项目纳入"黄区"，建立台账，及时预警，协调行业主管部门、金融机构等，指导帮助项目消除隐患、稳定运营；将有可能造成资产保全风险或营收风险的项目纳入"红区"，采取"四不两直"方式，查明原因并提出整改建议，指导督促项目恢复运营。产业扶贫项目"双保险"就是充分发挥商业保险功能作用，为产业扶贫项目量身定制资产"产业保"和项目"收益保"，保险期内，项目收益超过最低收益值但低于保险合

---

[1] 贾跃. 产业扶贫模范 [J]. 记者观察（下半月），2010（2）.

同约定的预期收益时,承保的商业保险公司按照保险合同约定负责赔偿,有效保障了产业项目的预期收益。三种管理模式有效保障了产业项目的运营、收益,截至目前,累计投入资金累计使用扶贫资金 2.43 亿元,统筹实施产业扶贫项目 195 个;2019 年实现项目收益 1349.69 万元,统筹用于发展产业、扶贫专岗、补充保障、应急救助。

(二)非遗项目助力脱贫,推动乡村振兴

1. 做好女娲文化"旅游 + 扶贫"

峄城区充分发挥文化名区的优势,做活"旅游 + 女娲文化"文章。积极通过招商引资,投资 1 亿元,按 AAA 级景区标准,加大对女娲始祖园景区开发建设力度,修建南大门,开通三重门景观,高标准装修女娲国学堂。修缮完成后,女娲始祖园景区古典建筑优美、自然景观奇特,配套设施齐全,发展前景广阔。辖区阴平镇紧扣旅游开发"体验"这个核心,因地制宜打造更多吸引游客的项目,通过统一规划改造将景区打造成为特色,提升当地群众获得感、幸福感;同时加大景区对周边贫困村、贫困户的辐射,吸收更多贫困群众通过就业或发展产业实现脱贫,努力走出一条"旅游 + 扶贫"新路子。

2. 做好毛笔产业"工艺 + 扶贫"

峄城区积极扶持枣庄市书源笔业有限公司做大做强,传统做新,投资 3.1 亿元建设了中国鲁笔博物馆,传承毛笔文化。枣庄市书源笔业有限公司注册的"榴园"牌毛笔 2012 年被认定为"枣庄市非物质文化遗产",2015 年毛笔制作工艺被山东省文化厅列为"山东省非物质文化遗产",企业负责人刘慎海被评为"山东省非物质文化遗产传承人"。近年来,公司不断拓展海外市场,探索对外出口模式,逐步实现自主对外贸易。目前,产品远销日韩、东南亚等国家及港澳台地区,年生产毛笔 400 余万支,种类 300 余种,产值 5600 万,利税 600 余万。公司在传承宝贵非物质文化遗产的同时,更是身体力行,将中华民族孝善文化精髓发扬光大,以扶贫济善为主要方式,深入推进精准扶贫工作开展。如成立扶贫车间,先后安置 15 名贫困户就业,按公司收益情况,保底 10% 以上向贫困户分红，确保贫困户年均收入不低于 7000 元，真正实现了"一人就业，全家脱贫"；为每名职工设立了"孝善存折"，为脱贫提供社会正能量氛围；与枣庄市特殊教育学校合作，定向吸纳残疾人就业，解决传统毛笔制作工艺后继无人的困境。

3. 做好石泉粉皮"合作 + 扶贫"

峄城区小石泉村因为制作纯手工地瓜粉皮而远近闻名，村内仅直接从事粉皮加工的作坊就有 50 多户，全村每年销售粉皮近 80 万斤，实现纯利润超过 20 余万元。石泉粉皮的非物质遗产传承人孙启考联合本村粉皮加工散户组织成立了"粉皮加工协会"，建立"非遗石泉粉皮 + 就业工坊"，统一购买原料、规范加工标准和接收订单，将全村原本零散的粉皮生产家庭作坊紧紧地连接起来，走"协会 + 农户"的统一生产经营路子，进一步提升了全村粉皮加工业的生产经营规模和效益。在脱贫攻坚战号角吹响后，他免费教授给贫困户石泉粉皮制作技艺和网店经营方法，带动起 20 户贫困户从事粉皮加工工作。贫困户做好的粉皮可以返销给合作社，也可以自己上网销售。粉皮加工有了安全保障，老百姓感受到了实惠，传统手艺在现代平台上发扬光大，石泉粉皮成为一个亮丽的乡村名片。

（三）推行孝善扶贫，宣传优秀传统文化精髓，用好"传统力量"

全区率先探索实施"孝善扶贫"，走出了一条弘孝善、促脱贫的路子。印制了《孝善扶贫过账明白纸》，健全了建档立卡 60 岁以上贫困老人档案及其子女的基本信息；严格操作程序，孝心养老金必须由贫困老人子女（不能是贫困户）按照协议规定数额交至村居孝善扶贫理事会，理事会 2 日内统一存入镇街孝善基金指定账户。发放时，由村居孝善扶贫理事会通过现金红包的形式集中或入户发放至贫困老人手中。2019 年发放孝心养老金 2311.33 万元，惠及 7200 余人。同时，先后表彰了"好媳妇""好婆婆" 1000 余人，孝善扶贫真正成为乡村文明建设的播种机、传输带。

特色文化产业精准扶贫事业具有文化传承、产业发展、创业就业、生态涵养等再生性功能特点，有利于利用差异性带来市场可持续的发展能力和脱贫效益。大力发展特色文化产业，有利于贫困地区的贫困人群增强对自身特色文化的自我觉醒、重新认知与文化自信，有效提高摆脱贫困的内生动力与能力，实现从根本上铲除贫困的原动力。

特色文化产业作为一种新的精准扶贫方式，是符合中国国情特点、兼具公益性和产业化脱贫的重要路径和战略选择。

2020年是脱贫攻坚收官之年，扶贫工作方式从集中攻坚调整为常态推进，峄城区结合村镇文化特色、产业特色，注重政府主导与社会参与相结合、创新人才培养与产品创新相结合、资源整合与区域合作相结合；统筹抓好特色文化产业项目、医疗兜底、社会扶贫，用稳定的"三足鼎立"，建立健全和巩固了脱贫成果的长效机制，取得了良好的效果。

医保制度健康扶贫的动态效应研究
——基于 CFPS 数据的贫困脆弱性实证研究

■ 杨 峥 林 杨 [①]

摘要：本文利用中国家庭追踪调查（CFPS）数据，基于反事实推断方法评估城乡居民基本医保制度对样本家庭的贫困发生率以及贫困脆弱性的影响。研究发现，贫困与脆弱性存在密切联系，贫困人群中的脆弱性群体比重明显高于非贫困人群，这表明某一年的贫困很大程度上不是暂时性的。更为重要的是，本文还揭示了在当年的贫困线标准下，参加医疗保险制度的人群都显著降低了贫困脆弱性，该制度帮助居民抵御风险具有持续性的积极作用。为此，围绕巩固脱贫攻坚成果和建立稳定脱贫的长效机制、促进脱贫攻坚与乡村振兴战略有效衔接的目标，在梳理现有健康扶贫和医保政策的基础上，通过分析不同类型贫困地区、贫困人口逐步脱贫后的需求变化，评估 2020 年及以后这些政策的适用性，为调整完善健康扶贫政策提供支撑。建议将贫困脆弱性纳入贫困识别瞄准指标体系，设计起付线、报销比例与不同地区、人群以及疾病挂钩的长期动态调整机制，在农村地区加快推广分级诊疗模式，促进城乡医疗资源均衡配置。

关键词：城乡居民基本医疗保险制度；贫困；脆弱性；健康扶贫

一、引言

数据显示，2013—2015 年建档立卡贫困户中，因病致贫、返贫户占比分别为 42.4%、42.2% 和 44.1%。江西 2015 年这一比例为 44.1%，承德市滦平县 2018 年为 41%，即便是经济相对发达的广东省也存在 36.2% 的因病致贫率。党的十八大以来，党中央将人民健康作为全面建成小康社

[①] 杨峥，天津财经大学财税与公共管理学院讲师，博士，研究方向：财政理论与政策。林杨，天津财经大学经济学院研究生，研究方向：劳动经济学。

会的重要工作。党的十九大报告关于"健康中国"的战略定位以及《关于实施健康扶贫工程的指导意见》《健康中国2030规划纲要》等一系列政策文件的出台无不体现出党和国家浓浓的民生关切。鉴于因病致贫、因病返贫是我国农村人口致贫的主要原因之一,"为人民群众提供全方位全周期健康服务"的内涵绝非单一维度的疾病治疗。

新农合的财政补助标准由2003年刚刚启动试点时的人均20元提高至2010年基本覆盖全国农村居民的每人每年120元,2019年的财政补助标准更是大幅上涨至520元。不仅如此,2012年开始试点的新农合大病保险制度不仅补偿参合农民的大病医疗费用,在原报销基础上再提高报销比例10~15个百分点进行二次补偿。2016年,国务院将新农合和城镇居民基本医疗保险整合成为城乡居民基本医疗保险制度时,门诊报销和住院报销比例分别达到50%和75%。医疗保险巨额支出能否有效促进健康水平成为学界长期争论的焦点。贫困家庭会因为较低收入与高额医疗支出之间的矛盾而负债累累陷入长期贫困(Van Damme et al.,2004)[1],但Wagstaff et al.(2009)[2]并未发现医疗保险可以缓解医疗消费的负担。与之相反,Hamid et al.(2011)[3]则认为,医疗保险可以改善参保人的健康状况,间接提高产出效率,增加劳动供给。国内学界认为,新农合制度对不确定性因素的管理拉动了农户消费(高梦滔,2010)[4],有助于缓解低收入或健康状况较差的农村家庭健康风险(齐良书,2011;白重恩等,2012;何兴强、史卫,2014)[5][6][7],参保者"有病不医"的状况得到改善(程令国、张晔,2012)[8]。城居保也具有类似的健康扶贫效果(潘杰等,2013)[9],针对弱势群体因病致贫、因病返贫的问题起到了缓解作用(黄薇,2017)[10]。

随着对贫困问题的深入研究,学界逐渐认识到某特定时点上的贫困状态只是贫困不断演化的结果。传统的贫困测度指标没有充分考虑家庭未来遭受风险冲击后陷入贫困的可能性,贫困脆弱性(vulnerability)的概念由此孕育而生,主要存在三种代表性观点:

2000年世界银行正式提出此概念时,学术界将风险冲击聚焦于家庭的消费敏感性(Dercon、Krishman,2000)[11],由此形成早期的风险暴露脆弱性理论（Vulnerability as Uninsured Exposure to Risk，VER）。不久之后，在该理论基础上衍生出低期望效用脆弱性理论（Vulnerability as Low Expected Utility，VEU，Ligon、Schechter，2003）[12] 以及预期贫困脆弱性理论（Vulnerability as Expected Poverty，VEP，Chaudhuri et al.，2002；Christiaensen、Subbarao，2005）[13][14]。风险暴露脆弱性理论是对家庭面临风险应对能力的刻画，只对脆弱性的高低做出判断，是一种事后测度。低期望效用脆弱性理论将风险冲击造成的结果与家庭未来的福利损失相联系，是一种事前预测估计，具有前瞻性。理论上的家庭效用函数在现实中难以精确表达，低期望效用脆弱性理论在实际应用中受到消费变动数据质量的限制。（图1）

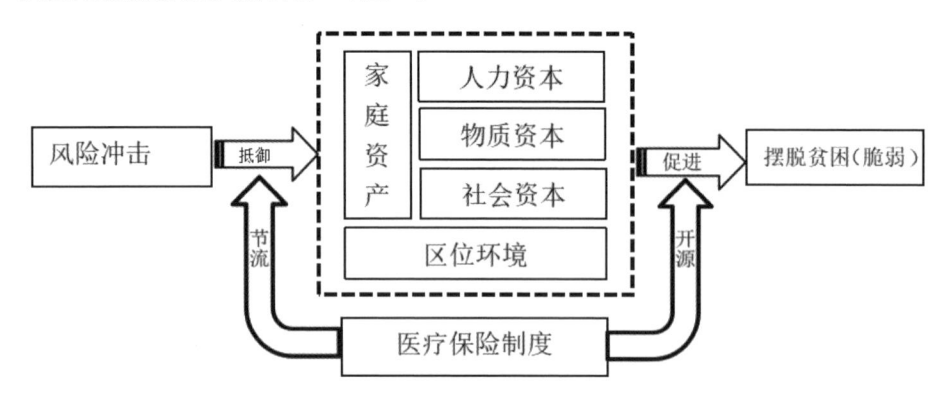

图1 城乡居民基本医保制度对贫困脆弱性的影响路径

新农合直接和间接地降低了农村家庭脆弱性（宋扬、赵君，2015）[15]，倾斜性的保险扶贫政策能够显著激发贫困户的医疗保险需求，从而起到积极的减贫效果（黄薇，2019）[16]。然而美中不足的是，尽管一些学者尝试对贫困脆弱性进行量化与分解，散见于杨文等（2012）[17]、樊丽明、解垩（2014）[18]、叶初升等（2014）[19]，但他们考察的是财政补贴资金与贫困脆弱性的关系，忽视了保险市场"逆向选择"特有的本质，鲜见贫困脆弱性动态效果的实证检验。那么，城乡居民基本医疗保险制度是简单的普惠性、兜底性保障机制，仅仅通过报销部分医疗费用暂时减少了贫困家庭的医疗开支，还是具有降低贫困脆弱性的持续效应？

截至目前，中国家庭追踪调查数据（CFPS）已公开多轮次的全国性访问调查数据，为我们深入研究医保制度"健康扶贫"的持续效果提供了契机。样本不仅具有广泛代表性，调查时间恰好处于试点新农合大病保险制度、新农合基本全面覆盖农村家庭、新农合与城镇居民基本医疗保险统一这几个关键的时间节点。本文利用跨期微观数据构造的面板数据控制初始状态，最大程度上减轻内生性问题对研究结论的影响，更好地揭示城乡居民基本医保制度与贫困预期动态特征的因果关系，有助于进一步推进"健康扶贫"的开展。

二、理论模型

家庭 i 的贫困脆弱性水平 V_{it} 可定义为在未来 $t+1$ 期人均收入 y 低于贫困线 z 的概率：

$$V_{it} = \Pr(y_{it+1} \leq z)$$
$$y_{it} = y(\varepsilon_{it}, \Omega_t, \Gamma_{it})$$

在当期经济状态 Ω_t 下，人均收入水平由一系列可观察的特征 ε_{it}，以及受一些特殊因素冲击导致与其他条件相当人群产生的福利差异 Γ_{it} 决定。比如，某一时点上两个特征十分近似的个体 $\varepsilon_{jt}^I \sim \varepsilon_i^0$，唯一的区别在于 j 选择参加 I 城乡居民基本医疗保险制度，那么遭受大病风险后的经济负担是迥异的，即：

$$\Gamma_{it} = \frac{y'(\varepsilon_i^0)}{\Omega_t'} - \frac{y'(\varepsilon_j^I)}{\Omega_t'}$$

将上式代入贫困脆弱性公式，可以将贫困脆弱性的表达式改写为：

$$V_{it} = \Pr(y_{it+1} = y(\varepsilon_i, \Omega_{t+1}, \Gamma_{it+1}) \leq z | \varepsilon_i, \Omega_t, \Gamma_{it})$$

贫困脆弱性来自跨期收入流的随机性，而这又取决于个人特征与所处的经济环境，充分考虑到多个决定因素的复杂相互作用关系。由于贫困脆弱性是根据其未来收入前景定义的，通过加入随时间变化的一组参数矢量 Ω_t，将总体冲击以及预期之外的环境变化对脆弱性的潜在影响一同纳入其中，意味着既有可观察到的贫困陷阱也有未观察到的其他非线性贫困动态。

计量模型方面，受到潜在参保者是否参保的自我选择干扰，OLS 回归无法识别参保人群贫困脆弱性的净效应。为解决计量结果偏误及内生性问题，消除不随时间变化的个体特征，借鉴 Heckman（1979）[20] 的处理效应模型（treatment effect model）：

$$V_{it} = \alpha_0 + \alpha_1 I_i D_t + \alpha_2 D_t + \alpha_3 \varepsilon_{it} + u_{it}$$

$$I_{it}^* = X_{it} + \varepsilon_{it} + \xi_{it}$$

$$\begin{cases} I_{it} = 1, & if I_{it}^* > 0 \\ I_{it} = 0, & if I_{it}^* \leq 0 \end{cases}$$

在一系列外生工具变量 X_{it} 的作用下，个人根据自身贫困脆弱程度 V_{it} 的预期判断，并结合该特征 ε_{it} 决定是否加入医疗保险制度 I_{it}（处理组 =1，控制组 =0）；回归模型中还考虑加入了城乡居民基本医保制度前后的时间虚拟变量 D_t，交互项 $I_i D_t$ 表示处理组在参与投保后的处理效应。据此，遵循预期贫困脆弱性理论思路利用三阶段可行广义最小二乘法（FGLS）对贫困脆弱性进行初步估计：

$$V_i = P(\ln y_i < \ln z | \varepsilon_i) = \Theta\left(\frac{\ln z - \ln \hat{y}_i}{\sqrt{\hat{\sigma}_i^2}}\right)$$

其中，lnz 是当年贫困线标准。从贫困脆弱性 V_i 的测度公式可以看出两个关键影响因素：一是由特征因素 ε 决定的人均收入期望 $\ln \hat{y}$，二是标准正态分布累积密度函数 Θ（·）中的期望方差 $\hat{\sigma}_i^2$，与遭受的风险冲击强度有关。为了获得这两个关键要素，先对样本中的人均收入进行影响因素的 OLS 估计：$\ln y = \beta_{\varepsilon + e}$

将残差平方代表冲击再次进行最小二乘估计：$\theta\varepsilon + \lambda = \hat{e}^2$

$\hat{\theta}_{OLS}$ 作为异方差结构权重对 lny 和 $\hat{e}$ 重新加权回归，得到 $\hat{\theta}_{FGLS}$ 和 $\hat{\beta}_{FGLS}$ 以此直接估计 $\ln \hat{y}$ 和 $\hat{\sigma}^2$：

$$\hat{E}(\ln y | \varepsilon) = \hat{\beta}_{FGLS} \varepsilon$$
$$\hat{V}(\ln y | \varepsilon) = \hat{\sigma}^2 = \hat{\theta}_{FGLS} \varepsilon$$

三、变量选取与计量结果

（一）变量选取

本文根据上述理论推导和已有成果，分别筛选出个体特征、人力资本、物质资本、社会资本以及区位环境共五大类影响人均可支配收入 lny（取对数）的因素。为了确保样本的可比性，将数据库中被访家庭中参与城乡居民基本医疗保险并同时还拥有公费医疗、城镇职工医疗保险、城镇居民医疗保险、补充医疗保险的样本予以剔除，构造成包含 4471 个样本的面板数据。

表 1 变量选取及全样本描述性统计

	变量名称	变量代码	均值	标准差
	人均纯收入	y	10080.02	10496.11
	是否参加新农合	I	0.945	0.228
	年龄	age	46.09	12.53
个人特征	年龄的平方	age^2	2282.13	1151.16
	是否拥有配偶	partner	0.91	0.29
	性别	gender	0.55	0.5
	家庭规模	familysize	4.58	1.82
	受教育时间	edu	6.23	3.71
人力资本	身体质量指数	BMI	0.7305	0.4435
	过去一年医疗支出	health	0.7185	0.449
	是否从事农业生产经营活动	farmer	0.73	0.45
物质资本	是否有家庭成员从事个体经营或开办私营企业	business	0.09	0.29
	家庭现金以及存款	capital	0.96	0.21
社会资本	是否参与宗族活动	relation	0.62	0.49
	是否是某社会组织成员	puborg	0.1	0.29
区位环境	沿海或内陆	location	0.3835	0.486

个体特征变量方面，首先被访者是否参保（1 或 0）是本文重点关注的自变量；年龄（age）大于 16 岁的样本，以及年龄平方（age^2）刻画身

体健康状态的年龄非线性特征；贫困的界定、治理都是以家庭为基本范畴与行动单位，样本中在婚（有配偶）、同居归为拥有配偶（partner）一类并赋值为1，未婚、离婚、丧偶视为无配偶状态，赋值为0；家庭规模（familysize）也被证实制约了贫困人口的潜在保险需求无法得到满足，家庭成员中的性别（gender）以0（女性）和1（男性）区分。

利用样本中个体的身高和体重计算BMI指数，以及过去一年的医疗支出（health）综合考量健康程度；受教育时间（edu）同样是人力资本理论的另一重要基石，特别是户主的受教育程度显著影响家庭成员的参保意愿，必须坚持提升人力资本积累的基本战略取向（程名望等，2014）[21]。

2017年，原卫计委、财政部联合发文，将农村贫困人群的大病保险起付线降低50%，实现大病实际报销比例达到90%。不可否认，医保制度的"事后"补偿机制的确能够减轻贫困家庭"看病贵"的经济压力，但从事农业生产经营活动（farmer）、抑或有家庭成员从事个体经营或开办私营企业（business）直接决定了获得产业报酬的差异，现金和存款规模（capital），即自身拥有的物质资本才是抵御贫困的"事前"第一道屏障，从而影响一个家庭的再生产能力。

宗族关系这种无形的社会资本在农村地区发挥着独特作用，宗亲之间的接济可以共同抵御风险冲击，是否一起参加宗族祭祖、扫墓等交往活动（relation）可以较好地体现出家族成员的关系状况；除此之外，个人或家庭所处的复杂社会关系网中并不局限于血缘亲属，成为某些社会组织成员（puborg）所积累的丰富人脉资本也能一定程度上增强抵御风险的能力。在CFPS数据库中，既包括党派人士、县/区及以上人大代表、政协委员等组织成员，也可以是参加了联谊组织（社区、网络沙龙等）、宗教/信仰团体、各种协会等。上述两个问题回答肯定时取值1，回答否定时取值0。

我国贫困发生率较高的地区大多分布于革命老区、深山地区、少数民族地区或边远地区，这些深度贫困地区自然条件较差，故而学界针对医疗保险的反贫困效果评价也基本以农村为主要研究单元。设置沿海（1）与内陆（0）地区的虚拟变量表示区位因素影响家庭收入的差异。

（二）贫困脆弱性的估算

现实中，按照静态贫困指标的划分标准，某些家庭并非贫困的。"相对贫困"下那些未处于收入最底端的所谓"相对高收入"人群可能也存在贫困脆弱性（陈宗胜等，2013）[22]，家庭成员是否参加城乡居民基本医疗保险除上述具有显著影响的诸多因素外，还应考虑一旦遭遇自然灾害、市场波动、重大疾病等外部风险的冲击而陷入贫困的可能性。因而，本文以我国制定的人均年纯收入 2300 元为基数（2010 年不变价格）作为"绝对贫困"划分标准（按价格指数变动逐年调整成按现价计算的年度贫困标准）。同时，借鉴万广华和章元（2009）[23]提出的脆弱性门槛值，人均年收入在远期低于贫困线的概率超过 50%，即被视为贫困脆弱性。

表 2 样本贫困转移矩阵

	非贫困	贫困		贫困	脱贫	脆弱	非脆弱
非贫困	84.22%	15.78%	脆弱	24.84%	75.16%	77.02%	22.98%
贫困	64.34%	35.66%	非脆弱	18.10%	81.90%	6.57%	93.43%

以 VEP 为理论基础并将 50% 作为划分脆弱性阈值，样本中的贫困脆弱性均有所下降，并且与贫困发生率表现出相同的趋势。在 2012 年的贫困线下，64.34% 的贫困人群在 2014 年顺利脱贫，但也有 15.78% 的非贫困人群在 2014 年返贫成为新增贫困人口，足以看出扶贫任务的艰巨性。另有 35.66% 的人群在样本期内始终未摆脱贫困，这类持续性贫困人群是精准扶贫的重点关注对象。受到物价水平的影响，2014 年贫困线标准较 2012 年略有提高。即便如此，2012 年具有显著贫困脆弱性的群体在 2014 年贫困线之下的比例还是明显高于当年的非脆弱群体，贫困与脆弱性之间并非孤立的，验证了贫困问题具有的持续性特征。

（三）实证结果

我国经济发展的地区差距明显，不同区位的家庭收入水平差异较大。

为进一步廓清医保制度对贫困人群扶贫具有的持续性效果，本文在考虑被访者所在地区差异的基础上，选择固定效应模型有助于控制观察期内贫困人群那些基本不随时间变化的个体变量与人群之间的随机差异，避免遗漏变量的异质性引起的参数偏误。

表3 增加控制变量后医保制度对贫困脆弱性的影响

变量	世界银行每人每天1.25美元 系数	标准差	年收入2300元（2010年不变价格） 系数	标准差	世界银行每人每天2美元 系数	标准差
常数项	1.438***	0.078	0.476***	0.075	1.596***	0.084
I	-0.175***	0.005	-0.170***	0.005	-0.175***	0.005
age	-0.037***	0.003	-0.015***	0.003	-0.032***	0.003
age^2	0.0003***	0.000	0.0003***	0.000	0.0002***	0.000
partner	0.102***	0.008	0.104***	0.008	0.108***	0.009
gender	0.006	0.041	-0.005	0.039	0.015	0.044
familysize	-0.013***	0.001	-0.012***	0.001	-0.015***	0.001
edu	-0.0058***	0.001	-0.007***	0.001	-0.007***	0.001
farmer	0.0661***	0.003	0.068***	0.003	0.080***	0.003
business	-0.103***	0.005	-0.1007***	0.005	-0.122***	0.005
capital	0.000	0.000	0.0004	0.000	-0.0005*	0.000
relation	-0.049***	0.002	-0.0489***	0.002	-0.057***	0.003
puborg	-0.014***	0.005	-0.014***	0.005	-0.016***	0.006
BMI	-0.0178***	0.003	-0.017***	0.003	-0.029***	0.003
health	0.0007*	0.000	0.0007*	0.000	0.0012***	0.000
$Adj\ R^2$	0.442		0.510		0.447	

注：*、**、*** 分别表示在10%、5%和1%的水平上显著。

本文还以世界银行设定的极端贫困线每人每天收入1.25美元以及每人每天2美元贫困线（根据当年汇率换算成人民币）这两个略低、略高于我国的标准进行实证对比。不出意外的是，计量结果一致认为参加城乡居民基本医疗保险可以降低贫困脆弱性，显著提高了样本中贫困人群应对潜在风险的能力，这一结论不受地域差别的干扰。

实证结果还表明，身体健康程度（BMI指数）与贫困脆弱性呈反向关系，而过多的医疗支出必然使农民身陷贫困泥潭；我国农民收入来源单一，农产品附加值依旧较低。作为劳动密集型产业，男性承担了绝大部分的农业生产压力。从性别上看，男性面临更大的健康风险也就不足为奇了；年龄平方的正向显著告诉我们，仅依靠家庭主要劳动力获得的微薄收入，贫困家庭中的低龄儿童和老年人群更容易遭遇贫困，而且贫困家庭本来就相对匮乏的物质资本根本不足以帮助其抵御外部风险；尽管与预期假设相一致的社会关系在一定程度上降低了贫困的概率，结合家庭中是否有人从事个体经营以及私营企业、教育程度有助于降低贫困脆弱性的结果，国家应该进一步发展现代农业，实现农民增收渠道多样化，增强自我造血机能才是巩固扶贫效果的重中之重。

（四）进一步研究

城乡居民基本医疗保险制度是遵循自愿缴费为主、政府给予适当补助的非强制性社会医疗保险。经过多年的推行和完善，评估城乡居民基本医保制度对贫困脆弱性的影响实际上是一种"反事实（Counterfactual）推断"。然而，2019年新农合的个人缴费标准每年250元对深度贫困地区、成员较多的家庭来说或许依然是一笔不小的负担，面板模型无法克服保险市场"逆向选择"的选择性偏差影响。同时，也无法区分贫困脆弱性的降低是源于医保制度发挥了关键作用还是经济状态得到了改善，医保制度的政策净效应难以精准识别。

基于前述理论分析，假定每个处在干预中（是否参保）的家庭贫困脆弱性都有两种潜在结果 $V_i(1)$，$V_i(0)$，用平均干预效应（Average Treatment effect for the Treated，ATT）的标准估计量来测度两者之差：

$$ATT = E[V_i(1) - V_i(0) | D_t = 1] = E[V_i(1) | D_t = 1] - E[V_i(0) | D_t = 1]$$

很明显，反事实结果 $E[V_i(0) | D_t = 1]$ 无法观测，只能使用在未干预状态

下的样本观测结果 $E[V_i(0)|D_t=0]$ 来替代，上述公式可以表示为：

$E[V_i(1)|D_t=1] - E[V_i(0)|D_t=0]$
$\Rightarrow \{E[V_i(1)|D_t=1] - E[V_i(0)|D_t=1]\} + \{E[V_i(0)|D_t=1] - E[V_i(0)|D_t=0]\}$
$\Rightarrow ATT + selectionbias$

由于观测样本缺乏随机性，处理组（参保）和控制组（未参保）在干预统计量、工具变量上都存在差别，为防止出现潜在偏差，采用倾向得分匹配（PSM）结合双重差分估计量（DID）的方式进行干预效应分析。具体来说，将2012年未参加新农合而2014年选择参保的同一样本作为处理组，始终未参保的样本即为控制组，进而结合双重差分方法（DID）估算2014年新参保个体贫困脆弱性的处理效应。运用倾向值匹配（PSM）为处理组找到与个人特征匹配的对照组，最终得到贫困人群是否愿意参保的平均处理效应。

表4 贫困人群参保的平均处理效应

贫困线标准		世界银行每人每天1.25美元			年收入2300元（2010年不变价格）			世界银行每人每天2美元		
方法		NNM	RM	KM	NNM	RM	KM	NNM	RM	KM
2012年	ATT	-0.13	-0.13	-0.14	-0.12	-0.12	-0.13	-0.15	-0.15	-0.16
	标准差	0.02	0.01	0.01	0.02	0.01	0.01	0.02	0.01	0.01
	t	-6.27	-8.78	-11.81	-6.25	-9.2	-13.25	-7.89	-11.25	-14.17
2014年	ATT	-0.23	-0.22	-0.25	-0.24	-0.22	-0.25	-0.23	-0.21	-0.24
	标准差	0.02	0.01	0.01	0.01	0.01	0.01	0.01	0.01	0.01
	t	-14.09	-30.49	-34.3	-20.94	-27.84	-33.71	-21.95	-24.87	-29.89

从上述分析不难看出，无论在哪种贫困线标准之下，通过三种PSM方法计算的平均处理效应均显著为负，并且贫困标准越高这种平均处理效应越小。在当年贫困线下，2012年和2014年参保家庭的贫困脆弱性相比于未参保的家庭显著下降。2014年控制组的贫困脆弱性比2012年上升了14%，而同一年的处理组贫困脆弱性低于2012年约9.4%。通过倾向值匹配后得到双重差分结果，处理组期望值前后变化减去控制组控制前后

变化交互项 I_iD_t 系数，DID 处理效应的估计值为 -0.234，也就是说处理组（参保）人群的贫困脆弱性相较于控制组（未参保）群体显著降低。

四、结论及政策建议

贵州是我国扶贫的重点地区，2014 年开始构筑基本医疗保险、大病保险、医疗救助扶助"三重医疗保障"网，因病致贫、返贫人口占贫困总人口的比例仅为 13.2%。安徽在 2015 年因病致贫、返贫占比高达 57.2%，2016 年实施健康脱贫工程以来下降至 43.8%。山西通过提高贫困人员及医疗保障扶贫对象的保障水平，新农合个人缴费部分协调各级财政全额补贴，2016 年全省因病致贫、因残致贫占贫困人口数的 28%，远低于全国平均水平。黑龙江桦川县在集中救治的九种大病基础上，为当地因病致贫群众有针对性地扩增了白内障和股骨头置换集中救治。

在党中央正确的决策部署下，2020 年我国现行标准下帮扶剩余的贫困人口实现脱贫，如期完成脱贫攻坚战以及全面建成小康社会的任务毫无悬念。不可忽视的是，医疗激励机制还无法完全满足不同特征人群的需要（朱信凯、彭廷军，2009）[24]，加之医疗供给方的垄断地位和盈利性，反而出现报销比率与医院价格上涨幅度基本相同的现象（封进等，2010）[25]。新农合的门诊统筹保险并不具有减贫作用，只有在花费医疗费用更多的住院阶段，统筹保险才能轻度降低贫困发生率（鲍震宇、赵元凤，2018）[26]，实际受益水平仍然有限（于长永，2013）[27]。

本文的研究发现，贫困与脆弱性存在着密切联系，贫困家庭中的脆弱性群体比重明显高于非贫困家庭，某一年的贫困脆弱性很大程度上不是暂时的。本文还发现在当年的绝对贫困线下，参保家庭都显著降低了贫困脆弱性，说明该制度帮助居民抵御风险具有持续性的积极作用。为此，围绕巩固脱贫攻坚成果和建立稳定脱贫的长效机制、促进脱贫攻坚与乡村振兴战略有效衔接的目标，通过分析不同类型贫困地区、贫困人口逐步脱贫后的需求变化，总结分析实践中的成功案例。根据脱贫攻坚形势变化，从"需求侧"（政策对象需求变化）和"供给侧"（政策供给调整优化）两方面入手，在梳理现有健康扶贫和医保政策的基础上，评估

2020年及以后这些政策的适用性，为调整完善健康扶贫政策提供支撑。建议将贫困脆弱性纳入贫困识别瞄准指标体系，设计起付线、报销比例与不同地区、人群以及疾病挂钩的长期动态调整机制，在农村地区加快推广分级诊疗模式，促进城乡医疗资源均衡配置。

参考文献

[1]Van Damme, et al. Out-of-pocket Health Expenditure and Debt in Poor Households: Evidence from Cambodia [J]. Tropical Medicine and International Health, 2004（9）:273-280.

[2]Wagstaff A, et al. Extending Health Insurance to the Rural Population: An Impact Evaluation of China's New Cooperative Medical Scheme [J]. Journal of Health Economics, 2009（28）:1-19.

[3]Hamid, Roberts J, Mosley P. Can Micro Health Insurance Reduce Poverty? Evidence from Bangladesh [J]. Journal of Risk and Insurance, 2011（78）:57-82.

[4] 高梦滔. 新型农村合作医疗与农户储蓄：基于8省微观面板数据的经验研究 [J]. 世界经济, 2010（4）: 121—133.

[5] 齐良书. 新型农村合作医疗的减贫、增收和再分配效果研究 [J]. 数量经济技术经济研究, 2011（8）: 35—52.

[6] 白重恩, 李宏彬, 吴斌珍. 医疗保险与消费：来自新型农村合作医疗的证据 [J]. 经济研究, 2012（2）: 41—53.

[7] 何兴强, 史卫. 健康风险与城镇居民家庭消费 [J]. 经济研究, 2014（5）: 34—48.

[8] 程令国, 张晔. "新农合"：经济绩效还是健康绩效？[J]. 经济研究, 2012（1）: 120—133.

[9] 潘杰, 雷晓燕, 刘国恩. 医疗保险促进健康吗？——基于中国城镇居民基本医疗保险的实证分析 [J]. 经济研究, 2013（4）: 130—156.

[10] 黄薇. 医保政策精准扶贫效果研究——基于URBMI试点评估入户调查

数据[J]. 经济研究，2017（9）：117—132.

[11]Dercon S, Krishnan P. In Sickness and in Health: Risk Sharing Within Households in Rural Ethiopia [J]. Journal of Political Economy, 2000, 108（4）:688–727.

[12]Ligon E, Schechter L. Measuring Vulnerability [J]. Economic Journal, 2003,113（486）:93–102.

[13]Chaudhuri S, Jalan J,Suryahadi A. Assessing Household Vulnerability to Poverty: A Methodology and Estimates for Indonesia[R].Columbia University Department of Economics Discussion Paper, 2002.

[14]Christiaensen L J, Subbarao K.Toward an Understanding of Vulnerability in Rural Kenya[J]. Journal of African Economies, 2005, 14（4）:520–558.

[15] 宋扬, 赵君. 中国的贫困现状与特征：基于等值规模调整后的再分析[J]. 管理世界，2015（10）：65—77.

[16] 黄薇. 保险政策与中国式减贫：经验、困局与路径优化[J]. 管理世界，2019（01）：135—150.

[17] 杨文, 孙蚌珠, 王学龙. 中国农村家庭脆弱性的测量与分解[J]. 经济研究，2012（4）：40—51.

[18] 樊丽明, 解垩. 公共转移支付减少了贫困脆弱性吗？[J]. 经济研究，2014（8）：67—78.

[19] 叶初升, 赵锐, 李慧. 经济转型中的贫困脆弱性：测度、分解与比较[J]. 经济社会体制比较，2014（1）：103—114.

[20]Heckman J. Sample Selection Bias as A Specification Error[J].Econometrica, 1979,（47）:153–161.

[21] 程名望, 等. 农村减贫：应该更关注教育还是健康？——基于收入增长和差距缩小双重视角的实证[J]. 经济研究，2014（11）：130—144.

[22] 陈宗胜, 沈扬扬, 周云波. 中国农村贫困状况的绝对与相对变动——兼论相对贫困线的设定[J]. 管理世界，2013（01）：67—75+77+76+187—188.

[23] 万广华, 章元. 我们能够在多大程度上准确预测贫困脆弱性？[J]. 数量经济技术经济研究，2009（6）：138—148.

[24] 朱信凯，彭廷军. 新型农村合作医疗中的"逆向选择"问题：理论研究与实证分析 [J]. 管理世界，2009（1）：79—88.

[25] 封进，刘芳，陈沁. 新型农村合作医疗对县村两级医疗价格的影响 [J]. 经济研究，2010（11）：127—140.

[26] 鲍震宇，赵元凤. 农村居民医疗保险的反贫困效果研究——基于PSM的实证分析 [J]. 江西财经大学学报，2018（01）：90—105.

[27] 于长永. 个体特征、补偿机制与农民对新农合的满意度 [J]. 人口与经济，2013（6）：101—110.

【从脱贫攻坚到乡村振兴】

导言（主持人：季铁[①]）

季 铁

随着 2020 年年底脱贫攻坚工作圆满结束，近 1 亿中国贫困人口实现脱贫，绝对贫困问题得到了历史性解决。中国在减贫实践中探索形成的中国特色减贫道路和中国特色反贫困理论，拓展了人类反贫困思路，为人类减贫探索了新路径。但是也应该看到，脱贫攻坚从某种角度来说，只是硬扶贫问题的解决，而软扶贫依然在路上，这个软包括文化、教育、智力等多个层面。如何巩固脱贫攻坚成果，推进全面的乡村振兴，成为脱贫之后的新目标、新任务。

从脱贫攻坚到乡村振兴，这必定是一场十分艰巨、充满挑战而又光辉伟大的跨越。与脱贫攻坚相比，乡村振兴的任务范围，从贫困地区、贫困人口，拓展到了所有农村、全体农民。本栏目的几篇文章，从不同角度，积极探索特色文化产业在脱贫攻坚到乡村振兴这一转型期、过渡期的理论指导、发展战略以及路径。《空心村振兴中的艺术赋能策略研究》和《艺术创生：乡村振兴的文化道路》两篇文章，都不谋而合地从艺术视角切入，探究艺术在乡村振兴中的可行性和功能性，并提出一定的反思和建议；《后疫情时代数字文化产业促进乡村振兴的路径探索》关注到数字文化产业在后疫情时代的重要作用和发展机遇，提出要发挥数字文化产业优势，促进乡村振兴；《新时代乡村振兴战略探微：基于城乡二元结构的分析框架》从我国城乡二元分立的现实症候出发，梳理了马克思、恩格斯关于"城乡融合"的思想理论以及我国在统筹城乡发展过

---

① 季铁，湖南大学设计艺术学院院长，教授、博士生导师。

程中的重要规划和部署，为实施"乡村振兴"战略提供一种理论视角；《从脱贫攻坚到乡村振兴：脱贫村空间再生产研究——以茶卡村为例》基于脱贫攻坚和乡村振兴在空间上高度重叠的现实情况，以空间再生产的视角，厘清从脱贫攻坚到乡村振兴的连续性与发展性，并为实现乡村振兴这一空间跨越提出一定的路径分析。

空心村振兴中的艺术赋能策略研究

■ 汤婷婷[①]

摘要：空心村是我国社会转型发展到一定阶段乡村社会异化的产物。本文从艺术视角切入，在梳理其形成过程、原因以及社会影响的基础上，探究艺术赋能在空心村振兴中的可行性，并结合社会学研究空心村艺术赋能的策略与方法，即通过"人""文""地""产""景"五方面，重新探索乡村建设的各种可能性，以柔和的方式优化乡村环境、发展乡村经济、传承乡土文化，从而实现乡村振兴。

关键词：乡村振兴；空心村；艺术赋能

一、空心村的形成及其社会影响

（一）空心村的形成过程

空心村又名空壳村，目前由于大量学者从不同的角度及目的对空心村进行研究，加之空心村本身就是一个复杂的农村社会系统，因此，空心村的概念并没有形成统一的认识。刘彦随、刘玉等从地理学的角度提出乡村"空心化"主要表现为大量旧宅基地闲置，新宅向村外延伸，致使乡村呈现"外延内空"的病态发展现状[②]。张茜、张俊等从经济学的角度定义空心村，即乡村大部分的青年劳动力向外输出，留守的人口大多是老人、妇女和儿童，从而导致乡村长期缺乏知识、资金以及技术的引入[③]。王文龙认为农村的发展除了地理与经济意义上的空心之外，也面

[①] 汤婷婷，江西财经大学设计学研究生；主要研究领域：环境景观设计。
[②] 刘彦随，刘玉，翟荣新. 中国农村空心化的地理学研究与整治实践[J]. 地理学报，2009（10）：1193—1202.
[③] 张茜，张俊. 农村"空心化"现象的经济学解释[J]. 生产力研究，2008（8）：34—35.

临着服务、精神与文化上的空心，这对于农村未来的发展也是不容忽视的[1]。

综合以上学者分析论述，本文认为：空心村是在城乡二元结构、落后的传统观念以及农村宅基地使用制度的影响下，大量的农村人口开始"摆脱"农耕产业，向城市聚集，特别是青壮年劳动力的流出，使我国农村呈现出"人走屋空"，宅基地"建新不除旧"，土地撂荒严重，农村经济、社会、文化功能全面衰退等现象。

乡村空心化是在城乡二元结构背景下农村变迁的阶段性外在表现，其生命周期一般会经历"萌芽—兴盛—转型"三个阶段。①萌芽期。自1978年以来，乡村经济随着中国经济体制改革逐步发展，部分农户在满足生存需求的基础上，产生更新住宅的意愿，然而旧住宅环境设施较差、面积小、改造成本等固有缺陷促使农民更加倾向于在村外投资建房，于是乡村空心化现象开始出现。②兴盛期。21世纪初期，在工业化与城市化背景下，大量的乡村劳动力聚集在城市，乡村人口非农化转移迅速，"三留"人口成为农村代表，农业现代化生产技术无法顺利推广，农业经济处于半停滞状态。同时，农村宅基地使用制度与土地政策没有对闲置和废弃的宅基地以及土地撂荒现象进行合理的管理和规定，造成乡村发展呈现"外扩内空"的状态，促进了乡村经济、土地、人口"空心化"。此外，在人口流动的背景下，乡村熟人社会结构开始瓦解，农村社会关系出现"春节式"交际，乡村建筑遭到破坏，乡土文化无人传承等加剧了乡村空心化的发展趋势。③转型期。现阶段，我国正在探索乡村转型的策略与方法，提出"乡村振兴战略""新农村建设"等一系列政策，对农村进行经济、政治、文化、社会等多方面建设，改善乡村人居环境，吸引乡村人才回流，促使乡村土地、人口、经济等各要素回归和谐的"运行轨道"。

（二）空心村的形成原因

乡村空心化是多种因素综合作用的产物，所以空心村的形成原因主

---

[1] 王文龙. 警惕农村的另类"空心"问题[J]. 经济体制改革，2010（4）：95—98.

要从其外界环境的吸引力与内部环境离心力两个大方面进行探究。

外界环境的吸引力主要体现在两方面,一是经济因素,随着工业化和城镇化的快速发展,农民收入得到明显提高,促使村民加大对住房的投资。此外,乡村外围建房的低成本也是加速乡村空心化的重要原因。二是乡村人口非农化。城乡的收入差距诱使乡村人口想要弃农从工,导致乡村人口空心化,土地资源浪费等问题。

内部环境的离心力表现在农村人口增长,村庄内部空间的容积率有限,村民只能在村庄外围开拓新的居住场所,村落的面积不断扩大。家庭结构的改变加剧了分家立户及其建房高潮的到来,为乡村空心化起到了推波助澜的作用。此外,村民在生产与生活过程中,时常会面对很多不可抗力,如洪水、滑坡、旱涝等自然灾害,这直接促使了很多空心村的诞生。

(三)空心村的社会影响

首先,破坏乡村人居环境。乡村的"外延式"发展不仅破坏了乡村的自然景观,而且打破了乡村原本较为集中的空间布局,使村民居住点分散,不利于基础设施的更新建设。此外,乡村青壮年劳动力的流失,导致乡村人口结构失去平衡。村中留守的大多是老人、妇女和儿童,"三留"人口作为弱势群体,安全意识不强,防御能力有限,很容易成为犯罪分子眼中的目标,村中的治安环境不断恶化。

其次,制约经济的发展。大量的青壮年劳动力外出务工,农业生产缺少必要的劳动力,缺少新型农业经营主体,严重制约了农业生产效益的提高。此外,村民新建住宅的支出在总收入中占据比重较大,即缺乏生产资金的投入,影响农业发展。

再次,乡土文化受到冲击。梁漱溟认为乡村建设源于中国乡村受到破坏,而造成这一破坏的力量之一就是文化属性的破坏。乡土文化源于农民的生产与生活,在空心村的背景下,乡村人口受到城市巨大"拉力"的影响,不断向城市聚集,其生活方式与思想观念都发生了转变,即培育乡土文化的土壤遭到破坏,导致村民对于传统乡土文化的情感越发薄弱，乡土文化记忆被遗忘，乡村伦理秩序受到威胁，维系村民关系的乡土建筑被损坏，体现地域文化的艺术品与承载着乡村记忆的民间技艺无人传承。

最后，村民自治组织弱化。我国农村基层治理结构是以农民自治为基础。这对于发挥农民的主体意识具有重要的作用。但是，空心村的现象出现后，乡村人才外流，乡村治理中严重缺乏"精英力量"的注入，农村自治组织的失灵，使得基层组织治理效果大打折扣。

二、艺术赋能及其在空心村振兴中的可行性探究

（一）艺术赋能的概念

艺术最早服务于宗教与宫廷，其主要功能从宗教性发展为个人性，再到公共性。卡特琳·格鲁在《艺术介入空间》中阐述了艺术家通过公共空间中的艺术创作将精神文化渗透到市民生活中[1]。博伊斯提出艺术是治疗社会创伤的手段、艺术的社会价值在于直接干预社会生活[2]。梁漱溟提倡将艺术教化作用于乡村礼乐秩序的重构，通过潜移默化的途径，渗透乡村的文化底层。

通过文献梳理可以看出，在艺术语境中的艺术赋能基本都是当代的生态环境以及社会热点问题之间的联系。艺术家或者设计师需要对当前的社会问题有自己独特的见解和思考，并试图通过艺术行为和艺术作品的创作等方式，影响或改变人们的社会生活。

（二）艺术赋能与空心村振兴之耦合关系

"耦合"一词来自协同学的理论范畴，特指两个或者两个以上的不同元素之间相互影响的一种协同效应。空心村艺术赋能是一种社会性介入艺术，是艺术与乡村社会的一种双向互动机制。一方面，从现实需求

---

[1] 陶陶. 艺术如何介入生活[J]. 大众文艺，2012（11）：143.
[2] 麻显钢，杨中启. "崇高艺术"的历史与现实语境[J]. 集美大学学报（哲学社会科学版），2005（3）：76.

出发，通过艺术化手段促进乡村经济的发展，优化乡村环境，以满足村民主体需求与乡村建设需求；另一方面，从乡村的资源优势出发，乡村地区保存了大量的具有原始特征的生态文化资源，从而为空心村的艺术赋能提供了便利和条件。

1. 现实需求

（1）重构村民文化认同与文化自信的需求

文化认同指的是个体或群体对某一特定文化或地域的倾向性与归属意识。则村民的文化认同主要表现为对乡村内部结构中的文化资源、自然环境的亲近，以及对乡风民俗、宗教信仰、审美取向的认可。乡土文化是培养村民认同与情感的重要载体。乡村"空心化"使乡土文化受到前所未有的冲击，村民普遍出现一种无意识的精神上的不安与文化上的自我否定。此外，在乡村振兴战略的推动下，村民的主体性地位被各种社会群体取代，村民由创作者和参与者转变为旁观者，该模式下的文化认同更多地是满足城市人群以及资本家的"认同"。艺术赋能不同于其他外部力量的干预，而是以其形象性、柔和性、美观性等特点展现乡村地域文化，满足文化主体的情感需求，以增强村民的文化认同与文化自信。

（2）村民发展经济与回归乡村需求

习近平在十九大报告中强调，我国社会主要矛盾已经转化为"人民日益增长的美好生活需要和不平衡不充分的发展之间的矛盾"。在城乡二元结构的背景下，经济因素是村民离开故土的重要原因。在早期，大多数村庄是借助外部力量发展乡村经济，例如，引进企业入驻，依靠政府相关政策等，这些都无法从根本上解决乡村经济发展问题，甚至可能带来环境污染、生态破坏等一系列问题。随着文化旅游产业的兴起，艺术赋能可改善乡村内部环境，挖掘乡土文化资源，开发异质化的艺术形式与内容，吸引城市居民的到来。同时，有机农业与观光农业的开展为村民提供了多元的就业机会和发展前景，吸引乡村人才"回流"，推动了乡村经济的良性发展。

（3）村民主体性建设需求

近年来，乡村建设受到社会各界的高度关注。专家倡导"乡村文化遗产保护"；政府推动"美丽乡村建设"；资本家开发"乡村旅游经济"等都是以权力和资本主导，忽视了乡村以村民为主体的诉求和愿望，乡村的主体性始终被各种社会力量取代。对空心村进行艺术赋能，不仅是对乡村空间的重构或者修补，还需要注重对"人"的关怀，艺术赋能采取"多主体联动模式"（图1），它是一种基于人心与人性价值观的基础上进行艺术改造。不同于其他的农业生产方式与资金注入，艺术家对乡村赋能可以增加与村民的互动，更加贴近村民的休闲娱乐生活，充实村民的农闲时间。村民可以广泛地参与艺术建设，充分发挥能动性与主体性，满足自身真正的文化生活需求。此外，艺术介入乡村的建设具有一定的审美认知及教育功能，使村民的思想与生活习惯在潜移默化中发生改变，从而重拾乡村自信。

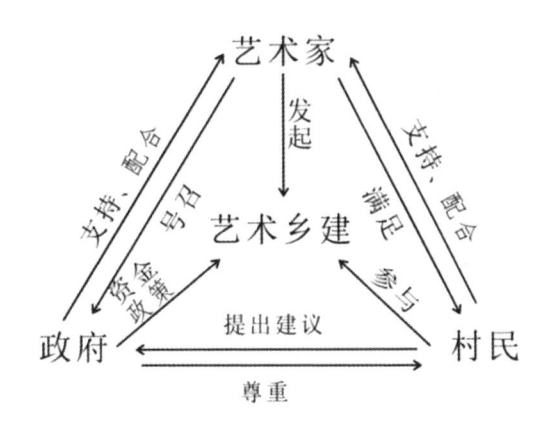

图1　多主体联动模式

（4）乡村规划设计的创新需求

面对国家政策推动与资本经济的侵入，中国乡村规划呈现同质化现象。俗谚"一方水土养一方人"，我国国土幅员辽阔，每个村落都有其独特的自然地理环境和历史文化。因此，在乡村规划设计中，要根据不同的地域特点,按照因地制宜的设计原则来规划乡村总体布局,而不是移植城市的发展模式。不合理的规划不仅会破坏乡村有机的自然空间肌理,还会加速各种具有历史意义和文化价值的物质载体的流失。艺术赋能是一种独特设计方式,它本身固有的独特性能够充分地展现其社会意识,打破乡村以往的模式化规划设计,有效地避免乡村规划设计的同质化,从而真正实现"特色小镇"的建设。

2. 资源优势

(1) 生态资源优势

"绿遍山原白满川,子规声里雨如烟",翁卷的《乡村四月》生动地描绘了江南乡村初夏时节的景象。在古时,曾有多位诗人对田园生活充满无边的向往。乡村有淳朴自然的生活环境以及得天独厚的自然风光,这为空心村的艺术赋能创造了充足的条件。例如,用农作物种植打造独具特色的旅游景观,提高农产品的经济附加值。2005年8月,习近平总书记在浙江安吉余村提出"两山"发展理念,即"绿水青山就是金山银山"。安吉县天荒坪镇余村原本只是一个靠农业生产维持生计的普通乡村,后来依靠生态资源优势打造生态农业、旅游业等,提高了经济收入,达到"景美、户畜、人和"的生活状态。

(2) 文化资源优势

中国的乡村社会是一个完整的文明系统,它所保留的文化资源能够为艺术提供充足的养分。钟敬文提出,在远古时代的某些宗教习俗、文化工艺在城市社会中已经消失殆尽,却偶尔能够在传统村落中发现它的痕迹[1]。乡土文化以农民为主体而形成的社会结构,以价值观念和行为方式等为主要内容。中国乡村不仅有物质文化资源——乡土建筑、农业生态、田园景观、民间工艺、特色饮食等,还有优秀的精神文化资源——乡风民俗、宗教信仰、节日庆典、审美取向等。通过艺术化手段塑造美丽乡村,对乡村的文化资源进行现代化阐述,重新挖掘其内在价值,能够有效地协调传统与现代文化之间的关系,唤醒村民的文化认同感与文化自信,继而形成乡村振兴的内在动力。

---

[1] 钟敬文. 民间文艺谈薮[M]. 长沙:湖南人民出版社,1981:227—228.

三、空心村振兴中的艺术赋能策略与方法

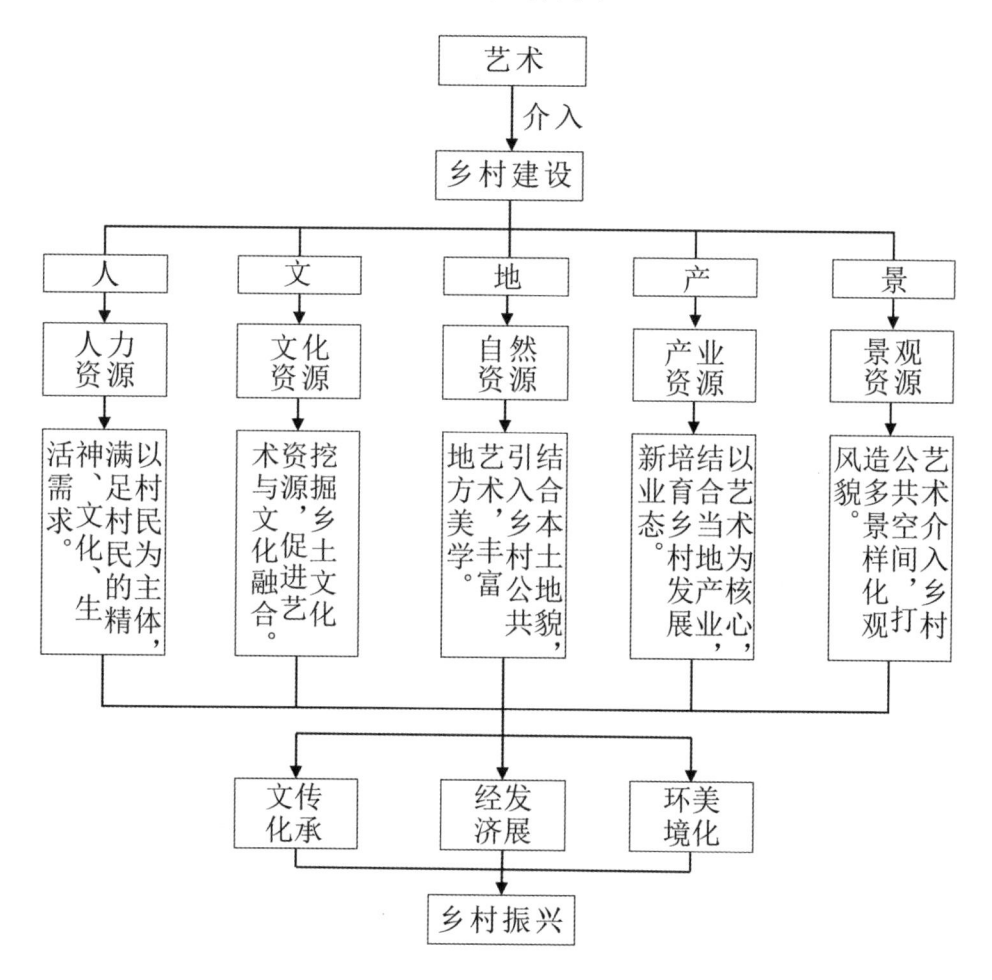

```
                    艺术
                     ↓ 介入
                  乡村建设
    ┌──────┬──────┬──────┬──────┬──────┐
    人     文     地     产     景
    │      │      │      │      │
  人力   文化   自然   产业   景观
  资源   资源   资源   资源   资源
    │      │      │      │      │
  以村   挖掘   引入   以本   艺术
  村民   文化   艺术   地产   介入
  为主   资源   美学   业为   乡村
  体，   与艺   方法   核心   公共
  满足   术融   丰富   ，结   空间
  村民   合，   乡村   合当   ，打
  精神   促进   土地   地培   造多
  文化   融合   公共   育新   样化
  生活   。     地貌   业态   风貌
  需求             共。   发展   景观
  。                     。     。
    └──────┼──────┼──────┼──────┘
         文化    经济    环境
         传承    发展    美化
              │
           乡村振兴
```

图 2　艺术介入乡村建设发展模式

党的十九大报告提出"要按照产业兴旺、生态宜居、乡风文明、治理有效、生活富裕的总要求"实现乡村振兴。在艺术介入乡村建设过程中，这五大类具体对应"人""文""地""产""景"五方面（图 2）。①"人"指人力资源。通过人居环境的艺术化设计，从而改善村民的居住水平，使村民在艺术环境氛围中重拾乡村自信，增强乡村凝聚力。

②"文"指文化资源。以艺术化手段表达乡土文化，塑造乡村集体记忆，促进艺术与文化的融合。③"地"指自然资源。在保护乡村地理环境的基础上进行艺术化改造。④"产"指产业资源。将农业生产与艺术结合，培育乡村经济发展新业态，促进产业的提升和运营。⑤"景"指景观资源。艺术介入乡村公共空间营造，加强乡村基础设施建设，打造独特的乡村景观风貌，改善村民的生活环境。

上述所提出的五方面在空心村振兴过程中，在以民为本的基础上，通常以三种手段进行落实：优化乡村环境、发展乡村经济、传承乡土文化。乡村公共空间为艺术、环境的交融提供平台。乡村产业升级带动乡村经济发展，为乡村社会、文化发展提供物质基础，吸引乡村人才"回流"。乡土文化作为乡村发展的精神文化力量，是乡村内涵与集体记忆的呈现。三者相互促进，密切结合。

（一）以民为本，增强村民的主体意识

1. 挖掘乡土艺术文化资源，提高村民的归属感

村落的形成是中国几千年农耕文明发展的成果，乡土文化资源也是长期以来在特定的空间场所中所形成的生活形态与民俗习惯，具有不可替代性和独特性。首先，深度挖掘乡村文化资源，提炼出具有代表性的历史文化元素、民俗文化元素、宗教文化元素等。但在空心村的背景下，对乡村的文化资源需要采取不同的保护理念和方法。①保留与再现。针对部分优秀的乡村文化艺术元素，通过保留其原始的艺术形态，从而有目的地引起人们对于乡土社会的认同感与情感表达。②改造与利用。通过艺术手段连接过去与当下，引导村民联想过去的乡村生活，增强村民对乡村的归属感。将历史讯息和文化内涵赋予艺术设计活动，使村民在新的场景中与过去展开一场精神上的交流，最终产生情感上的共鸣。③融合与创新。首先，提取具有代表性的或即将消散的地域文化元素，给予它新的艺术载体，既丰富了艺术创作的表现形式，又给乡村建设注入了新的美学力量。其次，提炼乡村地域文化资源的色彩、形式、肌理、材质等，运用材料创新、外观创新、技术创新等方式，完成具备原始乡

土文化特色的新艺术形式创作，增强村民对乡村的归属感。

2.策划空心村民俗文化艺术活动，提高村民的参与性

由于乡村发展呈现"空心化"状态，承载着村民精神文化生活的物质载体随之消失在大众的视野中。通过策划农村民俗文化艺术活动，能够展现一个村庄的特色，带动乡村经济的发展，丰富村民日常生活。因此，农村民俗文化艺术活动对于空心村的"复活"具有重要的作用。如民间艺术特色文化展示，对民间特色文化进行专场表演或者非遗知识的普及展览，可延续乡村文化脉络，遏制乡村文化断层。如群众性文艺演出，不仅能够调节村民枯燥无味的生活状态，对重塑乡土社会也有积极作用。再如农民书画展览活动，乡村也是卧虎藏龙之地，很多村民对于书法字画有独到的见解，可以通过书画展览活动给予他们一个才华展示与交流平台。民俗文化艺术活动可以有多种形式，但是活动的策划应该以村民为主体，以村民日常生活需求为出发点。艺术家、设计师在策划民俗文化艺术活动之前需要通过问卷调查、深度访谈、参与式观察等方式对村民的真正需求进行深度挖掘，从而确保活动的有效性与科学性。此外，在活动开展的过程中，要充分调动村民的能动性，让村民积极地参与活动。例如，许村国际艺术节，它是艺术家根据许村在地性知识和节日传统展开的活动，主要有村民舞龙舞狮表演、艺术家与村民联欢晚会、许村儿童助学计划等，以实现村民间的交流以及增强村民与艺术家之间的信任。

（二）空心村人居环境的艺术化设计

空心村人居环境的艺术化设计就是艺术介入乡村公共空间设计，其目的是空心村的空间布局解构与重构。在结合村民的行为习惯、精神需求、空间文化功能的基础上，试图将艺术融入乡村的各个角落——建筑空间、乡村田野、景观规划、乡村公共空间等。空心村艺术空间设计的形式主要以点、线、面系统的构建为框架，以提高村民生活品质，塑造艺术氛围浓厚的乡村生活环境。

1.艺术空间"点"系统设计

艺术空间的"点"系统设计指的是建筑空间改造优化设计或乡村公

共艺术的注入，点状空间往往是村落的视觉焦点。建筑艺术空间设计是通过建筑外部空间的艺术化改造与建筑内部的功能布局，打造艺术空间。空心村拥有大量废弃的宅基地，可以通过艺术化改造，增加其功能性与美学特点，使之变"废"为"宝"，改造为村民真正需要的空间场所。如艺术家信王军在他最熟悉的一片土地上（山东寿光田柳镇东头村）发起了"艺术改变乡村"活动，将村子里的老房子改造为村民和留守儿童看书、学习、集会和交流的场地，后来他又联合了100位艺术家在此发起了一场"色彩"的革命，创作出100余幅画作，使建筑物的角色转化为艺术品，引起了社会的广泛关注。

乡村公共艺术设计以村民的生活为创作素材，反映村民日常生活状态、地方文化以及审美观念。以艺术作为表现形式，展现乡土社会的生活场景，使艺术完全地融入生活之中，融入自然环境之中。此外，乡村公共艺术设计也要注重协调艺术与自然景观的融合，很多自然材料（如石材、木材、竹子等）都能够成为乡村公共艺术的设计元素，既没有破坏乡村本身的肌理，又具有优化人居环境的作用。如在全球最大的户外艺术节——"越后妻有艺术三年展"中，艾美亚·卡巴科夫创作的《梯田》以农田作为创作舞台，将农民的农耕状态做成雕塑，并在一旁辅以歌颂农民的诗句，雕塑与诗句相互呼应，其艺术语言简单易懂。

2. 艺术空间的"线"系统设计

艺术空间的"线"系统设计针对的是乡村公共空间中的道路艺术化设计，乡村小道是衔接村民生活的主要媒介，是整个村庄的骨架，不仅承担着交通网络空间的功能，也为村民交流提供公共场所。邻里之间的交往，行走间的打招呼都发生在"线"空间中，反映了乡村的人文情怀，因此，对于维系熟人社会起到重要作用。对乡村道路进行艺术化设计与改造，不仅可以改善村民的整体居住水平，还能够作为串联艺术空间中不同节点的纽带，使空心村的艺术空间构建更加整体，以此营造浓厚的文化艺术氛围，激发空心村的再生能力。

乡村的道路空间一般由路面空间、道路绿化和道路附属设施等要素构成。乡村的路面空间可以用石子摆放成图案，形成特色小路，用石块铺装代替沥青抹平，恢复乡村原有风貌。乡村道路绿化种植需要以生态学为理论指导，突出自然景观特色和乡村风貌特点。尽量选择一些高大的树木，以便于为村民遮阴纳凉。道路附属设施最为常见的有道路护栏、照明路灯、垃圾桶、休闲座椅等，这些都能够作为艺术化改造对象。如甘肃敦煌的鸣山路灯饰以单臂飞天为造型，跨街广告和道路采用莲花、浮云图案进行包装与铺设，以表达步步生莲的寓意。这些细节化设计都是对敦煌的历史文化、名胜古迹的艺术化处理，充分展现了敦煌的地域文化。

3. 艺术空间的"面"系统设计

艺术空间中的"面"系统设计是指塑造区域性的艺术空间，为村民举行大型活动、休闲娱乐提供公共活动空间。其空间面积相对较大，对村庄的整体形象具有决定性作用。例如，文化艺术广场设计、村委会广场设计以及村中的休闲公园设计等。在文化活动与广场舞盛行的时期，"面"系统艺术空间设计可以满足村民文化活动实践，是必不可少的。面状艺术空间可以围绕主题内容、乡村景观特色进行设计。在选址方面主要满足以下几点要求：①综合考虑村落整体区域环境，尽量选择村落的中心区域，以方便村民使用。②就地取材，既可以节约成本，又能够展现乡土文化。③充分利用现有资源，将乡村的绿植、河流等自然资源引入面状艺术空间设计之中。

（三）培育艺术文化新业态，推动乡村经济发展

当年，费孝通对中国乡村进行考察之后，便树立了"志在富民"的学术目标，即解决农民致富的问题。当前乡村经济发展主要是以农业为支柱性产业，虽然在"乡村振兴战略"以及"美丽乡村建设"等一系列政策的推动下，部分乡村开始尝试发展第三产业——旅游业，但是由于缺乏乡村本土特色，曾陷入"千村一面"的尴尬局面。对空心村进行艺术赋能需要根据乡村文化资源的差异，挖掘乡村特色与文化创意元素，通过艺术的表现形式，打造与推广乡村特有品牌，推动乡村经济发展，使村民认识到文化传承的价值，使社会人群感受到乡土文化的魅力。培

育艺术文化新业态主要采用以下两种方式：①促进文化旅游融合。充分利用具有乡村地域特色的资源优势，依据自然条件和农产品种类进行开发、经营。将废弃或者多余的农舍进行艺术化改造，搭建艺术民宿，展现乡土建筑文化，将文化、生活与乡村旅游融为一体，打造"一村一品"的艺术特色，为游客提供不同类型的艺术文化体验。②农产品的包装与推广。通过艺术植入、功能创新、工艺改造等方式，对农产品的生长过程进行创意化设计，从而使其呈现艺术化形态或者奇特的农业艺术品。如韩国的"酒瓶梨"，它是通过人为地改变农产品的传统的生长模式，促使其成为一个观赏的艺术品。对农产品进行品牌包装与推广是当前"设计扶贫"的主要手段之一，在实现农产品与艺术融合的同时，推动乡村经济发展。

四、总结

冯骥才曾经说过"中国最大的物质遗产是万里长城，最大的非物质文化遗产是春节，而最大的物质和非物质文化遗产是古村落"。因此，乡村的未来发展是不容忽视的。本文以艺术赋能为手段，以乡村振兴为目的，以关注乡村的现实问题为切入点，通过对空心村的发展需求以及本身的资源优势进行归纳，探究空心村艺术赋能的可行性。遵循以民为本的准则，挖掘乡土文化及策划空心村民俗艺术文化活动，增强村民的主体意识；采取人居环境的艺术化设计；培育艺术文化新业态等策略，从而提高村民的生活品质、延续乡村文脉传承、唤醒乡土记忆、塑造艺术氛围浓厚的乡村环境，推动乡村经济发展，实现具有新时代意义的乡村振兴。

参考文献

[1] 曾学龙. 贫困地区"空心村"现象的出路与新农村建设探讨 [J]. 甘肃农业，2006（10）：31.

[2] 渠岩. 艺术乡建从许村到青田 [J. 时代建筑，2019（01）.

[3] 张柏林. "空心村"困境及化解之道 [J]. 河南社会科学，2016（12）：108—112.

[4] 蒲娇. "乡关何处. 传统村落'空心化'问题及其对策国际学术研讨会"会议综述 [D]. 民间文化论坛，2020-01-02.

[5] 邓小南，等. 当代乡村建设中的艺术实践 [J]. 学术研究，2016（10）：51—78.

[6] 陈方园. 艺术如何介入乡村规划设计的研究——以西怀由村为例 [D]. 沈阳航空航天大学，2019—03.

[7] 龚亚峤. 基于人文情怀的乡村公共空间设计——以金庭镇阴山村为例 [D]. 兰州大学，2019—06.

[8] 姜绍静，等. 空心村问题研究进展与成果综述 [J]. 中国人口（资源与环境），2014（6）：51—58.

[9] 王栋，马晓珂. 艺术介入策略下的乡村规划改造研究——以柳泉镇北村为例 [J]. 华中建筑，2019（4）：87—90.

[10] 谢仁敏，司培. 艺术介入美丽乡村建设的逻辑机理和实现路径 [J]. 四川戏剧，2020（6）：28—32.

艺术创生：乡村振兴的文化道路

■李康化　秦鹿蛟[①]

摘要： 沿袭了现代中国乡建传统的艺术创生，融合了地方创生的精神要义，能够实现乡村价值再发现、社会资本再集中和文化景观再生产。实现艺术创生，需要在地文化的挖掘、艺术人才的助推、社会企业的营造和多元主体的实践。当代中国的艺术创生，对乡村、艺术和国家的发展都发挥了切实成效，但在从"美丽乡村"到"美好乡村"、从"艺术形式"到"生活样式"、从"乡土中国"到"生态中国"的转变过程中，艺术创生也滋生了脱离诉求、艺术祛魅、面目雷同等新问题，需要警醒。

关键词： 艺术介入；地方创生；乡村振兴

一、引言

在中国，乡村建设一直都是经济发展的重点问题，自民国开始就有了关于乡村建设的路径探讨。梁漱溟提出的"乡村建设"是要创造新社会制度、新文化，试图通过建立新礼俗、乡学和村学来教育民众，是为找到中国传统文化复兴、中国民族再生自救之路服务[②]。费孝通则从经济建设出发，通过发展分散的乡土工业来提高农民的生活水准，以满足农民的切身利益[③]。他在《乡土中国》中把中国社会性质定义为乡土社会，这从某种程度上揭示了乡村对中国的重要价值——乡村是中国的文脉所在。故而乡村的复兴，也是中国的复兴。

中国乡村建设发展到今天，许多学者提出要知识下乡、人才下乡、科技下乡、资本下乡等，乡村振兴之路开始有了更多新的模式和借鉴思路。

[①] 李康化，上海交通大学媒体与传播学院教授、博士生导师；秦鹿蛟，上海交通大学媒体与传播学院硕士研究生。
[②] 梁漱溟. 乡村建设理论[M]. 北京：商务印书馆，2015：17.
[③] 费孝通. 乡土中国[M]. 北京：北京大学出版社，2012：14.

近年来国内一些地方的"艺术介入"模式的成功实践也给了我们一些启示，让我们重新思考"艺术"与"乡村"的关系——靳勒的石节子美术馆、左靖的"碧山计划"和渠岩的"许村计划"都体现了重建精神家园的思考[①]。在这些案例中，艺术都是作为激活乡村的触媒而存在，因为艺术是人类从心中流出的情感的表现形式，是人类文化具有可视性、可感性的符号，其所有的表达都是直指人类心灵的[②]，故而也最能引起共鸣。在邻国日本，类似"乡村振兴"的提法叫作"地方创生（Place Making）"，这是日本发展地方的一种举措，将城乡统筹、社区营造等社会行动融入乡村建设，强调的是一种在地性。在这里，"地方"是一个被赋予特殊意义的地理空间，文化想象、地方感知、精神信仰、产业开发都能为其赋能。综合上述两种模式，用艺术介入地方创生可以成为乡村振兴的新思路，即艺术创生。艺术创生是探索乡村建设的新路径，它以艺术为载体，重建人与人、人与自然的关联，激发不同文化实践主体的参与感、积极性和创造力，修复礼俗秩序、重建伦理精神、追溯文明传统，以此释放乡村活力。

二、艺术创生的实践场域

艺术创生作为助推乡村振兴的推手，这种振兴应当是全面的、由内而外的，不仅仅是当地经济的增长、产业的兴盛，更重要的是一方文化的繁荣、精神的重振。因此，乡村产业的振兴、文化的振兴、国家的振兴应该是一个有机整体，是彼此相辅相成、相融共促的关系。这一思路主要涵盖以下三方面内容：乡村价值的再发现、社会资本的再集中和文化景观的再生产。

（一）艺术创生是对乡村价值的再发现

通常而言，我们所讨论的乡村是作为城市的对立面而存在，是在城

---

① 邓小南，等. 当代乡村建设中的艺术实践[J]. 学术研究，2016，（10）：51—78.
② 方李莉. 论艺术介入美丽乡村建设——艺术人类学视角[J]. 民族艺术，2018（01）：17—28.

乡二元结构的框架下讨论"现代城乡文化共同体",乡村的主体性变得模糊了,为此我们有必要反思,改变有关乡村的话语体系和城乡文化关系[1]。人们一般认为现代性是建立在工业文明基础之上,与乡村文化是异质的,然后开始对现代性进行反思,多元价值与包容性文化让人们意识到每一种文化形态都有其存在价值,更不能以后殖民主义批判的权力建构给某一种文化贴上落后的标签[2]。如果以工业文明的视角看待乡村,乡村是落后愚昧的,乡村人因感到自卑而逃离乡村,导致人口外流、产业凋敝,最终乡土社会分崩离析;如果以后生产主义的农业文明视角看待乡村,乡村将是充满活力和文化自信的,它带给人们幸福感和巨大的社会价值。不同于城镇建设的工业制造和传统的农业生产,生态文明可以成为乡村的一种表现形式,乡村生活中的田园风光、诗意山水、乡土文化、民俗风情值得被重新省视。千百年来,我国文化艺术的发展都存在城乡两极——发于乡野、兴于都市,如果一方失去平衡,那么中华文脉的延续也将受阻。艺术创生不是把乡村当作城市艺术的试验场,而是真正用艺术来点燃、激活乡村的魅力,使乡村拥有和城市同样的艺术权利,使村民和市民拥有平等的艺术机会,努力破除城乡二元分割。在梁漱溟看来,重新发现与觉悟乡村的意义,建设新农村,把"社会重心从城市移植于乡村""在近代都市文明之外,辟造一种(新的)乡村文明"[3],乃是民族新自觉的开端与标志,这背后有着对人类文明未来发展的长远思考与展望。

乡村的文化复兴,是要营建乡村自身的文化生态,建设乡村自身的文化共同体[4]。乡村的文化生态是乡村的文脉和世代传承的东西,包括历史、民俗习惯、节庆等,主要可以概括为人、文、地、景、产等几方面。"人"包括乡贤领袖、手工艺人、乡村建设者和高知人才等;"文"包括传统工艺、

---

[1] 周军. 中国现代化与乡村文化建构[M]. 北京:中国社会科学出版社,2012:27.
[2] 朱启臻. 把根留住——基于乡村价值的乡村振兴[M]. 北京:中国农业大学出版社,2019:78—79.
[3] 梁漱溟. 敢告今之言地方自治者[M] // 梁漱溟全集:第5卷. 济南:山东人民出版社,2005:252.
[4] 李静. 城市化进程与乡村叙事的文化互动[M]. 北京:中国社会科学出版社,2015:25.

民俗传统、节庆活动、村规民约、道德礼法和宗教信仰等；"地"包括耕地、河流、植物、生物等自然资源；"景"包括历史建筑、山脉、湖泊、山脉、温泉、沙洲、湿地、草原、梯田、海岸等人文景观或自然景观；"产"包括农林渔牧业、手工业、休闲娱乐业等生产资源。广东顺德正是基于这些价值塑造出"青田范式"——所谓"青田范式"由八种关系组成（图1），分别是人与圣贤/神/环境/人/家/物/富裕/灵魂的关系，其中蕴含了经济、宗教、礼俗、文化等青田文脉的方方面面，是从当地的关帝信仰、宗族信仰、传统礼俗等历史遗存中找到了复兴乡村文明的路径，使得沉睡的传统和濒于消亡的非物质文化遗产被唤醒。

人与圣贤的关系
青藜书院——耕读传家.

人与神的关系
关帝庙堂——忠义礼信

人与灵魂的关系
当代祠堂——宗教凝聚

人与环境的关系
村落布局——自然风水

人与富裕的关系
经济互动——丰衣足食

人与人的关系
礼俗社会——乡规民约

人与物的关系
物产工坊——民艺工造

人与家的关系
老宅修复

图1 青田范式的内涵

（二）艺术创生是对社会资本的再集中

不仅是在精神内涵层面，艺术的作用还体现在其能够成为社会资本再集中的触媒。布尔迪厄（Pierre Bourdieu）在其场域理论的基础上对经济资本、文化资本和社会资本进行了区分，三者都在社会关系网络中动态变化。其中，经济资本是可转换为金钱的、有效的资本形式；文化资本是通过教育传递的文化物品，有具体化、客观化、体制化三种形态；社会资本是一种与群体成员相联系的资源集合体，它处在体制化的网络中，为群体成员提供共有资源支持并赢得声望①。三种资本之间可以相互转换，艺术对地方创生的作用体现在它能够充当触媒，实现社会资本的再集中——拥有经济资本的社会企业因国家事业或社会群体的现实需要介入乡村建设，将责任感与商业利益融合起来，通过商业经营模式解决乡村社会问题，实现社会效益与经济效益的平衡和自身可持续发展。而经济资本向象征资本（文化资本和社会资本）的转换可以依托艺术来完成。一方面，艺术介入地方创生的过程能够拓宽乡村居民参加文娱活动的渠道，传承优良文化和传统美德的路径，通过审美培养形成文化资本；另一方面，由此推动传播中国传统文化的文化机构、艺术团体和互助性组织的形成，从而搭建起社会资本的网络维度。这一做法通过社会资本将经济资本和文化资本进行融合转化。

在艺术创生的项目中，一个常用的特色模式就是PPP（Public-Private Partnership）政企合作，PPP项目的一般融资模式是政府与社会资本签订PPP合同成立SPC项目公司（Special Purpose Company），通过合同明确风险分担机制、投资回报机制、主体责任分配等内容；项目资金来源包括财政部门、金融机构、社会资本等；项目施工后会与土地承包商、运营商、供应商签订相应合同；项目完工后进行移交，所有权归政府，由社会资本来进行运营管理并获得适当盈利，以此来激发市场活力②。在政府引导、市场主导的特点下，该种模式能够有效盘活社会资本，不断为艺术创生注入活力。

（三）艺术创生是对文化景观的再生产

所谓文化景观，实际上是在原有"景观"概念的基础上进行重新阐释。居伊·德波在他的《景观社会》中对景观的商品本质进行强烈批判，让我们不得不反思这种具体的、物化了的世界观。"在现代生产条件占统治地位的各个社会中，整个社会生活显示为一种巨大的景观的积聚

---

① Bourdieu P. The forms of capital. In J. Richardson（Ed.）Handbook of Theory and Research for the Sociology of Education[M], New York:Greenwood,1986.
② 万树, 等. 乡村振兴战略下特色小镇PPP模式融资风险分析[J]. 西南金融, 2018,（10）: 11—16.

（accumulation de spectacle）。直接经历过的一切都已经离我们而去，进入了一种表现（représentation）。"[1]景观不仅是权力的符号化表征，更是实现文化权力的工具，这种具有意识形态意义的文化媒介可以表现社会文化结构，使人工世界看上去具有既定性而被理所当然地接受；它也可以成为划分局内人和局外人认同的符号[2]。游客不仅将旅游地与原始、落后等概念联系起来，还希望这些地方能按照自己的审美和休闲需要进行改造[3]。毁灭都市的城市规划重构了一个乡村，虚假乡村失去的既有古老乡村的自然关系，也有直接的社会关系，它由居住和景观控制条件在现有"被治理土地"的人上重新创造[4]。在市场化、商业化日盛的当今旅游环境下，景观已经由物化的风景转化为旅游资源，又进一步被打造为资本化的景点。然而，艺术的介入能够有效地改变这一情况，赋予现代的文化景观生产以更丰富的内涵。

艺术的介入能有效活化传统文化，形成乡村新风尚。以安徽宏村为例，当地针对不同形式的景观做出差异化、特色化的规划——对于静态凝视性旅游景观，宏村在保护景观真实性的基础上，利用景观小品提升景观质量，烘托景区氛围，既能够实现对文物古建和自然景观的有效保护，又能够精细化提升景观完整性；对于动态参与式旅游景观，宏村则采取政企联合打造特色旅游事件的方式来丰富景观类型、加强对外营销；对于情境打造式旅游景观，宏村则最大限度保留传统风俗和村民日常活动，创造跨时空旅游情境[5]。因而宏村能够成为文化景观再生产的一个优秀模板。

---

[1] 德波. 景观社会[M]. 张新木, 译. 南京：南京大学出版社, 2017.
[2] 葛荣玲. 景观的生产：一个西南屯堡村落旅游开发的十年[M]. 北京：北京大学出版社, 2014：56—57.
[3] 厄里, 拉森. 观光客的凝视3.0[M]. 黄宛瑜, 译. 台北：书林出版有限公司, 2012：109.
[4] 德波. 景观社会[M]. 张新木, 译. 南京：南京大学出版社, 2017：111—112.
[5] 卫丽姣, 王朝辉, 崔春芋. 商业化背景下古村落旅游景观生产——以安徽宏村为例[J]. 热带地理, 2018, 38(06)：884—893.

三、艺术创生的实现路径

乡村振兴，文化先行。艺术作为推动乡村文化发展的有效方式介入地方创生，对于培育本地居民的文化认同感和归属感，促进生态永续和文化保育，形塑乡村良好的道德风尚，带动地方经济发展及产业振兴具有非常重要的作用。但是艺术促进乡村的地方创生又并非可以一蹴而就，也不仅仅是通过艺术展或是浅层次的介入形式就能有所裨益的。要想真正体现乡村自身特色，就必须对在地文化进行深度挖掘，以发现区别于他人的、符合本地特色的创生项目。在确定内容以后，还需要各方为之努力——村民、艺术家、社会企业、政府、游客等多元主体共同参与，才能在协调统一中合力促进乡村的持续建设与融合发展。

（一）艺术创生有赖于在地文化的挖掘

在地文化即地方性知识，包括当地的历史、信仰、礼俗、环境、农作、工艺、审美等。在城乡一体化的趋势下，文化区隔、自成一体的时代成为过去，人群交往、文化互动是司空见惯的社会常态；同时，文化不平等也开始浮出水面，没有脱离具体语境的个殊和普同，只有充满变通的地方知识运用。地方性知识之所以重要，首先是因为任何语言系统都不能够穷尽"真理"，只有从各个地方知识内部去学习和理解，才能找到文化之间的差异，找到己文化和他文化的个殊性，并在此基础上发现"重叠共识"[1]。艺术是一条绝佳的路径，其自身的创造性让人们必须充分尊重个性，也就是费孝通所说的"各美其美，美人之美，美美与共，天下大同"。

每个"地方"都因"文化"的差异而各具特色，要挖掘在地文化、形成特色文化产业，本质上是要培植地方文化产业。地方文化产业是根植于地方历史文化的，以地方社区为主体，在重新开创的过程中，在恢复文化传统之际，经由文化经济效益带动地方发展产业。与一般产业的不同之处在于历史记忆与地方特色具有"地域独特性"（Local Uniqueness）；而在地环境、制度与随之衍生的生产活动，因为彼此环环相扣，而具有"地

---

[1] 格尔茨. 地方知识 [M]. 杨德睿, 译. 北京：商务印书馆, 2016: 19.

理依存性"（Geography Dependency）[1]，这两种特性使得地方文化产业在全球化浪潮与知识经济冲击下，仍能够以其地方文化特殊性为基底，通过创新思维开启发展之路。

艺术创生首先要以艺术提取各个村庄的特色文化，以艺术唤醒各个村庄的特色产业。在浙江松阳，各个村庄按照最少、最自然、最不经意、最有效的人工干预原则，提炼每个村庄历史文化传统和特色产业，建成了汲取当地民居结构的豆腐工坊、当地历史名人王景纪念馆和以当地石材建造的石仓契约博物馆。其次，艺术创生还要赋予地方文脉以流动性和可持续性，让传统对接现代生活。以云南景迈山为例，当地具有历史且从未曾中断的茶产业，且信仰系统、礼俗系统及建筑系统都保存得非常完整。因此，其在地文化挖掘工作不局限在挖掘和保护地方传统文化，还在于使其具有流动性与可持续性。例如，通过对传统房间进行防风、防潮及采光的改造，使其与当代和未来接续起来。

（二）艺术创生有赖于艺术人才的助推

艺术家在地方创生中可能扮演不同的角色，有创作者、发起人和组织者，也可能身兼数职，其功能界限并非泾渭分明。其一，作为地方创生的创作者，艺术家需要基于地域资源进行文化创意产品开发和公共游乐设施设计，把乡村空间艺术化，这是艺术家的本职工作。在台南的土沟村，当地年轻艺术家自主发起环境改造运动，通过村落环境整治和空间艺术再造，建起土沟村美术馆，形成"村是美术馆，美术馆是村"的生态样貌。其二，艺术家作为艺术创生的发起人，通常怀有强烈的人文情怀和社会责任感，但在项目开展过程中会碰到各种各样的困难阻力，可能是当地政府和村民不信任，也可能是缺乏资金支持。安徽黟县在当地艺术家左靖发起下先后举办了"碧山丰年祭""黟县百工"手工艺调查、老屋改造等系列活动，同时也兼顾村民的文化教育工作，用发行出版物、举办展览活动传播乡建理念，可以说黟县的"碧山计划"就是在艺术家左靖的助推下得以最终成型。其三，作为艺术创生的组织者，艺术家需

---

[1] 李康化. 里山资本主义时代的地方创生[J]. 文化产业研究，2018（01）：2—17.

要创建一个协同创新网络，协调好各方参与力量的关系与矛盾，如地方政府、村干部、在地民众、本地合作社、企业、NGO、艺术圈人脉以及其他专业人士。在"许村计划"中，艺术家渠岩应邀进行乡村改造，组织和协调各方力量制定保护文化和环境的乡约民规，还陆续举办了国际艺术节和许村论坛，为各类主体的沟通交流搭建平台。此外，在艺术创生项目过程中，艺术家还可以通过教育熏陶，培养村民的参与意识和能力，成为村民的"启蒙者"和"引领者"。

为了在艺术创生项目过程中留住人才，许多地方开展了"艺术驻留计划"。2020年，圆歌文商旅集团与"青年艺术100"共同打造了"田上山水——易水田岗艺术驻留计划"，招募国际与国内艺术家在田岗知行村进行在地创作，将艺术家的创作经验及创作元素与当地人文、地貌相结合，实现新艺术与新乡村同生共存。艺术家必须充分融入当地古村生态，在沉浸式的环境中与驻地文化互动与交流，以帮助实现艺术在地性以及为碰撞出全新的思想观念和创作经验提供更多可能性。这种方式不仅将艺术带进乡村，也将当地的文化汇入艺术家的灵感源。

（三）艺术创生有赖于社会企业的营造

社会企业的营造使"文化资本"进一步成为乡村振兴的触媒，其中主要有两种类型。一种是社会企业以赞助的形式助力艺术创生。他们通常是资本雄厚的大型企业，往往在项目中扮演投资者的角色。通过成熟的商业运作方式，包括宣传、营销、策划及运营等环节，社会企业对文化资本进行持续经营，通过推广艺术获得商业回报。湖南的"新通道"项目就是在企业的支持下开展的，通过企业赞助乡村文化遗产的数字化保护传播，实现文创公益扶贫。另一种是以社会企业为主体营造乡村艺术创生。社会企业可以有效整合地方的礼俗文化、宗教庆典、文物地产、手工技艺等相关产业的创新与衍生，通过挖掘在地文化、民间礼俗和历史文化等当地特色，提供独特的文化产品或服务。例如，华侨城在海南三亚中廖村、深圳光明小镇迳口村及成都安仁镇南岸美村的项目，代表了以企业主体参与乡村建设与艺术创生的实践样板，呈现出艺术化、智能化和生态化的乡村发展模式,华侨城也因此被誉为"中国新型城镇化引领者"。

值得注意的是,社会企业的运作往往与政府合作密不可分,通常是政府负责基础设施和公共服务设施建设领域,企业负责市场运作,通过自筹资金和市场融资形成项目建设的推动力。以湖南浔龙河生态艺术小镇为例,项目最初由湖南浔龙河生态农业综合开发有限公司进行开发运营,通过市场化运作将企业资本与农村自然资源进行有效融合。为了进一步引进发展农业生态旅游和创意休闲农业等现代产业,项目又引进了专业公司进行景观的规划建设和产业运营[1]。因此,艺术创生的实践可以采用"政府资金引导,社会资本主导"的企业市场运作开发,以此促进一、二、三产业协同发展。

(四)艺术创生有赖于多元主体的实践

艺术创生面临的一个重要问题就是人的问题,尤其是乡村原住民的主体性失落问题,他们的身份认同和参与程度很大程度上影响了艺术创生的整体效果。如果村民的话语不能够得到保障,那么所谓"创生"也仅仅只是简单的外部想象而已。艺术家需要倾听农民主体的呼声和诉求,但这并不意味着将它简化成一种单向的流动,必须意识到沟通和交往过程中内在机制的复杂性,考虑对农民主体触动和变化的契机,否则只是一种表面上的"民主"。同时,这里还存在另一种极端,即假设存在一种单一的、同质性的"村民"主体——我们必须认识到村民主体的层次多元性,由于身份地位、行政职权、财富以及教育背景差异所导致的社会分层,由人生经历和代际差异所带来的认识与追求的不同。因此,艺术创生中的村民主体应避免两个极端化,既要自觉避免自我中心主义的强势姿态,又不能完全"让渡"自身权力,而是应当积极参与各方主体的博弈。毕竟,艺术创生的最终目的是造福一地村民,因此,发挥村民主体性是艺术创生可持续性的根本保证。只有激发和调动当地人的文化

---

[1] 黄建红. 从博弈走向共治:农业供给侧结构性改革中的多元协同治理——以浔龙河生态艺术小镇为例[J]. 吉首大学学报(社会科学版),2019,40(01):68.

自觉和主体意识、提升当地的经济水准，让村民接受乡村复兴、积极参与其中，才能实现艺术创生的可持续发展。

除了作为参与主体的村民身份认同问题，艺术家、社会企业、游客等各类主体都有各自不同的希冀和诉求。因此，艺术创生需要不同主体之间相互协调、相互尊重、相互妥协，最终达成共识，形成多元主体治理模式（图2）：

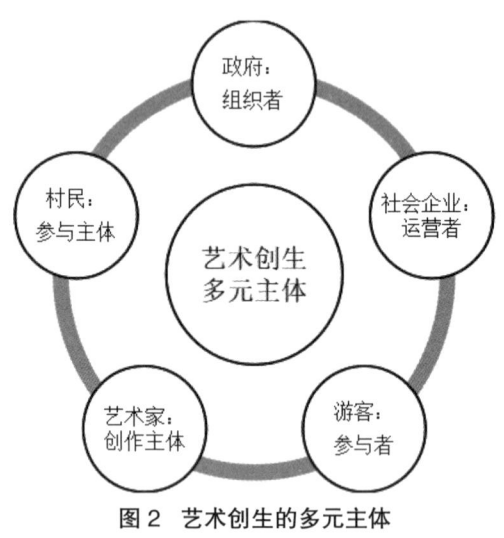

图2 艺术创生的多元主体

在这个结构中，政府或社会企业邀请艺术家以乡村为背景进行艺术创作，思考如何让村民参与创作，再用艺术作品去吸引游客。政府作为组织者——邀请艺术家创作，投资基础设施建设；艺术家作为创作主体——其艺术创作是后续一切活动吸引力的源头，将艺术作品转变为当地公共事业、公共艺术景观的一部分，创造出独一无二的艺术语境；村民作为参与主体——需要具备自主意识，积极主动参与到与开发商、政府的博弈中来，村民主体性的发挥是艺术创生可持续性的根本保证；社会企业作为运营者——缓解资金困境，运用成熟的商业运作手段吸引游客，调动各种资源要素；游客作为参与者——为乡村带来城市的要素流动，附带的资源进一步衍生为乡村复兴的动力，为乡村创造可持续效益。艺术介入应当是多渠道沟通交流的过程，不是任何一方的绝对主导——既非完全听从地方政府，也不是任由艺术家自由发挥，而是相互协商的结果，形成类似葛兰西的"相互妥协、势均力敌"的"领导权"，这一过程对沟通机制有较高要求。

四、艺术创生的实施效应

艺术创生的成效，即我们所指称的正负效应的衡量标准主要有内外两个层面：第一点，村民的认可，对创生地方的原住民来说，艺术创生是否切合他们的诉求并改善了他们的生活；第二点，对于创生地以外的地方，艺术创生是否对社会、国家产生积极有益的影响。就目前而言，艺术介入地方创生确实从经济、文化、社会等多角度对乡村进行修复、补足和振兴，其产生的价值是多方面的。除了助益乡村自身，艺术创生也为艺术的发展开辟了新路径，提供了新机遇，在艺术领域的独辟蹊径方面做出重要贡献。然而任何事物都有两面性，一种模式再好，在实际推行过程中终归会产生一些不可预料的问题。尽管艺术创生已经形成许多成功经验，但这一模式也不可避免地存在某些问题：组织化资本主义之后普及的那种"符号与空间经济"导致日趋无意义、同质化、抽象化、失范以及主体的毁坏[1]，诸种问题还有待在未来的实践中进一步改进与完善。

（一）艺术创生的正面效应

1. 从"美丽乡村"到"美好乡村"

艺术介入首先使得乡村在外观上有所改善，艺术作品美化了乡村的环境，为乡村增添了审美氛围，艺术作品也在某种程度上转变为公共文化设施。此外，为迎接参观者，基础设施建设也会有所改善。然而艺术创生不仅仅是激活当地经济、提升物质水平，更重要的是文化建设、精神家园建设和人心建设，这正是艺术介入的关键所在。甘肃天水的石节子村从一个自然、人文资源匮乏的小村落转变为石节子美术馆，以全村13户村民的家为13所分馆，以村民家中的陈列物品为展品，使人们自然

---

[1] 拉什, 厄里. 符号经济与空间经济[M]. 北京: 商务印书馆, 2006: 5.

而然地以审美眼光去凝视它，在凝视的过程中发现乡村的美与价值。艺术成为连接内外两个世界的媒介，把山村带到外面的世界，也让外界的声音和图画进入这里。村民重新认识了石节子村，也重新认识了自己。村民找到了尊严，增加了自信与幸福感，被重塑的自信和自尊成为宝贵的精神财富。

艺术介入下的乡村振兴并不只是建设"美丽乡村"，这意味着不是简单的形貌上的改良——更要建设"美好乡村"，是更注重生活品质与提升审美意识的综合进步，从而由表及里地增强村民自信心、增强乡村文化认同感。文化艺术本身具有超越性，可以超越时空，为人们提供各种想象与可能。通过艺术把在城市看到的、感受的传递给村民，希望村民能有所思有所想，找到自信与自尊，让更多人关注村庄、改变村庄，为新农村建设提供新途径。同时，艺术也设置了一个场景，对村民的行为形成了规训机制，使他们不自觉地改进行为举止，以适应外界环境变化带来的"凝视"，乡村不知不觉成为一个大舞台，村民通过艺术的形式进行"展演"，潜移默化地提升素养。

2. 从"艺术形式"到"生活样式"

艺术不仅限于创造艺术作品，还要关涉创造新的生活样态和形式。原本是艺术集散地的城市为艺术提供了孵化空间，却也滋生了许多问题。首先，城市中的艺术家市场竞争激烈，可利用的资源也相对有限，人才趋近饱和。其次，城市中的经济压力相对较大，在场地租金、原料、设备等诸方面都有较高经济要求。同时，许多艺术集聚区的运营权掌握在和艺术并不相关的房地产商手中，艺术项目最终沦为服务于利润的房地产开发项目。此外，城市中的艺术区改造也会产生文化失落。城市中的艺术集聚区往往是工业遗产改造的，难免会对场景中的历史文化特征造成破坏，淡化原有的文化符号。为此，艺术的创作有必要发掘一个新的空间，乡村提供了一个选择。安徽泾县的查济村就是这样一个隐藏在山水中的画家天堂。这个村子最早是被几位画家发掘的，此处古村落风景典雅宜人，特别适合写生，现已成为美术写生基地，吸引全国各地的美术爱好者前往。这样一个有别于城市环境的空间为艺术家们提供了新的创作环境，原始、自然、宁静的氛围也给他们带来别样的生活体验。乡村为艺术家创作开辟了新天地，使他们能够在文化资源相对匮乏的环境中更自由地发挥创造，能够以相对低廉的成本和朴素的原料进行更接近自然的创作。由是，艺术家迸发出的新灵感能够产生新的艺术形态（例如，田埂作画），实现艺术自身的创生。由是，艺术不仅是乡村振兴的媒介，也实现了自身的创新发展。

3. 从"乡土中国"到"生态中国"

乡村振兴不仅关乎中国乡村的保护与重建，还关乎中国的未来发展中文化和经济新增长点的问题。所以帮助中国乡村找出路，其实也就是在帮助中国的发展寻找出路。实际上，中国乡村的贫穷不只是政治、经济的原因，更多是传统文化在社会转型中失效造成的，而文化建设是政治建设和经济建设的根本和内核，只有实现文化、政治、经济的全面建设才能促进民族的复兴。现如今，传统工业文明的发展模式和价值理念都已进入了一个瓶颈，中国经济进入高质量发展阶段，文化艺术的发展也迫在眉睫，艺术创生之于乡村振兴，并不局限于乡村问题本身，而是着眼于"解决中国的整个问题"，是要寻找一条中国自己的发展道路，创造新的"社会制度""新文化"之路[1]。

而艺术创生就是要激活乡村生态的活力，从乡村的土壤中激发出不同于工业文明和农业文明的生态文明。乡村最重要的两种业态就是农业和手工业——乡村的农业生产是分散的、利用生态循环的，是生态的；传统手工业曾让中国成为一个相对富足的农业大国，是具有经济潜力的，或可成为生态文明中的重要生产手段。以日本的里山模式为例，乡村通过对森林、水系、农林牧渔生产、建筑、园艺以及民俗文化等农村特色景观的营造，使日本风景如画的乡村随处可见，形成了"里山模式"的生产景观、乡村聚落景观、民俗文艺景观等构成的复合乡村景观系统。国内也有一个将生态完美融入地方建设的典范——浙江安吉县山川乡高家堂村，当地依托天然的地域优势和农业文化，将竹业、茶业和椅业发

---

[1] 钱理群. 梁漱溟乡村建设思想及其当代价值[J]. 中国农业大学学报（社会科学版），2016, 33(04): 6.

展为三大特色产业,形成以建设生态文明为前提,依托优势农业,大力发展以农产品加工业为主的第二产业和以休闲农业、乡村旅游为龙头的第三产业,成为"生态乡村"的示范地。艺术创生依托传统资源、智慧和传统,塑造新的生活样态,推动中国文化政治经济的发展,就是要创造一种生态文明价值观去影响世界。

(二)艺术创生的负面效应

1. 艺术创生脱离村民诉求

艺术创生的负面效果首先体现在乡村价值未得到尊重,艺术创生严重脱离地方文化脉络,丢失了地方感;或者脱离村民诉求,用精英主义的方式自上而下粗暴推行乡村建设,停留在工业文明的现代化"治理"范畴。艺术家在艺术创生的过程中可能背离其开展乡建的初衷,造成艺术介入的文化初衷与伦理意图错位。有的艺术家凭借自我的社会地位、名声以及影响力,在介入地方创生的同时,直接将未能实现的自我理想由城市转移到乡村,甚至破坏和颠覆当地乡村文化。本应当以地方创生作为终极目标的艺术介入行为,变质成艺术家自我宣泄情感的创作现场,完全脱离了初衷。在这种状况下,乡村逐渐沦为各类主体获取利益而随意利用的工具。乡村成为艺术家个体进行艺术实践和攫取社会资本的平台;成为地方换取城镇化政绩的途径;成为资本招揽生意的策略和点缀;成为地方打造文化认同的策略;成为村民为寻求发财致富以扩展经营的手段。因此,应当关注艺术介入过程中各个建设主体的行为模式,每个主体都有自己的理念和期待,需要主体间进行对话,不能简单地用一种中心主义观念强加于他者,在对等的权力架构中,尝试进行平等交流。

2. 艺术创生或使艺术"祛魅"

艺术创生的问题是商业化特征明显,艺术成为资本的"新衣",其本真性反而黯淡了。虽然从本雅明开始,艺术的"灵韵"已被视为消逝,逐渐由膜拜价值变为展示价值,但在文化市场高速发展的今天,这种"祛魅"现象日益恶化了。在经过艺术创生的不同主体反复添加、修正并重塑价值观后,艺术的身价被哄抬捧高以增强其商业价值。艺术实质的内容、表达的情感都不再重要，艺术所散发的神圣光辉逐渐消失，沦为商业化宣传的噱头，以吸引艺术家和参与者的目光。许多乡村艺术景观的营建只为了迎合"网红打卡"的需求，成为一种"摆拍"和"走秀"，失去了原本生活化、鲜活的本真色彩，艺术的本真性丧失殆尽。乡村艺术沦为表演和展示，与本属的乡村文化背道而驰。"艺术"异变为可免去心灵交流而进行无限复制的专业技术；艺术家以及建筑规划师异变为高雅的包工头；艺术创生在"审美"的遮羞布下，异变成工程化的装潢项目。丧失了审美判断力与文化诉求的艺术创生成为同质化的权力美学与时尚化的消费美学。鉴于如今的艺术乡建项目多讨论建设而非艺术，或许真正能够发挥"艺术"效用的部分还有相当大的空间值得探索。

3. 艺术创生陷入内卷化危机

乡村的内卷化问题严重，所谓"内卷"（Involution），最开始是由人类学家格尔茨提出的对某种农业经济过程的概括，指的是一个系统在外部扩张受到约束的条件下，内部不断精细化和复杂化的发展过程，具体描述的是印度尼西亚爪哇地区农业部门这样一个"自我战胜的过程"[①]。黄宗智在格尔茨的基础上进一步提出中国农村经济的"内卷化"现象，即呈现出"没有发展的商品化"以及"没有发展的增长"[②]。"内卷"的概念已逐步从农业延伸到各个领域，通常是指受限制、难以突破框架的低水平发展。内卷的背后折射出一种焦虑——乡村不是不能发展，而是太过渴望实现优质发展。

在艺术创生领域，类似的情况也在发生。一方面，优秀的模范和样本"内卷"了，他们被不断地学习和模仿，自身却固化在固有模式内难以创新。虽然国内已经有了几个艺术创生的模版，为艺术创生开辟了新路径，但这些模仿性高的乡村案例也需要借鉴和学习的正确方向，需要结合在地特性进行建设，从而实现艺术创生的初衷，复兴和重振乡村文化。另一方面，越来越多的模仿者争先效仿优秀案例，各地涌现千篇一

[①] 刘世定，邱泽奇．"内卷化"概念辨析[J]．社会学研究，2004（05）：96—98．
[②] 黄宗智．实践与理论——中国社会、经济与法律的历史与现实研究[M]．北京：法律出版社，2015：4．

律的观光艺术村。地方盲目跟风进行艺术创生，主观能动性发挥不当是这一问题的主要原因。它所体现的是乡土发展思维的限制、文化创新水平的低下、自我审美再造力量的丢失。每个地方都有其独特风貌，这些差异是体现各自特色价值所在。一些乡村建设在本质上就是复制成功的他者文化，使得艺术创生走向单一化、同质化道路，与乡村艺术发展本质、国内当代艺术发展前景背道而驰。

尽管前路坎坷，仍要砥砺前行。艺术创生之路的确面临着诸多问题与困境，但是，创生就是要创造产生，生而成长。在这一过程中我们必然会看到生机与希望，这是我们进行艺术创生的最大动力，乡村振兴已经蓬勃起步，我们必须迎难而上，将艺术创生这条路走下去。

五、结语

艺术创生是实现乡村振兴的契机，以艺术为触媒来激活乡村，在培育地方特色产业的同时，挖掘地方文化底蕴，实现乡村价值再发现、社会资本再集中和文化景观再生产。但这一路径尚在摸索之中，难免存在一些问题，限于篇幅关系，我们并未探讨这些问题的解决，也未涉及艺术创生发展的动力问题。乡村的发展建设不能仅仅依靠国家或政府层面的政策驱动，为了能实现艺术创生的可持续，我们也应当进一步思考其动力机制，一方面可以将其与公共文化服务紧密结合，另一方面通过文旅融合的方式促进当地的文化消费。当下的艺术创生案例中呈现的，无论是经济资本还是文化资本，都有极强的流动性，包括文化旅游、民宿修建、驻村艺术节、乡村文创基地打造、乡村游学、公平贸易活动等多元化方式。这又回到了前文所述，艺术创生需要的是多元主体的共同努力，但首先必须是由内发出的驱动力，即原住民所发挥的主体性力量，才能够保持其长久的活力与动力。

如今的乡村振兴不仅关乎当今中国很大一部分人的美好生活建设，更关乎整个中华民族的文化复兴，是重新整理传统文脉、激活永续发展内生动力的重要路径。由此提出的艺术创生是贯彻习近平总书记关于乡村振兴的重要指示精神，为科学有序推动乡村产业、人才、文化、生态和组织振兴的一种新思路、新模式。在社会主要矛盾变化的今天,乡村居民对美好生活的热切向往更甚,新时期的乡村振兴不仅要注重物质方面的建设,更要加强文化复兴,从深层次上激发乡村的活力。因此,用艺术促进乡村重建与复兴,用关怀与尊重激活乡村的活力,将使乡村的文化与精神源远流长,将为美好乡村和美丽中国带来新的面貌。

后疫情时代数字文化产业促进乡村振兴的路径探索

■ 范虹鹭[①]

摘要： 在全面建成小康社会的决胜之年，新冠肺炎疫情对国民经济产生了严重影响。在以习近平同志为核心的党中央坚强领导下，抗击疫情取得重大成效。后疫情时代来临，数字文化产业表现出逆势上扬的发展态势，但机遇与挑战并存。乡村文化振兴是乡村振兴的铸魂工程，因此，可以发挥数字文化产业的优势，通过挖掘文化资源、培育消费形式、培养专业人才、发展产业集群、完善监管机制、树立国际视野，促进乡村振兴，助力脱贫攻坚。

关键词： 后疫情时代；数字文化产业；乡村振兴

2020 年是全面建成小康社会和"十三五"规划的收官之年，是打赢脱贫攻坚战的决胜之年。突如其来的新冠肺炎疫情对国民经济生活产生了影响，但随着疫情防控取得显著成效，复工复产扎实推进，其中文化产业方面也显现出新形态、新模式。根据国家统计局数据显示，文化企业营业收入降幅明显收窄，"互联网 + 文化"持续增长，彰显出文化新业态的巨大韧劲和发展潜力。数字文化产业在后疫情时代中表现亮眼。

一、数字文化产业在后疫情时代的发展

（一）数字文化产业与后疫情时代的碰撞

2017 年，文化部发布了《文化部关于推动数字文化产业创新发展的指导意见》（文产发〔2017〕8 号），其中提出数字文化产业"以文化创意内容为核心，依托数字技术进行创作、生产、传播和服务，呈现技

---
① 范虹鹭，就职于陕西师范大学，讲师，主要研究领域：文化产业管理。

更迭快、生产数字化、传播网络化、消费个性化等特点"，包括动漫、游戏、网络文化、数字文化装备、数字艺术展示等重点领域。数字文化产业在新冠肺炎疫情背景下展现出旺盛的生命力。随着复工复产有序推进，后疫情时代来临，疫情期间数字文化产业对消费者营造的消费场域、培养的消费习惯对产业发展有着深远影响。

后疫情时代产业复苏，消费回暖，新业态、新形式、新消费层出不穷，其中数字经济对数字文化产业的影响也尤为凸显，数字文化产业也成为数字经济的重要组成部分。"数字经济"是指以数字技术方式为主进行生产的经济形态，并将数字技术贯穿于产业中各个环节，最早是由 Don Tapscott 于 1996 年在《数字经济：智能网络时代的希望与隐忧》中提出，呈现出"数字化、虚拟化、网络化、分子化"的特征。后疫情时代中数字经济发展浪潮让数字文化产业迸发出巨大潜力，当数字文化产业遇上后疫情时代，则是化危机为转机，信息技术与文化产业相结合，改变了传统文化产业的发展模式，为文化产业发展提供了新的增长极，也促成了消费方式的变革。

（二）数字文化产业在后疫情时代发展的机遇

在后疫情时代背景下，人们的居家文娱需求量上升，对数字文化的接受度不断提高，对网络社交的依赖性逐渐增强，文化在全球的发展有了新的机会。后疫情时代为数字文化产业的发展提供了良好的环境。

居家文娱需求量上升。新冠肺炎疫情期间，第三产业受到严重影响，线下文娱需求下降，但随着信息技术与文化产业的创新协同发展，催生了动漫游戏、网络视频、数字音乐、数字阅读、网络直播等新兴的文化业态与模式。根据中国互联网络信息中心发布的《第45次互联网络发展状况统计报告》，截至 2020 年 3 月，我国网络视频（含短视频）用户规模达 8.5 亿，较 2018 年年底增长 1.26 亿，占网民整体的 94.1%；其中，短视频用户规模为 7.73 亿，占网民整体的 85.6%。网络音乐（网民使用率 70.3%）、网络直播（62%）、网络游戏（58.9%）、网络文学（50.4%）在疫情的影响下用户规模均有所上升。

数字文化接受度提高。数字化虚拟景区让"云"游览走进人们生活。VR、AR、AI、5G等数字化技术与文化产业融合，向旅游场景渗透，增强了消费者的网络体验。数字博物馆、云游景区给宅家的人们带来全新的感受。另外，通过网络平台进行扶贫，宣传推广乡村旅游，同时通过网络直播带货，助力贫困群众扩大农产品销售。其中，习近平总书记亲自带货的柞水木耳火爆一时。2020年4月21日，2000万网友涌进淘宝直播间，24吨木耳被"秒光"，这相当于柞水县2019年线上4个月的销量。"小木耳，大产业"，通过直播带货，2020年2月才脱贫摘帽的国家级贫困县柞水县盛产的木耳销路被逐渐打开，农户的收入又多了一份保障。受疫情影响，湖北部分农产品滞销，4月6日晚，央视新闻"谢谢你为湖北拼单"首场直播2小时，当晚销售额超4000万元。4月27日晚，央视主播携手快手达人销售湖北商品8012万元，刷新了为湖北公益直播卖货的新纪录。

网络社交依赖性增强。新冠肺炎疫情使人与人之间的物理距离远了，却拉近了人与人之间的网络云端距离，人们通过网络进行信息分享、情感传递，网络也打破了人与人之间的社交圈层壁垒。截至2020年3月，我国网民的人均每周上网时长为30.8小时，受新冠肺炎疫情影响，网民上网时长有明显增长。即时通信用户规模89613万，网民使用率达99.2%。社交应用中，微信朋友圈的使用率为85.1%。网络社交在人们社交中的影响较大，相较于现实社交，网络社交由于其虚拟性、实时性、互动性等优势，让人们更加依赖，增加了消费黏性。

文化全球发展面拓宽。互联网时代为文化走出去提供了更便捷的渠道，网络音乐、网络游戏、网络视频等在文化传播方面表现得更加出色，在促进中华文化发展的同时，为国内外文化交流奠定了基础。我国大型网络音乐平台在欧洲北美市场、亚洲市场、非洲市场都有布局，全球化布局已有一定规模。网络游戏方面，全球月活跃用户排名前十的网络游戏中，国产游戏有四款，云游戏也在技术不断发展过程中逐渐落地。抖音海外版TikTok、快手海外版Kwai等应用成为文化输出的重要平台，海外市场迅速扩张。李子柒通过短视频传播中华传统文化，4月在YouTube粉丝突破1000万，在国外产生了较大影响，讲好了中国故事。

（三）数字文化产业在后疫情时代发展的挑战

时代的发展是一把双刃剑，后疫情时代在给数字文化产业发展带来机遇的同时，也会带来挑战。面对用户规模、消费需求的大幅增长，数字文化产业在自身内部发展方面面临着创新不足、协同欠缺的问题。外部因素方面，数字文化产业在市场监管、市场开发上仍有较大的提升空间。

内容创新相对不足。数字文化产业在疫情背景下逆势发展，传统文化产业也开始创新性转化，文化消费多样化，"互联网+文化"新业态、新模式产生，以消费者为中心的消费互联网蓬勃发展，其以提供个性娱乐为主要方式，以眼球经济为主，服务范围局限，文化产业的创新相较于消费需求却不足，不利于数字文化产业的长效发展。2020年相较于2018年，网络文学、网络游戏用户增长率较低，分别为5.4%和9.9%。其中创新能力不足、内容质量不高是现阶段数字文化产业发展的瓶颈。

产业协同较为欠缺。动漫、游戏、网络文化、数字文化装备、数字艺术展示等领域各自发展势头良好，但产业间缺乏合作，不能有效满足市场需求，各领域内部自身发展也受限。需要内部整合、转型、升级，发挥互联网的积极作用，让产业互联网赋能实体经济，让数字文化产业发挥协同效应。

制度机制有待完善。后疫情时代下数字文化产业飞速发展，很多时候消费者也可以成为生产者，发布内容方面存在鱼龙混杂的情况。对于生产者方面，由于产业的急剧发展，产业范围不断扩张，文化与互联网跨界融合不断加深，内容覆盖面也不断拓宽，其中的管理、监督相对较弱，制度不完善，机制不健全，知识产权保护还需加强，安全保障方面有待进一步提升。截至2020年3月，23.3%的网民遭遇个人安全信息泄露，21.2%的网民遭遇网络诈骗，12.5%的网民遭遇账号或密码被盗。

文化市场争夺激烈。文化是一个民族生存之基，国家发展之本。在互联网时代，数字经济浪潮中数字文化产业的发展是重要的一部分，其中国与国文化的差异、消费需求的不同等都是产业发展过程中值得探讨的。同时面对复杂的国际形势，如何处理好文化传播的全球化和市场的在地化，如何在国际竞争中取得优势，要站位高远、眼光长远、谋划深远。Tiktok 在海外的发展遭到美国的打压，一方面反映了我国数字文化产业的强劲实力，另一方面体现了在国际市场发展中的重重挑战。

二、文化振兴在乡村振兴中的困境

"乡村振兴既要塑形，也要铸魂。"文化振兴是乡村振兴的灵魂，要以文化振兴助推乡村振兴。通过前期对南北方部分乡村进行调查走访，笔者了解到乡村文化振兴中遇到的一些问题和困难，现总结归纳为以下几点。

（一）对乡村文化资源挖掘不充分

乡村文化资源对于乡村发展、文化振兴是一笔宝贵的财富，但是很多现有的乡村文化资源没有被重视，其中一些还得不到有效保护，有的甚至还处于待挖掘、待开发状态，乡村文化发展成了无源之水、无本之木。很多乡村文化资源宣传不够，在当地知名度、认可度不高，对周边地区来说更是无从知晓。乡村文化资源特色不明，发展规划不当，资源缺乏系统整合，配套设施不完善，政策资金支持不足等问题也成为乡村文化振兴的阻碍。

（二）对乡村非遗传承人重视不够

非遗传承人是文化传承发展过程中的重要主体，但在乡村文化发展过程中，乡村非遗传承人往往心有余而力不足。非遗传承人发展空间不够，技艺提升培训和交流平台较少，文化技艺水平较高但创新意识不强，"单打独斗"缺乏团队研发合力，产品生产效率较低，无法满足市场需求。有的非遗传承人本身在生活方面还存在一定经济困难，另外加上当地扶持力度不大，乡村老龄化、"空心化"使得相关技艺学习人数相对较少且没有持续性，经济效益不理想，非遗传承人在推动乡村文化振兴中的作用未被凸显，长效发展人才机制不健全。

（三）对乡村文化发展冲击影响大

乡村文化振兴要在保护文化资源的同时进行创造性转化和创新性发展，但是在文化开发的过程中，随着城市化的不断发展，乡村文化受到了城市文化的影响，在开发过程中由于一些开发者对乡村文化振兴的要求没有理解到位，部分乡村特色文化资源被过度商业化开发，或在开发时未与当地实际发展情况相融合，导致失去了乡村文化的原汁原味，没有了乡村文化的特色和本真，没有真正留住"乡愁"。

（四）对数字文化产业认识不全面

数字文化产业是文化产业中的新兴产业，是随着信息技术的发展不断发展的。随着5G技术的发展，它将成为支撑数字文化产业的重要力量，另外，云计算、大数据、人工智能和区块链等其他重大技术也影响着数字文化产业的创新和变革。但是乡村文化消费主体对数字文化产业认识不够深入，城乡之间的文化消费鸿沟、数字鸿沟仍然存在。截至2020年3月，农村网民规模为2.55亿，占网民整体的28.2%。城镇网民规模为6.49亿，占网民整体的71.8%。

三、数字文化产业促进乡村振兴的路径

（一）挖掘乡村文化民俗资源，促进产业创新

后疫情时代背景下，若想数字文化产业可持续发展，要以"内容为王"。在流量经济发展的当下，不仅要吸引更多的消费者，而且要以质取胜，通过对文化内容的创新性转化、创造性发展，增加文化的生命力、感染力和吸引力。乡村文化民族资源在乡村振兴中有着基础性的地位，要在保护好当地乡村文化民俗资源的基础上结合时代发展和信息技术做好内容与形式创新，通过发展"文化+"业态，促进文化和旅游、商贸、教育等有机融合。

发展乡村文化生态旅游，利用VR、AR、AI等技术，实现云游览；

运用互联网进行云端直播宣传,促进当地特色产品销售,还可根据当地实际情况发展互联网康养产业。在保护乡村特色文化的基础上,打造乡村特色文旅小镇,建立乡村文化数字博物馆,开发云参观模式,对乡村历史文化进行展示宣传,并增强与消费者互动。结合中国农民丰收节,开发线上线下特色乡村文化节庆活动,融入时代特色。以当地乡村历史文化故事为蓝本,结合社会主义核心价值观、中国精神等内容创作网络小说、网络影视作品、网络歌曲,创作乡村特色文化大型演艺作品,再现乡村文化历史场景,同时可借助网络大V、意见领袖的力量,线上线下共同传播乡村经典文化。制作乡村文化特色系列表情包,将乡村文化融入网络社交生活。开发乡村特色文创产品,线上线下同时售卖。开发以乡村特色文化为基础的网络游戏,增强文化传播中的趣味性、参与性、互动性。发挥"互联网+教育"的优势,将乡村文化民俗融入网络教育。通过多种方式打造乡村特色文化IP,树立特色文化品牌,将文化资本转化为经济资本。

(二)培育与稳定新消费形式,助力乡村消费

消费作为拉动经济增长的马车之一,是促进数字文化产业发展、乡村振兴的重要因素。后疫情时代中消费者的网络消费习惯已经形成,消费者对网络已经接受和依赖,也感受到了其中的便利、内容丰富、选择面广等好处。同时,下沉市场成为网络消费重要增量市场,但仍有很大的增长空间。截至2020年3月,我国网民规模达9.04亿,互联网普及率达64.5%。其中,农村地区互联网普及率为46.2%,较2018年城乡之间的互联网普及率差距缩小5.9个百分点。网络扶贫与数字乡村建设持续推进,数字鸿沟不断缩小。三线及以下市场网购用户占该地区网民比例较2018年年底提升3.9个百分点;农村网购用户规模达1.71亿,占网购用户比例达24.1%。

因此,充分培育、发展后疫情时代下的下沉市场,做好下沉市场的市场细分和差异化营销,用贴合时代、贴近生活的数字文化创意产品和服务提升消费黏性。另外,发挥夜经济在数字文化产业中的积极作用,通过推出一系列"文化+"购物、旅游、影视、学习、娱乐的产品和服务,拓展数字文化消费边界,刺激乡村文化的夜间消费。建立基于乡村特色

文化的数字文化产业消费者信息资源数据库，对网络文化、游戏、音乐、直播、短视频、数字文化装备、数字艺术展示等数字文化产业中的重点领域进行跟踪研究，根据消费者消费行为的不同阶段的特点或偏好，开展数据分析，形成数据报告，建立大数据决策系统和大数据公共服务平台，为进一步提升数字文化产业发展质量，助力乡村文化振兴提供参考依据。

（三）培养产业专业人才团队，提供智慧支持

人是推动乡村文化振兴，促进数字文化产业发展的主要力量。2020年中央一号文件中指出，"鼓励城市文艺团体和文艺工作者定期送文化下乡。实施乡村文化人才培养工程，支持乡土文艺团组发展，扶持农村非遗传承人、民间艺人收徒传艺，发展优秀戏曲曲艺、少数民族文化、民间文化"。

组建非遗传承人队伍，鼓励中青年积极加入乡村优秀文化传承行列中，形成合理梯队，开展技艺传习，并为非遗传承队伍之间的文化技术交流学习提供支持。同时，依托高校、企业、机构，为非遗传承队伍提供更为专业化、系统化的培训，通过研修，将知识、技艺、技术相结合，让文化创新更有生机活力。还可以建立大学或企业的数字文化产业实践基地，加强与专业人才的互动交流，并根据市场情况在数字文化产业发展方面不断推陈出新，让乡村和相关单位做到互惠共赢。运用网络技术，开展"文化＋教育"系列培训讲座、宣传活动，通过云端传播乡村特色文化，吸引更多的人员加入乡村文化传播、传承的专业队伍，做好文化的传帮带工作。发挥当地乡贤的积极作用，通过文化宣传、技术指导、市场推广等，增强当地人对乡村文化的归属感、认同感，提升文化自觉和文化自信，为数字文化产业在乡村的发展提供人才支持。随着"大众创业，万众创新"的新时代号召，一大批"创客"为乡村数字文化产业的发展提供了支持，乡村可以根据实际情况出台一系列人才引进计划、人才发展保障政策，通过"创客"等系列人才将符合乡村情况和市场需求的新技术、新创意带到乡村，让城市和乡村在文化发展方面的鸿沟逐渐缩小，促进乡村文化振兴。

（四）发展数字文化产业集群，增强竞争合力

数字文化产业中部分行业已经取得迅猛发展，相关企业成为行业"领头羊"，但是整个产业内部合作较少，发展空间较大。当下，以消费者为服务中心，提升消费过程体验的消费互联网发展相对成熟，但数字文化产业的发展不光需要围绕消费者，满足消费者需求，还需要充分发挥互联网在生产要素配置中的优化和集成作用，整合、重塑各个垂直产业的产业链和内部的价值链，并进行改造和转化，实现资源整合、互联网与传统产业的深度融合，实现由消费互联网逐渐向产业互联网融合、转化，进而提高生产力，促进产业的快速发展。

技术的发展是产业发展的核心因素之一，但如今乡村特色文化融入信息技术的程度不深。因此，通过发展大数据、云计算、人工智能、5G技术、区块链，让文化与技术相结合，提升数字文化产业发展的技术含量，让文化融入技术，使乡村文化增加更多科技感、亲近感，让技术融入文化，使信息技术增加更多人文性、故事性。以文化为魂，以技术为翼，让技术赋能实体经济，赋能数字文化产业，增强产业竞争力，在后疫情时代背景下赢得更大的市场和更多的发展机会，发挥产业集群效应，增强产业竞争合力，为数字文化产业助力乡村振兴提供坚实保障。

（五）不断完善产业监管机制，提供制度保障

在互联网这个虚拟空间中，网络安全问题成为数字文化产业发展过程中需要关注的问题。后疫情背景下，网络诈骗、网络病毒、个人信息泄露、账号密码被盗、网络抄袭等问题仍然频频出现。数字文化产业依托信息技术的发展，同时也通过根据市场需求、产业发展需求等不断完善信息技术，提升技术水平。因此，要提升互联网数字监管能力，加强数字文化产业发展的制度建设。

在产出方面，加强网络秩序宣传，严格监测网络不良行为，对于企业或个人通过低俗、色情、暴力、赌博等不良内容获取消费流量或进行网络诈骗等情况，根据实际情况依法依规严肃处理；加强数字文化方面

的知识产权保护，建立健全相关制度，鼓励积极挖掘乡村文化价值内涵并进行合理开发的原创数字文化成果产出，并加以有效保护，对抄袭、剽窃等不端行为进行严惩。在消费使用方面，通过大数据平台对相关数据信息进行跟踪研究，推送积极健康向上的文化内容，引导下沉市场消费者理性、健康、合理进行数字文化消费，培养消费者的道德和法律底线意识，增强社会责任感。

（六）树立全球化国际化视野，提高发展站位

在经济贸易全球化、"一带一路"建设发展的时代背景下，通过数字文化产业的发展促进乡村文化振兴要站位高远，扩大国际影响。互联网让世界成为"地球村"，在当今飞速发展。数字文化产业在信息技术的支持下，深耕重点领域，树立文化IP，打造文化品牌，创造文化价值。

网络短视频是当今比较受消费者欢迎的形式，其需求飞速增长。中国乡村特色文化在全球范围内有其独特的魅力，可以借助网络短视频这一窗口和平台，通过文化挖掘记录、文化创意制作等方式，将乡村特色文化进行展示、宣传，讲好脱贫攻坚的中国故事，传递乡村文化振兴的中国声音。

音乐无国界，后疫情时代下多场网络音乐会、演唱会受到了人们的广泛关注，赢得了人们的喜爱。因此，可以通过音乐连接大众，在网络音乐创作和演绎方面融入民族文化元素，结合后疫情时代背景，创作出更多贴合时代、贴近生活的网络音乐作品。

进行网络游戏是后疫情时代背景下人们网络娱乐的一种方式，同时网络游戏在全球范围内都有一定的消费群体支持。因此，可开发具有乡村文化特色的游戏产品，通过场景营造、人物塑造、故事再造，让乡村文化在数字文化发展的浪潮中"走出去"，助力乡村振兴。

参考文献

[1] 范周. 数字经济变革中的文化产业创新与发展 [J]. 深圳大学学报（人文

社会科学版），2020，37（1）：50—56.

[2] 陈娴颖，郑裕茵. 疫情之下数字文化产业结构性困境的突破路径 [J]. 艺术评论，2020（5）：44—55.

[3] 李翔，宗祖盼. 数字文化产业：一种乡村经济振兴的产业模式与路径 [J]. 深圳大学学报（人文社会科学版），2020，37（2）：74—81.

[4] 中国互联网络信息中心. 中国互联网络发展状况统计报告（第 45 次）[EB/OL]. http://www.cnnic.net.cn/hlwfzyj/hlwxzbg/hlwtjbg/202004/t20200428_70974.htm，2020-04-28.

[5] 熊澄宇，张铮，孔少华. 世界数字文化产业发展现状与趋势 [M]. 北京：清华大学出版社，2016.

新时代乡村振兴战略探微：基于城乡二元结构的分析框架

■ 王学荣[①]

摘要： "城乡二元结构"在当代中国社会体现得依然明显，甚至成为影响我国经济社会进一步发展的阻滞因素。近年来，党和国家对"城乡协调发展"问题十分重视。中共十九大明确提出"实施乡村振兴战略"，这是协调城乡发展、统筹区域发展的重要举措。马克思—恩格斯尽管没有提出过"乡村振兴"的概念，但其关于"城乡融合"的宝贵思想对我们今天"实施乡村振兴战略"的实践依然具有非常重要的现实意义。

关键词： 新时代；乡村振兴；城乡融合；城乡二元结构

"乡村社会是国家经济发展根基""农业是人类最古老的产业，乡村是人类最早的集居区，农业和乡村传承了人类发展过程中最完整的经济和文化基因。伴随着乡村经济和农耕文化的世代发展，我国的乡村产业、乡村地域环境、乡土文化、乡村治理等都发生了重大的演变。但是，乡村经济和乡村传统文化的传承和发展始终植根于中华大地，中华文化的根脉始终生生不息。"[②]的确，乡村社会在我国历史发展的长河中扮演着极其重要的角色。费孝通先生在《乡土中国》一书中亦指认，"从基层上看去，中国社会是乡土性的。"[③]按照费孝通先生的说法，"乡土性"确确实实是中国社会（尤其是传统中国社会）的一个非常显著的特点。不过，新中国成立以来（特别是改革开放以来），中国也正在经历由"传统社会"向"现代社会"的转型。"改革开放走到今天，我国城乡区域发展协调性不断增强，城镇化水平明显提高，但城乡社会发展一体化建

---
① 王学荣，法学博士，博士后，南京大学马克思主义学院副教授，主要研究方向：马克思主义哲学及其中国化，现代西方哲学及国外马克思主义。
② 邓蓉. 试论我国的乡村振兴战略 [J]. 现代化农业，2018（3）：5.
③ 费孝通. 乡土中国 [M]. 北京：北京出版社，2004：1.

设也面临许多问题。"①"乡村振兴"正是在这样的背景下提出来的。中共十九大明确提出了"实施乡村振兴战略"这一重要命题。十九大报告指出,"农业农村农民问题是关系国计民生的根本性问题,必须始终把解决好'三农'问题作为全党工作重中之重。"这是十九大对"实施乡村振兴战略"的总体部署。十九大还强调指出,要"加大力度支持革命老区、民族地区、边疆地区、贫困地区加快发展,强化举措推进西部大开发形成新格局",毋庸置疑,这其实正是实施区域协调发展战略的重要举措。可见,"乡村振兴战略"与"区域协调发展战略"并不是区隔的,更不是割裂的,二者应当相互配合、协同推进。

一、乡村振兴战略的理论探源：马克思—恩格斯关于"城乡融合"的思想元素

就笔者目力之所及,马克思—恩格斯确实没有明确提出过"乡村振兴"这个术语,不过我们发现,马克思—恩格斯留下了大量涉及城乡关系的论述。其中,马克思—恩格斯关于"城乡融合"的思想尤其值得我们关注,其"城乡融合"思想对今天"实施乡村振兴战略"的实践具有重要的现实意义。

（一）城乡融合的物质前提：社会生产力发展水平足够高

马克思认为,城乡融合发展需要具备相应的生产力前提,所谓生产力前提就是指社会生产力的发展水平必须足够高。这个问题实际上也可以从另外的角度来说,亦即现实社会中之所以出现城乡二元对立的状况,其重要根源就是社会生产力有一定发展但水平还"不够高"。对此,马克思说得非常清楚："乡村农业人口的分散和大城市工业人口集中只是工农业发展水平还不够高的表现,它是进一步发展的障碍。"②言下之意,要消除城乡二元对立,实现城乡融合,就必须建立在发达的工农业发展

---

① 沈妩. 马克思主义城乡融合思想及其对我国城乡文化一体化建设的启示[J]. 理论导刊, 2013（7）: 70.
② 马克思, 恩格斯. 马克思恩格斯全集: 第1卷[M]. 北京: 人民出版社, 1972: 223.

水平之上，否则就不可能实现。高度发达的社会生产力乃是城乡关系由"对立"走向"融合"的物质基础（或曰"物质前提"）。

（二）城乡融合得以实现的制度前提：废除私有制

马克思认为，城乡融合的实现不仅需要物质前提，同时也需要相应的制度前提。实际上，这一问题同样也可以从另外的角度来加以说明，即现实社会之所以出现城乡分割的局面，必然有其制度性根源，那就是私有制的存在。对此，马克思也曾经深刻地指出过，马克思说："城乡对立只有在私有制的范围内才能存在。"[①]因此，要从根本上消除城乡二元对立的状况，就必须废除私有制。当然，笔者需要特别说明的是，私有制的废除是一个极其漫长的过程。因此，城乡对立状况的消除也不是一蹴而就的，而是在废除私有制这一漫长过程中逐渐实现的。

（三）城乡融合的重要标识：旧式分工的消解、异化劳动的不复存在以及阶级对立的消亡

"旧式分工"是在未来共产主义新文明类型出现之前的一种情形，就其根本而言这还仅仅是一种"非自觉自愿的分工"，这种旧式分工往往具有明显的弊病，即把人仅仅局限在某一固定的活动范围和领域，诚如马克思—恩格斯所言，"当分工出现之后，任何人都有自己一定的特殊活动范围，这个范围是强加于他的，他不能超出这个范围：他是一个猎人、渔夫或牧人，或者是一个批判的批判者，只要他不想失去生活资料，他就始终应该是这样的人"[②]。在这种"旧式分工"的建制之中，阶级与阶级之间的对立、异化劳动的出现也就不可避免了。只有到未来共产主义社会的高级阶段，这种旧式分工才能从根本上消解掉，取而代之的将是完全与之相反的情形，对此，马克思—恩格斯这样指认："而在共产

---

① 马克思，恩格斯. 马克思恩格斯全集：第3卷[M]. 北京：人民出版社，1960：57.
② 马克思，恩格斯. 马克思恩格斯选集：第1卷[M]. 北京：人民出版社，1995：85.

主义社会①里（马克思—恩格斯这里所说的'共产主义'其实是指狭义的共产主义，即共产主义高级阶段——笔者注），任何人都没有特殊的活动范围，而是都可以在任何部门内发展，社会调节着整个生产，因而使我有可能随自己的兴趣今天干这事，明天干那事，上午打猎，下午捕鱼，傍晚从事畜牧，晚饭后从事批判，这样就不会使我老是一个猎人、渔夫、牧人或批判者。"②在这样的情形之下，异化劳动将不复存在，阶级对立也行将消亡，在此基础上，才能促成真正意义上的"城乡融合"。

（四）城乡融合的真正旨归：社会新人的"生成"和"显现"

"人的解放逻辑"可以说是贯穿于马克思—恩格斯思想发展的一条"主线"，同样，在城乡融合问题上也充分彰显出马克思关于"人的解放"的思想。笔者以为，马克思—恩格斯之所以探讨"城乡融合"的问题，当然不是为探讨而探讨"城—乡"之关系，其真正的旨归乃在于社会新人的"生成"与"显现"，是人之为人的"复归"。在一定意义上讲，这种"社会新人"亦是在城乡融合基础之上的自由全面发展的人，那时"三大差别"（"工—农、城—乡、脑力劳动—体力劳动"之差别）将最终归于消失，当然也就没有了城市与乡村的明显差异，人们也不再将劳动视为异己之物，而完全当作一种"自由自觉的活动"。当然，这种理想状况只有到未来共产主义高级阶段才会出现。也只有在这一阶段，人类才真正由"必然王国"走向"自由王国"。在此意义上，人的自由全面发展将是城乡融合的最终归宿。

需要指出的是，笔者概括的这四方面并不是彼此孤立的，相反，它们相互联系、相互贯通，构成一个有机的整体。私有制的废除当然必须得

---

① 关于"共产主义社会"的理解，我们今天通常从"狭义"和"广义"两个向度进行探讨，这主要源于马克思主义经典作家的两篇重要文献，一篇是马克思的《哥达纲领批判》，另一篇是列宁的《国家与革命》。马克思在《哥达纲领批判》中首次将"共产主义"区分为"共产主义第一阶段"和"共产主义高级阶段"，列宁在《国家与革命》中则明确地将"共产主义第一阶段"称为"社会主义社会"。本文中所说的"未来共产主义"指的是"狭义的共产主义"（作为高级阶段的共产主义）。

② 马克思，恩格斯. 马克思恩格斯选集：第1卷[M]. 北京：人民出版社，1995：85.

建立在高度发达的社会生产力基础之上，因为毕竟是生产力决定生产关系，没有发达的生产力做支撑，要想废除私有制恐怕是痴人说梦。实际上，马克思所说的生产力前提和私有制基础这两方面具有内在的统一性。只不过，一个是就生产力的角度而言的，一个则是从生产关系的角度来说的，二者辩证统一于生产方式。而阶级对立的消亡、旧式分工的消失以及异化劳动的不复存在，首先当然是社会生产力发展的必然结果，同时也是废除私有制的主要结果，还是城乡融合得以实现的重要标志，而消灭私有制也好，消除旧式分工也好，实现城乡融合也罢，最终旨归无疑都是社会新人的"生成"与"显现"。关于这几方面之间的内在联系，马克思其实看得非常清楚，例如，马克思这样说过："由社会全体成员组成的共同联合体来共同地和有计划地利用生产力；把生产发展到能够满足所有人的需要的规模；结束牺牲一些人的利益来满足另一些人的需要的状况；彻底消灭阶级和阶级对立；通过消除旧的分工，通过产业教育、变换工种、所有人共同享受大家创造出来的福利，通过城乡的融合，使社会全体成员的才能得到全面发展；——这就是废除私有制的主要结果。"[1]

不仅如此，马克思、恩格斯还将城乡关系放到一个宏大的社会系统（社会有机体）中去加以考察，认为城乡关系是社会系统（社会有机体）中的一个重要方面，城乡关系的根本性变革将对整个社会系统（社会有机体）产生巨大影响。例如，马克思这样说过："城乡关系的面貌一改变，整个社会的面貌也跟着改变。"[2] 马克思进而认为，要真正实现整个社会系统的统一，首先就应消除城乡二元对立，实现城乡的平等与协调。因为在马克思看来，消除城乡二元对立亦是实现社会统一的一个"首要条件"。正如马克思所言："消灭城乡之间的对立，是社会统一的首要条件之一。"[3]

此外，笔者还需要特别强调一点，马克思—恩格斯思想畛域中的"城乡融合发展"乃是在社会生产力高度发展基础之上、城市与乡村之间的

---

[1] 马克思，恩格斯. 马克思恩格斯选集：第1卷[M]. 北京：人民出版社，1995：423.
[2] 马克思，恩格斯. 马克思恩格斯选集：第1卷[M]. 北京：人民出版社，1995：157.
[3] 马克思，恩格斯. 马克思恩格斯全集：第3卷[M]. 北京：人民出版社，1960：57.

平等与协调状态。这是一种"有差别的同一",绝不是"简单的等同"。马克思所认为的城乡融合,乃是"结合城市和乡村生活方式的优点而避免二者的偏颇和缺点"的。①

当然,以上仅仅是为了叙述的方便,笔者将马克思—恩格斯"城乡融合"思想归纳为四个主要方面。需要说明的是,马克思—恩格斯关于"城乡融合"的思想远远不止笔者在上文中所做的概括,其大量有关"城乡融合"的思想元素和思想因子都还有待理论—学术界的同人去进一步探掘和开显。

二、乡村振兴战略实施的现实场域:中国"城乡二元分立"的历史与现实

在笔者看来,中国城乡二元分立的历史与现实乃是乡村振兴战略实施的"现实场域"。从历史的视角看,中国"城乡二元分立"的状况由来已久,有着根深蒂固的历史性原因。早在 1936 年 12 月,毛泽东写过一篇非常重要的文章叫《中国革命战争的战略问题》,毛泽东在这篇文献中对近代中国"城乡分立"的状况总结归纳为如下"四个同时存在"②:其一是"微弱的资本主义经济"与"严重的半封建经济"同时存在,这反映的是近代中国的城市与乡村在"经济结构"方面的明显不同;其二是"近代式的若干工商业都市"与"停滞着的广大农村"同时存在,这反映的是近代中国的城市与乡村在"现代化"方面的强烈反差;其三是"几百万产业工人"与"几万万旧制度统治下的农民和手工业工人"同时存在,这反映的是近代中国的城市与乡村在"产业发展状况"方面的显著差异;其四是"若干的铁路航路汽车路"与"普通的独轮车路,只能用脚走的路和用脚还不好走的路"同时存在,这反映的是近代中国的城市与乡村在"交通状况"方面的鲜明对照。在这"四个同时存在"中,毛泽东用形象生动的笔触描绘出近代以来中国农村和城市的巨大反差,意在揭示近代中国经济社会发展极端不平衡的状况。按照发展经济学的观点:"二

---

① 马克思,恩格斯. 马克思恩格斯全集: 第 4 卷 [M]. 北京: 人民出版社,1958: 368.
② 毛泽东. 毛泽东选集: 第 1 卷 [M]. 北京: 人民出版社,1991: 188.

元经济是指发展中国家国民经济中现代部门和传统部门并存的状况……一国经济中现代部门与传统部门并存的状况，被称为二元经济结构。"[①] 根据这一界定，我们不难看出，城乡二元对立的状况（城乡二元经济结构）在近代中国就已经体现得非常明显了。

那么，为什么在近代中国会出现明显的城乡二元对立的状况呢？笔者注意到，有学者早已从学理上对这一问题进行了深入探讨。例如，杨家志教授曾经在《〈新民主主义论〉与毛泽东对有中国特色的社会主义道路探索》中深刻地谈到中国历史上的政治经济发展不平衡性给当代中国造成的巨大影响。在杨家志教授看来，"中国政治经济发展的不平衡性或二重性必然会给中国社会生活带来全方位的影响，并决定着中国现代化的整个进程"，杨家志教授并且认为，中国政治经济发展的二重性使中国的经济发展呈现三个特点：其一是"中国政治经济发展的不平衡性造成了地区之间利益差异"；其二是"中国政治经济发展的不平衡性造成了现代中国生产力的多层次性"；其三是"中国政治经济发展的不平衡性造成了现代中国生产资料所有制形式的多样性"[②]。应当说，杨家志教授对这一问题的揭示是深刻的、富有创见的。的确，中国历史上政治经济发展的不平衡性给当代中国造成影响从时间维度上讲是深远的、从空间维度上讲则是全方位的。

以上当然是从历史的角度透视中国城乡二元结构的状况。那么，现实版的当代中国社会又是一种什么样的状况呢？真的达到了马克思—恩格斯当年所"预设"的那样一种情形了吗？答案是否定的。事实上，我们现实当中的中国社会非但没有达到消除城乡差别的程度，反而呈现出一种鲜明的"二元对立"特征，这种鲜明特征甚至可以用"多重二元性"来加以概括。

"多重二元性"乃是二元经济结构在当代中国的新形态。这种"多重二元性"体现在当代中国经济社会发展的方方面面，例如，一部分比

---

① 张维达. 政治经济学[M]. 2版. 北京：高等教育出版社，2004：340.
② 杨家志.《新民主主义论》与毛泽东对有中国特色的社会主义道路探索[J]. 中南财经大学学报，1995（2）：12—13.

较发达的现代工业与大量的传统农业并存；一部分现代化城市与广阔的传统农村并存；一部分现代工业与大量的落后手工劳动或半机械化的企业并存；一部分经济比较发达地区与广大欠发达地区或贫困地区并存，等等。此外，在城市内部和农村内部还存在种种不平衡的状况。一言以蔽之，现代工业与传统农业的"并立"，现代城市与广大农村的"分裂"，机械化大生产与手工劳动的鲜明对比，均为"多重二元"状况的"写照"。

当前，中国经济社会正处于发展的关键时期，"关键"之为"关键"，因为既是"黄金发展期"，也是"矛盾凸显期"，同时还是"改革攻坚期"。在此等社会背景下，"城乡分割"已经成为影响当代中国经济社会进一步发展的"阻滞因素"。近年来，党和国家将"统筹城乡发展、形成城乡经济社会发展一体化新格局"提上了议事日程。

三、新时代我国乡村振兴的路径选择与战略举措

我们党十分重视从马克思主义理论宝库中汲取丰富的养料，充分发挥马克思—恩格斯"城乡融合"思想的方法论功能，并紧密结合当代中国的具体实践，对"统筹城乡发展、促进城乡一体化"问题做出了一系列具有战略意义的规划和部署。

党的十七大报告明确指出："解决好农业、农村、农民问题，事关全面建设小康社会大局，必须始终作为全党工作的重中之重。要加强农业基础地位，走中国特色农业现代化道路，建立以工促农、以城带乡长效机制，形成城乡经济社会发展一体化新格局。"[①]这可以说是党的十七大对"城乡发展一体化"定下的总基调。紧接着，十七大报告分别从各方面进行了展开论述，对"农村基础设施""农村市场和农业服务体系""支农惠农政策""农业科技进步""农村综合生产能力""国家粮食安全""农产品质量安全""农民增收""农民就业""农村综合改革""农村金融体系改革""农村基本经营制度""土地承包经营权流转""农村专业化合作组织""农业产业化经营""培养新型农民"等问题进行了详

[①] 胡锦涛. 高举中国特色社会主义伟大旗帜 为夺取全面建设小康社会新胜利而奋斗（2007年10月15日）[R]. 北京：人民出版社，2007：23—24.

尽的部署。①

在此基础上，党的十七届三中全会提出了"三个进入"的重要论断，按照十七届三中全会的说法，"三个进入"是从总体上做出的判断：其一，我国总体上已经进入了一个"以工促农、以城带乡"的发展阶段；其二，我国总体上已经进入了一个"加快改造传统农业、走中国特色农业现代化道路"的关键时刻；其三，我国总体上已经进入了一个"着力破除城乡二元结构、形成城乡经济社会发展一体化新格局"的重要时期。② 毋庸置疑，这是对党的十七大关于"城乡发展一体化"思想的充分继承和创造性发展。

党的十八大又对统筹城乡发展问题进行了进一步的阐发。十八大首先同样为"推动城乡发展一体化"做出了一个总体部署。十八大报告指出："解决好农业农村农民问题是全党工作重中之重，城乡发展一体化是解决'三农'问题的根本途径。要加大统筹城乡发展力度，增强农村发展活力，逐步缩小城乡差距，促进城乡共同繁荣。"③ 接下来，十八大报告分别从"确保国家粮食安全和重要农产品有效供给""改善农村生产生活条件""促进农民增收""完善农村基本经营制度""改革征地制度"等方方面面对"城乡发展一体化"这一主题进行了详细的论述。④ 而后，十八大报告又从宏观上对这一问题进行了总结性的部署，报告指出，"加快完善城乡发展一体化体制机制，着力在城乡规划、基础设施、公共服务等方面推进一体化，促进城乡要素平等交换和公共资源均衡配置，形成以工促农、以城带乡、工农互惠、城乡一体的新型工农、城乡关系"⑤。

---

① 胡锦涛. 高举中国特色社会主义伟大旗帜 为夺取全面建设小康社会新胜利而奋斗（2007年10月15日）[R]. 北京：人民出版社，2007：23—24.
② 中共中央关于推进农村改革发展若干重大问题的决定[M]//中国共产党第十七届中央委员会第三次全体会议文件汇编. 北京：人民出版社，2008：7.
③ 胡锦涛. 坚定不移沿着中国特色社会主义道路前进 为全面建成小康社会而奋斗——在中国共产党第十八次全国代表大会上的报告[N]. 人民日报，2012-11-18（3）.
④ 胡锦涛. 坚定不移沿着中国特色社会主义道路前进 为全面建成小康社会而奋斗——在中国共产党第十八次全国代表大会上的报告[N]. 人民日报，2012-11-18（3）.
⑤ 胡锦涛. 坚定不移沿着中国特色社会主义道路前进 为全面建成小康社会而奋斗——在中国共产党第十八次全国代表大会上的报告[N]. 人民日报，2012-11-18（3）.

习近平总书记认为，"推进城乡发展一体化是国家现代化的重要标志。要把工业和农业、城市和乡村作为一个整体统筹谋划，促进城乡在规划布局、要素配置、产业发展、公共服务、生态保护等方面相互融合和共同发展。"① 为了实现"城乡发展一体化"的宏伟目标，中共十九大明确提出了"乡村振兴战略"这一重要命题。十九大报告这样指出，"要坚持农业农村优先发展，按照产业兴旺、生态宜居、乡风文明、治理有效、生活富裕的总要求，建立健全城乡融合发展体制机制和政策体系，加快推进农业农村现代化"②。笔者认为，这可以看作十九大对"实施乡村振兴战略"定下的总的基调。而后，十九大分别从"农村""农业""农民"三个向度对"乡村振兴战略"的实施进行了周密的筹划和部署：其一，从"农村"的向度讲，要"巩固和完善农村基本经营制度，深化农村土地制度改革，完善承包地'三权'分置制度。保持土地承包关系稳定并长久不变，第二轮土地承包到期后再延长30年。深化农村集体产权制度改革，保障农民财产权益，壮大集体经济。确保国家粮食安全，把中国人的饭碗牢牢端在自己手中"③。其二，从"农业"的向度说，要"构建现代农业产业体系、生产体系、经营体系，完善农业支持保护制度，发展多种形式适度规模经营，培育新型农业经营主体，健全农业社会化服务体系，实现小农户和现代农业发展有机衔接"④。其三，就"农民"的向度而言，则要"促进农村一、二、三产业融合发展，支持和鼓励农民就业创业，拓宽增收渠道。加强农村基层基础工作，健全自治、法治、

---

① 中共中央宣传部. 习近平总书记系列重要讲话读本（2016年版）[M]. 北京：学习出版社 人民出版社，2016：160.
② 习近平. 决胜全面建成小康社会 夺取新时代中国特色社会主义伟大胜利——在中国共产党第十九次全国代表大会上的报告（2017年10月18日）[M]. 北京：人民出版社，2017：32.
③ 习近平. 决胜全面建成小康社会 夺取新时代中国特色社会主义伟大胜利——在中国共产党第十九次全国代表大会上的报告（2017年10月18日）[M]. 北京：人民出版社，2017：32.
④ 习近平. 决胜全面建成小康社会 夺取新时代中国特色社会主义伟大胜利——在中国共产党第十九次全国代表大会上的报告（2017年10月18日）[M]. 北京：人民出版社，2017：32.

德治相结合的乡村治理体系。培养造就一支懂农业、爱农村、爱农民的'三农'工作队伍"[1]。诚然,"实施乡村振兴战略"还应当与"区域协调发展战略"相配合,要"加大力度支持革命老区、民族地区、边疆地区、贫困地区加快发展,强化举措推进西部大开发形成新格局"[2],而这一"新格局"的生成与显现无疑正是"区域协调发展"的重要标识。实际上,"乡村振兴战略"与"区域协调发展战略"非但不是相互分离的,而且是彼此交融的关系,二者应当相互贯通、协同推进,以实现同频共振的效果。

综上所述,无论是党的十七大、十七届三中全会,还是党的十八大和十九大,都对"统筹城乡发展、促进区域协调"这一问题高度重视,并且放在了极其重要的战略高度来加以规划和部署。常言道:"理论是实践的先导。"德国著名哲学家卡尔·雅斯贝尔斯(Karl Theodor Jaspers,学术界有些也译为"卡尔·雅斯贝斯")[3]曾经说过,"没有科学理论来指导实践,就犹如航船行驶没有舵和指南针一样"[4]。毋庸置疑,"乡村振兴"这艘"航船"的顺利航行也离不开"舵"和"指南针"。借此,

---

[1] 习近平. 决胜全面建成小康社会 夺取新时代中国特色社会主义伟大胜利——在中国共产党第十九次全国代表大会上的报告(2017年10月18日)[M]. 北京:人民出版社,2017:32.

[2] 习近平. 决胜全面建成小康社会 夺取新时代中国特色社会主义伟大胜利——在中国共产党第十九次全国代表大会上的报告(2017年10月18日)[M]. 北京:人民出版社,2017:32—33.

[3] 卡尔·雅斯贝尔斯(Karl Theodor Jaspers,1883—1969),另译"卡尔·雅斯贝斯",德国著名哲学家,现代存在主义哲学流派的主要奠基人之一,代表性著作有《世界观的心理学》(1919),《时代的精神状况》(1931),《哲学》(1932),《理性与生存》(1935),《生存哲学》(1938),《论真理》(1947),《历史的起源与目标》(1949),《伟大的哲人们》(1957)等。其实,卡尔·雅斯贝尔斯也是心理学家和精神病学家,通过对雅斯贝尔斯思想发展史的梳理,我们发现:雅斯贝尔斯乃是从精神病理学和心理学的研究中逐步转向哲学研究的,雅斯贝尔斯在精神病理学方面的代表作是1913年出版的《普通精神病理学》,该书在学界享有盛誉,后来多次再版,且为雅斯贝尔斯一生所钟爱。学界一般认为,1919年《世界观的心理学》一书的出版是雅斯贝尔斯学术生涯的重要转折点,以此为标志,他正式转到了哲学领域。不仅如此,卡尔·雅斯贝尔斯其实还是影响深远的教育学家,其教育学方面的代表作是如雷贯耳的《什么是教育》,该书在教育学界闻名遐迩、流传甚广。

[4] 雅斯贝尔斯. 什么是教育[M]. 邹进,译. 北京:生活·读书·新知三联书店,1991:177.

在"实施乡村振兴战略"、统筹城乡发展的实践中,我们不仅可以而且应当从马克思—恩格斯的理论宝库中源源不断地汲取有益的思想养分,并在当代进一步将其发扬光大,充分发挥马克思—恩格斯关于"城乡融合"的科学理论对"乡村振兴"实践的指导作用,这乃是马克思—恩格斯"城乡融合"思想在新时代中国社会现实中的时代价值与方法论意义。

【从脱贫攻坚到乡村振兴】

从脱贫攻坚到乡村振兴：脱贫村空间再生产研究
——以茶卡村为例[①]

■ 章军杰[②]

摘要：脱贫攻坚与乡村振兴在空间上是高度重叠的，从空间再生产出发可以更好地厘清从脱贫攻坚到乡村振兴的连续性与发展性，为从脱贫攻坚到乡村振兴的衔接与跨越补充了空间维度。以茶卡村的空间再生产实践为例，由脱贫攻坚到乡村振兴空间再生产改变了茶卡村的空间形态，其空间再生产的宰制力量也发生了由政治权力向经济资本的转换，村民行动作为乡村振兴空间再生产的一股重要力量逐步显现。空间再生产是新的空间宰制力量的再平衡，也是空间冲突与调适的再建构过程，具有集体性的行为意向和价值追求。深化政策衔接，构建基于空间正义的政策体系；优化产业结构，融入更大的空间社会网络；强化集体行动，构建村民主体的空间共同体，最终实现脱贫村从脱贫攻坚到乡村振兴空间再生产的根本性转变。

关键词：脱贫攻坚；乡村振兴；脱贫村；空间再生产；空间社会关系；茶卡村

一、问题的提出：脱贫村的空间再生产

2020年是脱贫攻坚决战的决胜年，中国将历史性地"消除绝对贫困"，

---

① 项目资助：国家社科基金艺术学青年项目"县域文化产业与历史文化资源协调发展研究"（2017GH05471）；研究阐释党的十九届四中全会精神国家社科重大项目"现代文化产业体系和市场体系的协同发展研究"（20ZDA064）。致谢：山东大学、青海师范大学、北京师范大学三校联合暑期社会实践活动的胡志强、安福元、朵顺强、索福德、李世捷、周昊、张迪等教师和同学们在调研中贡献智慧，中国传媒大学齐勇锋教授对论文修改提供了很有价值的意见，特此感谢，文责自负。
② 章军杰，山东大学历史文化学院助理研究员，主要研究领域：县域文化产业、特色文化产业。

进入以解决相对贫困为典型特征的后脱贫时代。[①]中国农村贫困的矛盾关系发生重大变化,从脱贫攻坚到乡村振兴的衔接,作为重大理论与实践命题历史地摆在我们面前。习近平总书记在决胜脱贫攻坚座谈会上明确指出,"脱贫摘帽不是终点,而是新生活、新奋斗的起点"[②]。"推进脱贫攻坚与乡村振兴的有机衔接",构成了后脱贫时代国家农村治理的一个重要政策导向。围绕脱贫攻坚与乡村振兴的关系,学术界形成了"阶段论""融合论"两种主流观点。"阶段论"认为,脱贫攻坚与乡村振兴具有时序上的先后关系,打好脱贫攻坚战是实施乡村振兴战略的优先任务[③],陆益龙(2018)、陈锡文等(2019)、徐晓军等(2019)、王志章等(2020)持此观点。"融合论"则认为,两者是相融共进、相辅相成的关系,在作用互构、参与主体等方面具有融合性,豆书龙等(2019)、高强(2019)、左停等(2020)、汪三贵等(2020)持此观点。这两种主流观点互有交叉,都指向了脱贫攻坚与乡村振兴衔接的价值取向,并从政策转移接续[④]、农村组织创新[⑤]、乡村产业[⑥]、乡村价值[⑦]等多维度探讨了从脱贫攻坚到乡村振兴衔接的行动范式,为从脱贫攻坚到乡村振兴的衔接与跨越提供了重要参照。很显然,农村是中国贫困治理的主战场,也是乡村振兴战略的主阵地,无论是脱贫攻坚还是乡村振兴,两者本质上都是为了解决农村发展的不平衡不充分问题。这也决定了两者不仅在农村发展的时序上具有交叉性,它们在空间上也是高度重叠的。从空间再生产出发,可以更好地厘清两者在空间上的连续性与发展性。

[①] 参见叶兴庆. 新时代中国乡村振兴战略论纲[J]. 改革,2018(1);刘欢,韩广富. 后脱贫时代农村精神贫困治理的现实思考[J]. 甘肃社会科学,2020(4);高卉. 后脱贫时代农村贫困治理的进路与出路——基于发展人类学的讨论[J]. 北方民族大学学报(哲学社会科学版),2020(2).
[②] 习近平. 在决战决胜脱贫攻坚座谈会上的讲话[N]. 人民日报,2020-3-7(2).
[③] 黄承伟. 中国扶贫理论研究论纲[J]. 华中农业大学学报(社会科学版),2020(2).
[④] 高强. 脱贫攻坚与乡村振兴有效衔接的再探讨——基于政策转移接续的视角[J]. 南京农业大学学报(社会科学版),2020(4).
[⑤] 左停,苏青松. 农村组织创新:脱贫攻坚的经验与对乡村振兴的启示[J]. 求索,2020(4).
[⑥] 刘明月,汪三贵. 产业扶贫与产业兴旺的有机衔接:逻辑关系、面临困境及实现路径[J]. 西北师大学报(社会科学版),2020(4).
[⑦] 朱启臻,吴玉敏. 乡村价值:从脱贫攻坚到乡村振兴的行动范式[J]. 党政研究,2020(5).

空间再生产是一种有别于时间叙事的空间书写，空间的转向构成了理解转型期社会变迁的重要视角。法国马克思主义哲学家列斐伏尔是空间生产理论的奠基人，他继承与发展了马克思的资本批判理论，把空间作为一种社会产品并关注"空间本身的生产"，将空间形态分为空间的实践、空间的表征和表征的空间[1]。哈维在其基础上，创造性地提出了空间压缩的概念，认为空间实践导致了空间压缩，空间体现了人参与实践的复杂关系[2]。苏贾则进一步提出现实与虚拟相结合的"第三空间"，认为其不仅具有日常生活的意义，也具有想象的成分[3]。可以说，任何的空间再生产都"包含着、分裂着社会关系"[4]，亦暗含着空间正义的价值诉求。21世纪以来，国内城市空间的发展以及其包含的复杂社会关系，使得空间生产作为一种解释城市空间问题的理论被译介到国内。包亚明以"现代性与空间的生产"为主题，最早较系统地译介列斐伏尔的空间生产理论，并持续关注城市的空间生产[5]。孙江（2008）、陈忠（2010）、庄友刚（2011）、潘泽泉等（2019）、孙全胜（2020）等也积极分析西方空间生产理论的逻辑与实践机制，并尝试空间生产理论的中国化与当代化。可是，空间生产理论源于城市的空间再生产，更多体现城市更新的特质和诉求。脱贫村由脱贫攻坚到乡村振兴的空间再生产，其生产逻辑与实践机制既具有空间再生产的一般性，也显然有其别于城市的特殊性。政治权力、资本关系以及生产关系等空间社会关系的变革，迫切要求对脱贫村空间再生产的作用机制进行新的阐释，并在这种新的阐释中实现

---

[1] Lefebvre.The Production of Space[M].trans.by Donald Nicholson-Smith. Oxford UK:Blackwell Ltd,1991:37-39.
[2] 哈维. 后现代的状况：对文化变迁之缘起的探究[M]//阎嘉编. 后现代的状况. 北京：商务印书馆，2003：220.
[3] Soja. Third space: Toward a New Consciousness of Space and Spatiality[M]. London & New York: Routhledge, 1996:50.
[4] Lefebvre. The Production of Space[M]. trans.by Donald Nicholson-Smith. Oxford UK:Blackwell Ltd,1991:83.
[5] 参见包亚明. 城市文化地理学与文脉的空间解读[J]. 探索与争鸣，2017（9）；消费空间与购物的意义[J]. 马克思主义与现实，2008（1）；消费文化与城市空间的生产[J]. 学术月刊，2006（5）；现代性与空间的生产[M]. 上海：上海教育出版社，2003.

由脱贫攻坚到乡村振兴的空间再生产，从空间层面更好地推进脱贫攻坚与乡村振兴的有机衔接。

二、脱贫攻坚与乡村振兴：一个脱贫村的空间再生产实践

由脱贫攻坚到乡村振兴，脱贫村被纳入乡村振兴空间再生产的范畴，乡村振兴在某种程度上成为脱贫攻坚空间再生产的一种延伸形态。也正是在这样一种空间再生产实践中，茶卡村的空间形态和空间构造发生了重大变化，其表征的空间也呈现由贫困村到脱贫村的实质性转变，实现由贫困村到脱贫村空间再生产深刻的历史变迁。

作为青海省级旅游扶贫项目村，茶卡村①的空间生产"是一种充斥着意识形态的产物"②，政治权力在某种意义上对空间再生产起到决定性的推动作用。通过政府补助和村民自筹的方式易地扶贫搬迁，于2016年在茶卡镇区的茶卡新村以家庭为单位集中兴建占地400平方米的四合院，并依托茶卡盐湖旅游业的井喷式发展推进脱贫攻坚和乡村振兴。也正是在政府的直接干预下，茶卡村成为青海省第一个实现分红的旅游扶贫项目村。由乌兰县政府批准，由茶卡村委会与乌兰县吉仁生态农牧业有限公司签订协议，将从2014年度省级绩效考评奖励中拿出200万作为该村的旅游扶贫资金投入企业，村集体、贫困户不参与企业的具体生产经营活动，公司每年按投资入股资金的10%对建档立卡的贫困对象进行保底分红。这种保底性的分红为贫困户增收提供了最基本的保障，也为后续茶卡村集体收入提供了稳定的来源。由于贫困对象的动态退出，全村建档立卡贫困对象仅剩12人③，从2018年起保底分红资金被纳入村集体收入用于公共建设、医保社保等公共支出，并投入游客集散中心、光伏电站和停车场改建等扩大集体经济。全村人畜饮水、道路硬化、电网改造

---

① 茶卡村是青海省海西蒙古族藏族自治州乌兰县茶卡镇下辖的行政村，是一个以汉族为主体，回族、藏族多民族聚居的农业村。
② 列斐伏尔. 空间、社会产物与使用价值[M]// 包亚明编. 现代性与空间的生产. 上海：上海教育出版社，2003：62.
③ 据茶卡村驻村干部Z介绍，2014年全村建档立卡贫困对象共293人，2019年未脱贫的12人主要是老弱村民或因病返贫的村民，主要采用政策兜底扶贫。

等多个项目，也都是在各级政府部门脱贫攻坚与乡村振兴各项政策的推动下完成的。可以说，在政治权力的干预下，茶卡村原本相对自然的空间生产状态越来越走向社会化的空间再生产，土地流转、退耕还林等政策的实施更是解放了原本被束缚于土地的劳动力，茶卡村原本以家庭为单位、农耕经济主导的社会空间面临解体与重构，围绕旅游服务业这一新的空间形态，村民与村民之间、村民与游客之间、村民与村集体之间等构建起了新的社会空间网络。

与政治权力对茶卡村空间生产的干预同步，经济资本也开始占据空间"并在一定范围内生产出相应的空间形态"[①]。茶卡村毗邻作为国内唯一的盐湖类AAAA级景区的茶卡盐湖景区，该景区自2015年以来旅游人数以年均40%以上的增速激增。但由于景区餐饮、住宿等配套设施较为匮乏，茶卡景区面临空间生产与空间消费的严重冲突。得益于毗邻景区的地理优势，村民在政府小额无息贷款的帮助下，利用自住房开展家庭旅馆、农家乐等旅游服务配套经营。截至2019年7月，全村209户家庭中有157家开设了家庭宾馆，农家乐、餐饮14家，户均收入超过10万元[②]，极大改善了村民的收入结构与收入状况，新的经济空间更是建构了完全不同于原农耕经济的新的空间形态，为推动茶卡村由脱贫攻坚转向乡村振兴提供坚实的物质基础。这种新的经济空间通过资本连接供需关系，本质上是由人与人的内在联系所生成的新的社会关系空间[③]。但由于绝大部分贫困户（包括很多村民）缺乏家庭旅馆的经营意识与技能经验，尽管政府提供相应的免费业务技能培训，还是有一些村民将自住房以出租外来资本的形式获得稳定的租金收入（每个四合院的年租金约8万元）。家庭旅馆这种新的空间生产形态，以及游客、新的资本力量等新的空间生产关系的进入，有力推动茶卡村由脱贫攻坚向乡村振兴的空间跨越，也将茶卡村空间再生产纳入了茶卡景区空间再生产的范畴。可以说，茶卡村是在茶卡盐湖由工业制盐到盐湖景区的转型进程中，实现由农耕经

---

① 孙江. 空间生产——从马克思到当代[M]. 北京：人民出版社，2008：2—3.
② 数据由茶卡村驻村干部Z提供.
③ 鲁品越. 从经济空间到文化空间的生产——兼论"文化—科技—经济"统一体的发展[J]. 哲学动态，2013（1）.

济向旅游服务业为主的新空间形态的历史性转变，并与盐湖景区构建起了更紧密的空间联系。同时，受限于盐湖景区旅游的季节性，政治权力在旅游淡季动员富余劳动力开展生态恢复与土地生产，又进一步形成了周期性的旅游服务——生态保护协同发展范式，构建了以旅游服务这一新空间形态为主线的新的社会网络关系。

可以说，茶卡村的旅游扶贫是对习近平"绿水青山就是金山银山"理论的空间实践，是生态空间向社会空间的扩展过程。其乡村振兴在某种程度上则是生态空间向社会空间扩展过程的深化，并在这种深化中塑造新的社会空间。其中，政治权力和经济资本是茶卡村脱贫攻坚与乡村振兴的空间生产与再生产的宰制性力量，为茶卡村的空间生产与再生产提供了合法性基础。只是，它们在某种意义上掩盖了日常生活底层的声音，原本熟悉的空间在一定程度上成了一种"熟悉的陌生"，日常在逼迫去自然化的运动中被他者化了[①]。与此同时，由脱贫攻坚到乡村振兴的空间再生产过程中，村民亦在由温饱走向小康的诉求转换中深化了对自我与他者的理解，开始积极地加入空间再生产的整体设计与具体行动中，村民行动作为乡村振兴空间再生产的一股重要力量逐步显现，这也符合空间再生产的集体意向和价值追求。概而言之，茶卡村脱贫攻坚与乡村振兴的空间再生产，无论是在时间还是在空间上都是高度重叠的，包括贫困户在内的村民也在新的空间形态中共同参与空间再生产，并在多种空间生产力量的再平衡中寻找空间再生产新的动能。

三、从脱贫攻坚到乡村振兴：脱贫村空间再生产的演化规律

从脱贫攻坚到乡村振兴的空间再生产，政治权力主导的脱贫攻坚逐渐导向政治权力与经济资本驱动的新空间宰制力量的再平衡，空间再生产表现为新旧空间生产关系、空间社会关系、空间生态关系冲突与调适的再建构过程，具有集体性的行为意向和价值追求。

---

① 海默尔. 日常生活与文化理论导论[M]. 王志宏，译. 北京：商务印书馆，2008：54.

（一）空间再生产是新的空间宰制力量的再平衡

空间再生产是从一种空间生产状态到另一种空间生产状态的社会化过程，外力的干预是空间再生产重要的诱发性要素。从脱贫攻坚到乡村振兴，新的政治权力和经济资本的加入推动脱贫村空间生产关系中供需结构的再平衡，构成了脱贫攻坚与乡村振兴空间再生产的宰制性力量。有为政府和有效市场是我国经济持续快速发展两个最重要的制度前提[1]，也是乡村振兴空间再生产持续快速发展最重要的制度前提。相对而言，坚决打赢脱贫攻坚战是党和政府的历史使命，也是党和政府向全国人民做出的庄严承诺，政治权力在脱贫攻坚的空间生产中表现出更强势话语，贯彻精准扶贫、精准脱贫的底线思维，经济资本则相对处于从属地位。在脱贫攻坚战取得阶段性胜利后，中国农村的贫困矛盾关系发生了变化，协调推进脱贫攻坚与乡村振兴成为新的战略导向。这时候，政治权力继续发挥脱贫攻坚与乡村振兴的积极作用，经济资本则成为一种新的空间宰制力量，并在新的空间生产关系中发挥更基础性的作用。家庭旅馆这种新的空间形态，不仅改变了农耕经济下的生产力与生产关系，也构建了基于旅游服务的新产业链和产品形态，为村民从脱贫到致富提供了新的工具性力量。但如前所述，不少村民缺乏家庭旅馆的经营意识，虽然将自住房以出租的方式获得稳定的租金收入，但也使村民对家庭旅馆这种新的空间生产形态的实际参与度很低，其实质是输血性扶贫的另一种租金变现，无法实现造血性的空间生产，也就无法实现完全意义上的全方位乡村振兴。要言之，在乡村振兴的空间再生产中，不仅要发挥市场资源配置的决定性作用，也要发挥政府的作用，避免片面的"数字振兴"。通过政治权力的干预保障乡村振兴空间再生产的持续性与发展性，借助经济资本协调并激发村民参与的主动性和创造性，实现政治权力、经济资本与村民参与在新的空间宰制力量中的再平衡。

---

[1] 林毅夫.产业政策与我国经济的发展：新结构经济学的视角[J].复旦学报(社会科学版),2017(2).

（二）空间再生产是空间冲突与调适的再建构过程

空间再生产是物质空间、精神空间与社会空间再生产的集合体，并且还包括了"个别的实体和特殊性、相对固定的点，并且不断地流动"[1]。由原农耕文明进程中相对自然演化的空间生产，到脱贫攻坚的空间生产，再到乡村振兴的空间再生产，脱贫村在空间冲突与调适中快速创造出仍处于不断变化的新的空间关系。其一，新的空间生产关系。脱贫攻坚下旅游扶贫新的空间形态，打破区域性的整体贫困空间状态，农耕经济的生产关系已经不适应新的生产力的发展，亟须建立起新的适应生产力发展的旅游服务的生产关系，并在乡村振兴的空间再生产中深化融合新价值链的新生产关系。其二，新的空间社会关系。由脱贫攻坚到乡村振兴的空间再生产，脱贫村原有基于血缘、地缘或拟亲缘的社会关系，越来越让位于基于业缘的产业链协作关系，外来资本、游客的进入给空间带来了全新的流动性，更使得原有的熟人社会日益转化为半熟人半陌生人社会，亦形成了新的空间行为与行为规范。其三，新的空间生态关系。原有的生态空间（在很大程度上相对贫困地区与生态脆弱区具有地理空间的高度重叠性）不再仅是原农耕经济的生产空间，自然生态演化为旅游生态并创造巨大财富，茶卡羊、茶卡鸡等新的农业经济也依托于盐湖生态转变为新的品牌，推动生态空间向资源、资本的有序转化，退耕还林、生态养护等生态保护亦由政府推动演化为一种集体性的行动自觉。显然，空间再生产是一种空间不断被生产与重构的过程，新旧空间生产关系、空间社会关系、空间生态关系的冲突与调适，不仅改变了主导新空间再生产的意识形态，同时也拒斥了空间再生产的同质化与一体化，为空间再生产的多样化与差异化提供了最坚实的底层逻辑。

---

[1] Henri Lefebvre. The Production of Space[M]. trans.by Donald Nicholson-Smith. Oxford UK:Blackwell Ltd,1991:88.

（三）空间再生产具有集体性的行为意向和价值追求

空间是"集体性行为和意向的产物"[①]，决定了空间再生产集体性的行为意向和价值追求。社会主义的本质属性和内在要求，更是决定了无论是脱贫攻坚还是乡村振兴的空间再生产，都必须"不让一个人掉队""惠及全民"。茶卡村标准化的异地扶贫搬迁、扶贫资金入股分红等政治权力主导的空间生产，以及家庭旅馆这种新的空间生产形态的大规模推广，使得空间再生产具备了很强的群众基础。但这些空间再生产在增加村民收入的同时，也在某种程度上瓦解和颠覆了原有社会空间的集体意向，增加了空间消费化和货币化的风险。地方性的文化传统和历史元素沦为创造消费化和货币化空间的辅助材料，集体性的社会空间被同质化、碎片化[②]，社会空间的变化又进一步推动村民空间观念的变化，并最终实现空间消费化和货币化对由脱贫攻坚到乡村振兴空间再生产的控制。但空间再生产是由拥有社会文化主体性的社会人所创造的，因而所再生产的空间也应该是具有社会文化主体性的。国家主体性与社会文化主体性的建设性合作关系是中国农村发展和减贫奇迹的重要机制[③]，也是由脱贫攻坚到乡村振兴空间再生产的重要机制。社会文化主体性所涵盖的家庭和家族、拟家族化的社会关系、社会组织以及区域社会，很好地诠释了集体性的行为意向和价值追求。随着政治权力推动脱贫攻坚与乡村振兴的限度日益显现，经济资本推动空间再生产的弊端也开始出现，集体经济这种新的空间经济形态，以及合作社这种新的空间组织形态，包括多元主体协作的空间关系网络，也在由脱贫攻坚到乡村振兴的空间再生产中走向更广阔的历史舞台。空间再生产集体性的行为意向和价值追求，构成了超越空间意识形态化或空间资本化的一种内生性的空间实践向度。

---

① 索杰. 后大都市：城市和区域的批判性研究 [M]. 李钧, 译. 上海：上海教育出版社, 2006: 8.
② 包亚明. 消费文化与城市空间的生产 [J]. 学术月刊, 2006 (5).
③ 王春光. 中国社会发展中的社会文化主体性——以40年农村发展和减贫为例 [J]. 中国社会科学, 2019 (11).

四、推进脱贫村空间再生产的路径分析

后脱贫时代从脱贫攻坚到乡村振兴的战略转换，是国家农村治理从脱贫到致富的战略重心转移的空间实践需要。脱贫村的空间形态既作为过去空间行为的结果，又作为空间再生产的基石与起点。深化脱贫村空间再生产，既要注意到从脱贫攻坚到乡村振兴的空间连续性，又要注意到从脱贫攻坚到乡村振兴的空间发展性，实现从脱贫再生产到致富再生产的空间跨越。

（一）深化政策衔接，构建基于空间正义的政策体系

从脱贫攻坚到乡村振兴空间再生产的政策衔接，是发挥中国政治优势和制度优势，破解中国相对贫困农村人民日益增长的美好生活需要和不平衡不充分发展之间矛盾的体制机制保障。脱贫攻坚是党中央、国务院做出的重大决策部署，既为乡村振兴空间再生产提供了坚实的物质基础、人才支撑、组织保障等，亦积累了"精准脱贫""以党建促脱贫""对口支援""驻村干部"等丰富的经验和政策工具。福山认为，中国模式最重要的优势大概是"决策的速度和质量"[1]，由此形成的系列政策则是决策的重要表征。脱贫攻坚与乡村振兴空间再生产在时序、目标、导向等方面的深化拓展，为两者之间的政策转换提出了必要性；两者在主体、内容、范围等方面的耦合关系，则为从脱贫攻坚到乡村振兴的政策延续提供了可行性，同时也对脱贫村治理体系和治理能力现代化提出了更高的要求。深化空间再生产的政策衔接，最重要的是变特惠式的非均衡扶贫为普惠式的"整村推进"，保障弱势群体公平合理地获取空间资源并实现空间权利，实现乡村振兴空间再生产资源分配、生产过程以及成果分配的空间正义。构建基于空间正义的政策体系，主要涉及三方面：一是后脱贫时代脱贫攻坚政策的连续性。科学认识由绝对贫困向相对贫困的转变，巩固脱贫攻坚成果并探索建立防范返贫致贫长效机制，加紧形成解决相对贫困的普惠性社会保障制度；二是后脱贫时代乡村振兴政策

---

[1] 福山. 中国模式的特征与问题[J]. 社会观察，2011（1）.

的发展性。将"以党建促脱贫"转化为"以党建促振兴",将"东西部对口支援"转化为"东西部区域协作",将"精准脱贫"转化为"精准振兴",创造性转化脱贫攻坚政策为乡村振兴政策;三是深化空间再生产政策之间的衔接。统筹土地、生态、农业、旅游等规划以及基础设施、人居环境整治、科教医疗等工作的关系,强化"多规合一""多工作合一"的系统性。深化脱贫攻坚与乡村振兴空间再生产的政策衔接,构建基于空间正义的政策体系,是实现乡村振兴空间再生产正义的制度保障,也是加快推进国家乡村治理能力与治理体系现代化建设的必然要求。

(二)优化产业结构,融入更大的空间社会网络

脱贫攻坚再造了贫困村的产业空间形态,有效解决了贫困村的绝对贫困问题。但如果说脱贫攻坚对产业扶贫的诉求是"农民缺什么"(很大程度上是解决收入贫困),乡村振兴对产业的诉求则导向了全面小康,其出发点是"农民有什么"(再考虑做什么)[1],这是一个很重要的认识转向和实践转向。从更大的空间社会网络来看,由于脱贫攻坚没有很好地考虑"农民有什么",产业扶贫的单一化导向了空间实践的同质化,所形成的新的农村财富结构导向了一种新的不均衡——城乡之间、区域之间更大的不均衡。更重要的是,政治权力、资本关系等在某一种产业空间形态的过度集中,进一步导致了空间再生产资源的流通受阻,固化了空间再生产结构的不平衡性。因此,改变农村产业空间结构,优化农村产业体系并将之融入更大的空间社会网络,是乡村振兴空间再生产的主要任务。当然,任何产业空间形态的拓展,都是在原空间形态基础上的创造性转化和创新性发展。脱贫村由于产业发展历史较短、产业结构相对单一,其空间优化的核心是在原特色产业基础上拓展新的空间形态,主要包括三个维度:一是延伸农业产业链与价值链。结合生态空间的承载能力,拓展脱贫村特色农牧业的生产空间,并融入区域性的"农业+"网络系统,构建起区域性的特色文化品牌体系。二是拓展新的产业空间

---

[1] Ian Scoones. Livelihoods perspectives and rural development[J]. Journal of Peasant Studies, 2009(36):171-196.

形态。当前农村产业空间形态大都属于在地产业,较多受制于实体性的时间与空间形态。茶卡盐湖旅游的季节性使得茶卡新的产业空间形态面临严重的季节性失衡。文旅衍生品则是一种可以"线上转移"的产业空间形态,完全可以成为原有产业空间形态基础上的新的供给,甚至有可能发展为未来的主流产业空间形态,并形成更大的空间循环。三是强化空间应急管理。特别是新冠肺炎疫情暴发以来,单一家庭旅馆的空间形态受到巨大冲击,也给脱贫攻坚与乡村振兴空间再生产带来巨大挑战。通过合作社协作、城乡协作、东西协作等多种形式,拓展产业空间形态的协作网络,可以达到以空间消弭风险的效果。要而言之,构建更具包容性与开放性的现代产业体系,可以有效化解单一产业空间结构的市场风险,将多元化的特色经济演化为空间再生产的稳定器,并将其空间再生产纳入国内国际双循环相互促进的新发展格局,从根本上改变脱贫村在城乡之间、区域之间的不平衡发展状态。

(三)强化集体行动,构建村民主体的空间共同体

脱贫村空间再生产的主体是村民,如何将村民组织起来形成对空间再生产的集体行动,构建起村民主体的空间共同体,是对变化了的空间的一种社会性建构。由脱贫攻坚到乡村振兴的空间再生产进程中,乡村社会也在传统社会秩序的解构中重构新的社会秩序。基于血缘、亲缘或拟亲缘的村民关系,逐渐被空间再生产所形成的新的社会网络替代,形成了新的社会结构、社会关系乃至社会伦理。其一,透过集体行动增强中华民族共同体意识。无论是脱贫攻坚还是乡村振兴的空间再生产,"过去那种地方的和民族的自给自足和闭关自守状态,被各民族的各方面的相互往来和各方面的相互依赖所代替"[1]。政治权力主导的社会保障体系、公共服务体系等公共产品或服务,以及农村非正式治理结构中提供的公共活动,都在农村空间的变化中给村民带来安全感和共同感,村民在自觉或不自觉的集体行动中增强了中华民族共同体意识。其二,透过集体经济增强空间内部的共同体建设。集体经济是将农民组织起来的最重要

---

[1] 马克思,恩格斯. 马克思恩格斯选集(第一卷)[M]. 北京:人民出版社,1995:276.

的制度基础①，类似合作社、协会等新的行动主体成长的实质是新的社会关系建构过程。虽然脱贫村农业和非农业集体经济的所有权关系或许是模糊的，但其带来的共同利益和共同福祉是清晰的，为空间再生产集体行动的积极性提供了坚实保证。更进一步地，这也让脱贫村摆脱了简单的政治逻辑或资本逻辑，避免了空间再生产过度外部化，构建起了以村民为主体的富有社会性的新空间秩序。其三，透过集体生活增强内外部的空间协调。空间再生产必然伴随着资源、人口的流动，给农村空间再生产提供了异质性的文化场域。让外来的资源、外来的人口也加入空间再生产的集体行动，不仅可以显著提高空间再生产的多元性，更重要的是形成空间再生产的共同作用力，让空间成为村民与"新村民"呵护的共有家园。当然，空间共同体的构建是一个多维度、多层次的复杂过程，脱贫村乡村振兴也在空间再生产中构建起具有高度社会性的关系网络和价值秩序，并在村民的集体行动中形成对新空间的身份归属和社会认同。

五、结语

脱贫村的乡村振兴是新时代中国乡村振兴全局系统中的重要构成，空间再生产为脱贫村从脱贫攻坚到乡村振兴的衔接与跨越补充了空间维度。当然，空间是历史的产物，空间再生产是历时性的空间生产过程和结果。从脱贫攻坚到乡村振兴，脱贫村由一种空间形态向另一种空间形态的整体性演变，很好地呈现了乡村空间再生产的延续性与发展性。脱贫攻坚为脱贫村乡村振兴空间再生产提供了基石与起点，政治权力、资本关系等外来力量的干预为空间再生产提供了不同的空间生产资源，在很大程度上决定了空间再生产的方向与进程。村民也开始作为乡村振兴的主体在这个动态过程中逐渐成为一种新的宰制力量，不同空间生产主体在新旧空间生产关系、空间社会关系、空间生态关系的冲突与调适中再造平衡，并在空间再生产中构建了新的空间网络关系，使得脱贫村的乡村振兴空间再生产在脱贫攻坚基础上实现了对其自身的超越，最终实现由脱贫攻坚到乡村振兴的历史性跨越。进一步地，社会的差异、文化

---

① 贺雪峰. 乡村振兴与农村集体经济[J]. 武汉大学学报（哲学社会科学版），2019（4）.

的差异、地域的差异、经济的差异……都可以解释为空间再生产要素与过程的差异，同时也是空间再生产结果的差异，重新书写了脱贫村的社会史、文化史、地方史、经济史。正是在这种差异中，从脱贫攻坚到乡村振兴的空间再生产实现了的本土化表述和呈现，从而使得本土文化在空间再建构进程中呈现出新的生命力和创造力，亦为破解千村一面、再造乡村特色提供了另一种差异化的思路。

【特色文化资源与产业化开发案例研究】

导言（主持人：卢世主[①]）

卢世主

特色文化产业是依托各地独特的文化资源，通过创意转化、科技提升和市场运作，提供具有鲜明区域特点和民族特色的文化产品和服务的产业形态。独特的自然环境和文化氛围铸就一个地区群众的特色生活和审美偏好，地域性是特色文化产业的鲜明特征。特色文化产业正是立足区域差异，以其差异性、独特性、稀缺性的特点，满足不同消费者多层次、个性化、多样化的文化偏好需求。因此，广泛调查各地的文化资源，考察各地特色文化资源的利用和开发，选择典型的区县和村落，进行扎实的实证研究、案例研究，是特色文化产业研究必然的课题，也能为特色文化产业理论创新和实践指导提供重要的参考。

本栏目选取的两篇文章（《为发展而设计：能力方法视角下的乡村手工艺振兴》《设计驱动的怀化市特色文化产业升级模式与发展规划》）中，有以湖南"花瑶花"非遗扶贫项目为案例，分析了设计介入对当地乡村手工艺人的赋能；还有从怀化市的地方资源与产业基础出发，探索了该地特色文化产业的升级模式、发展规划。

---

① 卢世主：湖南大学设计艺术学院教授，博士生导师，教育部工业设计教学指导委员会委员、中国艺术学研究生教育联盟副主席。

为发展而设计：能力方法视角下的乡村手工艺振兴[①]

■张朵朵　季　铁[②]

摘要：在乡村手工艺振兴中，专业设计团队介入乡村，协助民族传统技艺面向市场需求进行转化已经成为大势所趋，并往往能在短期内有效协助产业的提振。但如果要实现地方文化、经济的长期可持续发展，则需要真正激发当地人的能动性，让他们拥有自由选择生活方式的能力。本文结合"能力方法"的相关理论，以湖南大学"花瑶花"非遗扶贫项目为例，从手工艺人的内部能力激发、外部能力建设，以及运用新技术进行"能力敏感的设计"等方面，分析了设计创新激发手工艺人能动性，赋权于当地人的过程。

关键词：设计；能力方法；手工艺；乡村振兴；设计人类学

一、引言

近年来，在国家各类政策的支持下，不少曾经在快速现代化进程中一度式微的少数民族传统手工艺，因其所具有的文化价值与产业价值重新得到了人们的关注，实现了从"边缘"到"中心"的转变。花瑶挑花，这种源自我国西南部偏远贫困山区的少数民族花瑶，用于服饰装饰的独特女性技艺也不例外，先后入选首批国家级非物质文化遗产名录、国家传统工艺振兴目录，如今已成为当地非遗生产性保护、精准扶贫以及当下乡村振兴战略发展的重点。

在从"自用"到"他用"的产业化实践中，和其他地区的少数民族

[①] 本文得到教育部人文项目《设计介入乡村振兴后效观察及发展路径研究》（18YJC760050）的支持。
[②] 张朵朵，博士，副教授，硕士生导师，湖南大学设计艺术学院。主要研究领域：手工艺理论及文化；季铁，博士，教授，博士生导师，湖南大学设计艺术学院院长。主要研究领域：数字文化创新。

乡村手工艺一样，花瑶挑花始终面临着核心技术、艺术形态的异化和审美观念的娱他性发展等挑战。这意味着，乡村手工艺振兴，特别是偏远民族地区的乡村手工艺，绝对不能仅仅以传统 GDP 发展来衡量，更涉及地方社会文化可持续发展等深层问题，如为乡村手工艺人、女性、儿童等弱势群体赋权，激发村民的能动性，激活乡村发展的内在活力，实现地方文化资源的再生。为此，在乡村手工艺振兴中，很有必要引入新的发展观来审视。与此同时，现有的理论探讨和乡村手工艺实践均表明，设计有可能成为一种结构性的力量，不仅为市场提供适应市场需求的手工艺产品，其实践也有可能为当地居民赋权，促成乡村经济、文化的可持续发展。

从设计与发展的关系出发，一些学者指出：曾对联合国人类发展报告的评价标准产生了重大影响，源自发展经济学中的"能力方法"将为手工艺及为弱势群体赋权的设计提供新的理论视角。因此，本文将从能力方法入手，结合湖南大学 2014 年以来所进行的"花瑶花"非遗扶贫项目中，针对花瑶挑花进行设计创新的相关案例，来探讨创新设计实践如何激发手工艺人能动性，赋权于当地居民的系统方法。

二、能力方法与乡村手工艺中的设计介入

能力方法（Capability APProach），源自诺贝尔经济学奖获得者阿马蒂亚·森（Amartya Sen）于 20 世纪 80 年代至 90 年代所提出的发展经济学的相关理论。不同于以 GDP 衡量的发展，森把发展定义为人类能力的扩展和自由的增进，这一视角对联合国的人类发展报告产生了重大影响。在森看来，生命中的活动可以看成一系列相互关联的"生活内容"（Functions），即"一个人处于什么样的状态和能够做什么"（beings and doings）的集合[①]。如"良好的营养状况，避免疾病带来的死亡，能够阅读、写作和交流，参与社区生活，公共场合不害羞等"。森提出，在衡量诸如正义、平等和发展问题的适当标准，不是收入、资源、利益和实用性，或是期待获得的满足，而应该关注于人类的能力（Human

---

① 森. 再论不平等[M]. 王利文, 于占杰, 译. 北京: 人民大学出版社, 2016: 44—45.

capabilities）①。能力大小反映个人在"生活内容"中进行选择的自由度，也代表了"一个人在不同的生活中间做出选择的自由"。在森的能力方法中，有两个重要的特征：其一，以"以人为本"为宗旨。发展要以人为中心，人是发展的最终目的，社会上的一切都是为人服务的。发展应该是伴随着人们权利和自由的拓展使人们享有他们所期望的生活，进而使得他们的生活质量和能力得以提高。其二，以能力和自由为衡量标准。发展的目标是"人类可行能力"的扩展，即给人们以自由去做他们认为有价值的事情②。

能力方法强调了手工艺人的能动性和自由选择的能力。乡村手工艺曾是乡村日常生活的一部分，人们常常对这些民间艺术中蕴含的情感价值赞叹不已，恰恰是由于它是脱离了功利目的的创造。从"能力方法"的视角来审视今天乡村手工艺的传承问题，就会发现，如果是为了生计，乡村手工艺人不得不继续选择手工艺为业，实现手工艺的文化传承，并不是乡村手工艺振兴的终极发展目标。发展的目标应该是：在乡村手工艺人有着诸多选择的情况下，他们依然能够主动地传承手工艺，无论是作为生计还是作为日常爱好，他/她都有选择或不选择手工艺的权利。在此，关键在于，乡村手工艺的发展是否为乡村居民提供了这种选择的可能和自由。从强调手工艺人能动性的角度来看，"能力方法"与20世纪90年代宫崎清等人就日本乡镇建设所提出的"居民才是乡镇建设的主人翁"，以本地居民与资源为主体的"内发性"发展策略③，有着异曲同工之妙。

能力方法也为设计在手工艺项目中的介入及以可持续发展、扶贫为目标的社会设计提供了一种全新视角。早在2009年，荷兰代尔夫特理工的伊斯·奥斯特兰肯（Ilse Oosterlaken）便撰文指出，能力方法有助于在"为市场而设计"之外，思考服务于弱势群体的社会设计问题，并提出了探

---

① Ilse Oosterlaken.Design for Development:A Capability APProach[J].Design Issues,2009（4）:91-102.
② 王艳萍.阿马蒂亚·森的"能力方法"在发展经济学中的应用[J].经济理论与经济管理，2006（4）：27—32.
③ 翁徐得，宫崎清.人心之华——日本社区总体营造的理念与实例[M].台北：台湾省手工业研究所，1996.

讨诸如参与式设计和能力敏感的设计（capability sensitive design）等设计与能力方法结合的途径[1]。

伦敦大学学院的阿列克斯·弗雷德安尼（Alex Apsan Frediani）对能力方法和参与式设计也进行了专题研究。他指出尽管参与式设计需要得到某种综合理论的完善，但这种理论应该能够探索人们生活的特性，"能够捕捉在贫穷、介入（intervention）、参与和赋权之间的复杂联系"。他认为能力方法恰恰作为参与式设计的补充，成为通过设计介入（design intervention）为当地居民赋能的有效手段[2]。创新设计针对的不再仅是最后作为物的设计产品，整个设计项目的实践过程可能更为重要。在此基础上，帕森斯学院的奥拓·布什（Otto von Busch）将能力方法、参与式设计与手工艺项目相结合，以不同项目为例从手工艺人内、外能力的增加探讨了如何运用能力方法激发手工艺人的内生能动性。[3] 在针对"能力敏感的设计"的研究中，奥斯特兰肯结合对自行车的技术社会学讨论，以腿部有缺陷的残疾人为例，提出为弱势群体提供运用技术的人造物，可以为其能力的拓展提供可能[4]。

三、内生性的力量：手工艺人内、外部能力的激发与建设

花瑶挑花是一种极富民族特色的原生态民间刺绣工艺，被沈从文誉为"第一流的挑花"。其技艺独特，图案大胆夸张，用色对比强烈，承载着花瑶族日常生活、社会文化、图腾信仰、生殖崇拜等重要内容，具有典型的"母型文化"特征（图1），先后进入首批国家级非遗及传统工艺振兴目录。

---

[1] Ilse Oosterlaken.Design for Development:A Capability APProach[J].Design Issues,2009(4):91-102.
[2] Alex Apsan Frediani.Participatory Methods and the Capability APProach (briefing note of the Human Development and Capability Association, www. capabilityAPProach.com/pubs/Briefing_on_PM_and_CA2.pdf, accessed 14 November 2008).
[3] Busch O V, Cigdem, Pazarbasi K.Just Craft: Capabilities and Empowerment in Participatory Craft Projects[J]. Design Issues,2018(4):66-79.
[4] Oosterlaken I.Design for Development:A Capability APProach[J].Design Issues,2009(4):91-102.

图 1　作为花瑶妇女日常生活一部分的花瑶挑花

从 2014 年开始，由湖南大学设计艺术学院师生组成的"花瑶花"项目组扎根教育部指定对口扶贫县隆回县虎形山乡少数民族花瑶地区展开定点扶贫工作，花瑶挑花成为在项目非遗扶贫工作中的重点。在进入花瑶地区伊始，在前期进行大量案头文献、实物研究的基础上，借助人类学的田野调查方法，如参与式观察、访谈等方式，项目组成员对花瑶挑花进行了系统的考察，并走访了非遗传承人奉雪妹、奉堂妹、地方民俗专家老后、当地居民等其他利益相关者。在调研中，项目组成员注意到：当地善绣的妇女人人都是一座"活的"原创图案宝库。即使是在经纬细密的布料上进行的，正反图文线迹不一的花瑶挑花刺绣，熟练绣娘既无须在纸上画出图样，也不必时刻翻看反面线迹，仅凭一双"思考的手"[①]，便可在布料上绣制出令人惊叹的原创图案。而这些图案，往往源自其日常生活经验和民族信仰，是一种在特定环境下的主动创造与传承。与此同时，随着农村的现代化进程与生活方式的改变，当下花瑶挑花的传承方式和传承目标都在改变。年轻人的日常生活方式日趋现代化，穿着传统服饰的习俗正在逐渐改变；产业扶贫中，绣娘主要依靠培训获得技能

———————————
① 张朵朵. 绣的书写[M]. 上海：东华大学出版社，2016：61.

提升，传统图案的存留主要取决于外部市场需求和生产效率，绣娘的主动创造变成了被动接受。

森和玛莎·娜斯鲍姆（Martha Nussbaum）曾对"能力"做了关于"内部能力"（internal capability）与"外部能力"（external capability）的划分，为探讨设计介入花瑶挑花的方式提供了参考。在他们看来，内部能力，指的是"一个人的某些特质，如个性特点、智力和情感能力、身体健康状态、内化的学习能力，感知和运动技能等"。外部能力，指的是"人们借助外部环境如社会、文化、经济环境等，进行自我发展的能力"[1]。如果将内、外部能力对应到花瑶挑花，我们可以看到：作为自作自用，彰显自我的技艺，花瑶挑花的绣娘们从不缺原创图案的自由创意和热情，这是基于传统发展而来的内部能力。但从传统的民间工艺转而面向产业时，由于缺乏回应市场需求和品牌塑造及推广传播的能力，她们通常容易被迫沦为"手工艺外包"产业化加工中纯粹的手工劳动力，成为价值链的最底端，失去选择的自由（表1）。大多数乡村手工艺当下所面临的情况一样，是与之类似的。

表1　花瑶挑花手工艺人的现有能力列表（部分列举）

内部能力	外部能力
1.基于民俗，代代相传的花瑶挑花技艺 2.基于花瑶民族文化与日常生活的图案创意 3.挑花多为自作自用	1.面向外部市场进行自主创造创新的能力 2.运用新技术主动传承、传播花瑶挑花 3.品牌化营销、推广的能力

在"花瑶花"项目中，整个乡村手工艺的创新设计过程都可被视作为当地人赋能，激发起内生能动性的过程。其中，设计师既是协同设计活动中的"促进者"（facilitator）[2]，通过推动设计师、手工艺人、利益相关方对话，在产品设计的协同创新中，激发手工艺人内生能动性；也

---

[1] Busch O V, Cigdem, Pazarbasi K.Just Craft: Capabilities and Empowerment in Participatory Craft Projects[J]. Design Issues,2018(4):66-79.
[2] Sanders N,Stappers P.Co-creation and the New Landscapes of Design[J], CoDesign,2008(3):5-18.

是能够协调地方文化与市场需求的"转译者"（mediator）[①]，借助社会企业品牌塑造、国际化文化传播与推广，通过对外部能力的建设，为手工艺人和当地居民赋能。（图2）

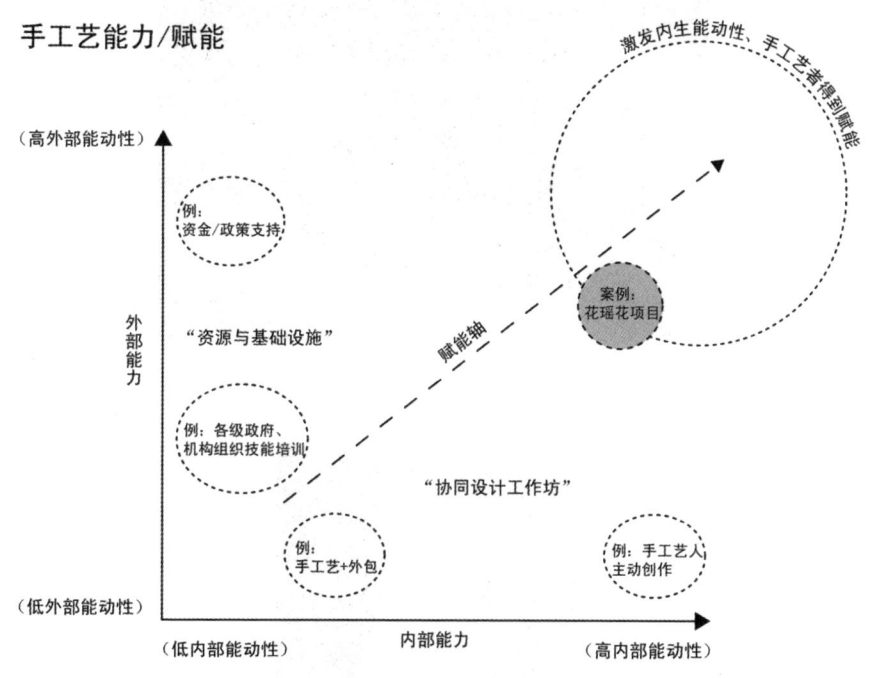

图2　设计介入对乡村手工艺人的赋能（内部能力激发与外部能力建设）

在协同设计的过程中，香港理工大学、伦敦大学玛丽女王学院、清华大学美术学院等院校，以及来自英、法、韩、伊朗等国家的设计师先后加入了"花瑶花"项目的工作营，通过协同设计工作坊中的互动，与当地手工艺人形成一个平等的、共享知识的"知识共同体"：设计师在"做中学"，了解手工艺的关键知识，体会地方文化（图3）；手工艺与设计师探讨，探索适应于市场上消费者需求的形式。在新的图案设计中，手工艺人的技艺知识体系以及她们对图形意义的理解在各种创新设计中得到尽可能的尊重与保留（图4）。另一方面，非遗传承人还被邀请作为国家艺术基金培训项目中花瑶挑花的教师，给来自全国各地的设计师、

[①]Mamidipudi A. Constructing Common Knowledge:Design Practice for Social Change in Craft Livelihoods in India[J].Design Issues,2018(4):37-50.

手工艺学院授课。这种碰撞，激发了传承人自身的自信心，也促进了新的材料、表达形式与花瑶挑花的融合（图5）。

图3　来自不同国家的设计师与挑花传承人协同设计

图4　设计师杨媛媛与挑花绣娘沈寒妹、奉堂妹、唐哗妹协同设计的挑花围巾图案

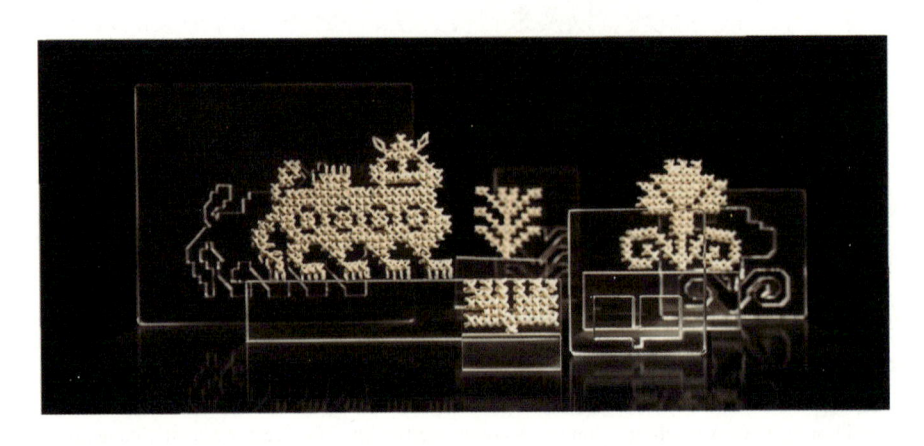

图5　借助新材料创作的立体挑花作品《"±"花瑶世界》（黄婧设计）

对"花瑶花"项目组而言，前期所进行的大量的协同创新设计，必须通过商业化的手段才能真正地转化为产业机遇，服务于当地社区。这便需要来自外部的力量帮助当地手工艺人进行能力建设。为此，在综合考虑了花瑶地区现有的自然、文化资源之后，"花瑶花"再次被项目组确定为花瑶地区的社会企业品牌，整合花瑶挑花手工艺创意产品、土特产品等各类商品，以统一的品牌形象面向市场，并采取了线下、线上相结合的营销模式，面向外部市场与本土社区进行销售。诸如美克美家、嘉宝橱柜等企业也进行了花瑶挑花相机带、围裙、领带等的定制，不仅为绣娘们带来了切实的就业岗位，也让主动开设与花瑶挑花相关作坊、企业的人逐年增加。除此之外，项目组的工作还获得了来自各级政府和其他爱心企业的关注与支持。在线上，京东、工商银行融e购等平台纷纷伸来橄榄枝邀请"花瑶花"产品入驻销售。为了更好地传播地方文化，项目组还在苹果应用商店中上架了一款名为"花瑶花"的iPad应用，对花瑶专题介绍，并面向专业设计人员提供了可供下载的花瑶挑花矢量图库。在线下，"花瑶花"的产品进驻长沙海信广场、武陵山非遗展示馆展出销售，在北京国际设计周、川美"智慧腹地"设计扶贫展等展会上出现，被选送参加2015年米兰世博会的湖南周、2017年、2019年的法国巴黎凡尔赛宫的展会。部分花瑶挑花艺人也参与了这些展会，并得到了英国皇室安妮公主、巴黎市长的接见。

四、能力敏感的设计：数字技术赋能手工艺传承

在奥斯特兰肯看来，能力敏感的设计（capability sensitive design）很大程度上与技术在发展中国家和地区的应用密切相关。在"花瑶花"项目中，能力敏感的设计主要体现在运用数字化技术，为花瑶地区的乡村青少年创造手工艺传承与体验的新方式上。

在此，数字技术的运用是出于两方面的考量。首先，作为未来地方文化的继承者和建设者，乡村儿童无疑是传承乡村手工艺最重要的学习群体。但在新的社会文化情境下，这些主要由留守儿童组成的人群，其学习特点与需求常常被忽视：在花瑶地区，作为地方文化的手工课程常常因缺乏师资而难以开展；即便偶尔以"非遗进课堂"的形式进入乡

村中小学的课余活动之中，也主要遵循以年迈手工艺人为主导的"一对一""手把手"的传统手工艺教学模式，不仅难以满足在课堂中教师与学生"一对多"的现实教学需求，也难以激发儿童的学习主动性。作为"数字原住民"一代，花瑶的乡村儿童渴求能激发其学习兴趣的，新的手工艺学习体验[①]。其次，各类基于数字化的体验设计产品已经被证明是一种可以用于为弱势群体赋权的手段。如自2011年以来，得到欧盟委员会支持的"作为赋权与包容的数字游戏"（Digital Games for Empowerment and Inclusion）项目便一直致力于借助数字游戏体验式学习的方式来帮助弱势群体，并在多方面取得了成效[②]。

不过，在"花瑶花"项目中，项目组借助数字化技术进行手工艺学习体验再设计的目的，并不是希望这些孩子长大了必须继承自己前辈的职业，成为手工艺人，将乡村手工艺视为要被淘汰的文化。而是希望通过数字技术的运用，吸引更多孩子对本土文化产生兴趣，使之在未来有更多选择的自由。因此，在综合考虑当地互联网条件及当地现有电教设备和平板电脑、智能手机数字终端等基础设施的基础上，项目组联合当地教师、非遗传承人、当地儿童协同设计开发出一系列线上、线下结合的数字化非遗美育教辅数字化产品，如将非遗挑花与民族文化结合的教育游戏APP"挑花高手成长记"以及培养儿童数感和逻辑思维的"逻辑花瑶"等（图6、图7）。同时，结合线下的使用情境，开发了一系列形式多样的游戏化实体教育产品，将非遗传人手把手传授的技能，转变为可拓展创造力的系列产品。如结合花瑶民族文化的互动插画书《花瑶历险记》、趣味桌游"花瑶大冒险"；将模块化积木拼接、挑花的自由图形创造结合的益智积木"挑花动物园"（图8），模块拼接玩具"花瑶娃娃"等。这些结合数字化、游戏化的设计，寓教于乐，大大激发了乡村青少年手工艺学习的兴趣，促进他们文化身份的认同。

---

① 杨媛媛、季铁、张朵朵. 传统文化在儿童教育游戏中的设计与应用——以《逻辑花瑶》设计实践为例[J]. 装饰, 2018（12）: 12—81.
② James Stewart, et al. The potential of digital games for empowerment and social inclusion of groups at risk of social and economic exclusion: evidence and opportunity for policy[M]. Luxembourg: Publications Office. 2013.

图 6　当地妇女与儿童一起试用美育教辅 APP"挑花高手成长记"（王喜乐设计）

图 7　美育教辅 APP"逻辑花瑶"（杨媛媛设计）

图 8　"挑花动物园"系列儿童益智积木（杜文倩设计）

五、结语

在当下的乡村手工艺振兴中，手工艺人的主体地位和协同设计的价值已经逐渐得到了广泛认同。然而从整体上看，依然更多倾向于对手工艺人的外部能力的建设上。能力方法的视角，为乡村手工艺振兴提供了一个系统化的理论参考。正如牛津大学贫困与人类发展研究中心主任萨比娅·阿克尔（Sabina Alkire）教授所言，能力方法不可能一蹴而就，需要相关理论研究与实践领域专家们的密切合作才能达成。相信通过未来能力方法与设计结合的进一步探讨，乡村手工艺人将会以更为自信的姿态继承和发展本民族文化，在当下信息化、全球化的时代，拥有更多选择自己未来生活方式的权利和创造的自由。

设计驱动的怀化市特色文化产业升级模式与发展规划

■ 闵晓蕾[①]　季　铁

摘要：在城乡互动、乡村振兴、文旅融合的国家战略背景下，特色文化产业的发展对于构建"双循环"的现代产业体系和"一体化"的城乡发展格局有着重要的意义。本文基于怀化市的地方特征与产业基础，提出其特色文化产业的创新发展路线，并从"设计驱动"的独特角度，按照"资源再生—转型升级—创新生态"的思路总结出怀化市特色文化产业的升级模式，最终提出其未来发展的总体定位、重点规划和推广应用，以期形成具有针对性和实践性的参考价值。

关键词：设计驱动；特色文化产业；产业升级；发展规划

在经济全球化、服务信息化、文化多样化的今天，我国正处在产业转型升级的关键时期，如何驱动特色文化产业的发展成为地方经济振兴的关键问题。为进一步推进怀化创意经济的高质量发展，提升地方特色文化产业的自主创新力和国际竞争力，有效地促进影视出版、文化演艺、创意设计、文化旅游、公共文化、数字娱乐等相关产业的深度融合，圆满地打好武陵山精准扶贫的攻坚战，亟须发挥设计学科的创新驱动力量，探索怀化特色文化产业转型升级的新路线、新模式与新方向，从而全面构建发展规划体系格局。

一、怀化市地方特征与产业基础

（一）区位优势明显

怀化市位于湖南省西部，是五省边区的中心城市，也是"一带一

---

① 闵晓蕾，湖南大学设计艺术学院，在读博士，主要研究领域：文化科技融合与地方文化产业。

路"战略中联结海上丝绸之路与陆上丝绸之路的节点城市[①]。根据湖南省"十三五"期间提出的"一核三极四带多点"区域发展布局，怀化市的定位为"一极两带"（辐射大西南，对接成渝城市群的新增长极和沪昆高铁经济带、张吉怀精品生态文化旅游经济带[②]）的重点发展区域，为怀化市文化产业等领域中高端产品需求创造了广阔的市场空间。独特区位优势使得怀化能够为中西部经济不发达地区发展先进制造业和现代服务业提供有力支撑，有着较强的发展潜力与辐射带动作用。

（二）文化资源丰富

怀化地处湖湘文化的发源地，拥有丰富的文化资源与自然资源。根据第三次全国文物普查结果，怀化市共有登记在册的各类不可移动文物1732处，以及国家级非物质文化遗产保护目录14个和省级非物质文化遗产保护目录33个。同时，作为一个多民族聚居城市，怀化13个县区中共有侗族、苗族、瑶族等51个民族，少数民族人口占怀化市总人口的40%[③]。怀化及其周边区域既有张家界、崀山、梵净山等自然景观，凤凰古城、洪江古商城、黔城等古城史迹，还有通道转兵、芷江抗战受降城和雪峰山抗日战场等红色据点，以及魏源、蔡锷、袁隆平、张学良等名人故居。历史文化资源禀赋优秀，保护与挖掘利用潜力巨大。

（三）创新能力日益增长

怀化市作为武陵山片区重要的区域性科技创新中心，2019年全市高新企业共488家，高新技术产业增加值270.03亿元，增长16.3%[④]。在平台建设方面，怀化市成功建设了怀化高新技术产业开发区（国家级高新技术产业开发区）、国家现代服务业数字媒体产业化基地怀化中心等国

---

① 底健. 推进国家物流枢纽城市和西部陆海大通道建设，怀化加快构筑内陆开放新高地[EB/OL]. https://www.sohu.com/a/236351987_100161028, 2020-1-13.
② 田光辉. "一极两带"背景下精品生态文化旅游经济带建设研究——基于湖南省怀化市的调查[J]. 现代商业, 2016（18）: 67—68.
③ 孙叶根. 怀化市民族乡经济发展状况与面临的问题及对策[J]. 民族论坛, 2007（02）: 69.
④ 怀化市统计局. 怀化市2019年国民经济与社会发展统计公报[EB/OL]. http://www.tjcn.org/tjgb/18hn/36374.html, 2020-4-23.

家级创新平台。在人才引进方面，怀化与国防科技大学、北京大学农学院、湖南大学、湖南农业大学等高校建立了长期而深入的产学研合作关系，吸纳了大批高层次创新创业人才。在产业集聚方面，怀化的传统优势产业集中在能源生产、生物医药、食品加工等领域，现吸引了一批如京东云、优美科技等有规模、有影响的创新创业企业，形成了以"生态科技、文化旅游、数字经济、创意设计"为亮点的现代服务业产业集群。

（四）脱贫攻坚成效显著

怀化属于武陵山片区脱贫攻坚的主战场，13个县（市、区）都是扶贫攻坚片区县。进入"十三五"后，对接《国务院关于武陵山片区区域发展与扶贫攻坚规划（2011—2020年）》等政策导向，怀化市始终坚持以脱贫攻坚统揽经济社会发展全局，乡村振兴与精准扶贫成效显著。从2014年到2019年年底，怀化贫困发生率从20.8%降到0.51%，1024个贫困村全部脱贫出列[①]，其中地方特色文化产业的转型升级起到了重要的推动作用。

二、怀化市特色文化产业创新发展路线

目前，怀化市已形成包括新闻出版、广播影视、图书报刊、文化旅游、创意设计、移动互联网、会展演艺、艺术培训等多个门类的文化产业体系，公共文化服务体系日趋完善。然而在特色文化资源的转换方式上存在着一些突出问题：多样化与特色化体现不够，缺乏创意设计与新兴科技的支撑，传统文化保护和特色产业发展难以平衡。所以基于怀化市独特的地方特征和产业基础，亟须开发新业态、新商业模式和新文化传播方式，通过轮次经济和循环经济将文化科技融入实体经济，推动基于文化资源的文化创新、基于产业升级的服务创新和基于社会资源的社会创新，形成一条因地制宜的特色文化产业发展路线。

（一）文化科技引领，创意设计赋能

近年来，创意设计作为现代服务业发展的核心领域，与生活、产业、

---

① 龚定名，等. 沸腾的群山——怀化市脱贫攻坚生动画卷[EB/OL]. http://www.hunan.gov.cn/hnszf/hnyw/sy/hnyw1/202008/t20200814_13511595.html. 2020-8-14.

经济相结合的产业赋能模式日渐兴起，已成为国家创新战略的重要组成部分。设计不仅能够跨越语言、地域和媒介的差异，还可以运用跨学科知识与新科技手段来促进文化交流与传播，有效提取和展示怀化地方文化特色，促成可持续发展的集成式系统整合创新①。因此，通过创意设计来赋能传统产业和实体经济，是新时代特色文化产业发展的有效创新路径。

（二）资源聚合转化，建立服务体系

武陵山区有丰富的地域文化资源，可通过吸引智能制造、有机材料、人工智能、云计算等外部优势创新资源，将其聚合转化为特色文化产业加速发展的生产要素和产业优势。同时，应组织文、艺、产、学、研开展文化内容联合创意创新与市场拓展合作，促进空间、市场、资金、人才、技术等资源共享和区域间合作，建立具有复杂问题处理能力的公共文化服务平台，形成技术交流、市场共享、资源节约的创新网络。

（三）耦合城市乡村，打造创新生态

乡村是特色文化资源的根植所在，而城市是创新要素的聚集之地。智能生态城市的建设为乡村传统文化产业发展提供了巨大的应用机会，乡村振兴也离不开城市的带动和支持。为了激活乡村文化的内生创意系统②，需在乡村与城市之间逐步展开以文化要素为主体的良性互动，促进城乡文化的耦合与协同发展。

三、设计驱动的特色文化产业升级模式

（一）设计驱动的地域文化资源再生系统

地域文化资源是特色文化产业发展的基石，需通过创意设计来赋予它新的生命力。在设计驱动的地域文化再生系统中，基于文化媒介范式

---

① 柳冠中. 设计与国家战略[J]. 科技导报，2017（35）：18.
② 蒋友燏，闵晓蕾. 基于乡村文化资源的内生创意系统[J]. 装饰，2018，300（04）：36—40.

（CI）、产品服务系统范式（PSS）和社区参与范式（CE）[①]的文化与社会创新设计方法，需按照"社区—平台—参与—模块"的四步路径对地域文化进行转化。其中，第一步是进行社区研究与社会创新，也是定义社区需求的过程；第二步是建立地域文化知识平台，也是进行设计转化的过程；第三步是参与式设计与协同创新，也是赋能创新的过程；第四步是模块化设计与管理，进行快速学习和转化。

在实践层面，按照"内容—设计—生产—市场—价值"的路径，将地域文化内容用创意设计转化，再通过双轨制生产模式投入市场检验，以达到创造就业机会、拓宽传播渠道、优化产业结构、创新社会参与方式的目的，促成传统文化保护与文化资源开发的平衡、公共服务体系建设与地方特色文化产业发展的平衡。（图1）

图1 设计驱动的地域文化再生系统

（二）设计驱动的传统文化产业转型升级

文化产业发展要素包括技术、人才、环境宽容度、区域发展和企业运用的经济模式、文化艺术创意类资源等[②]。产业升级不是单纯的线性发

[①] Wang W, Bryan-Kinns N, Ji T. Using community engagement to drive co-creation in rural China[J]. International Journal of Design, 2016:37—52.
[②] 向勇. 文化产业导论[M]. 北京：北京大学出版社，2015.

展,而是在新的技术条件、经济环境、国际竞争和产业生态中,通过"数字化、网络化、智能化、绿色化"的方法,探索"新产业、新业态、新模式"的创新驱动模式,打造文化科技融合下的协同创新共同体,从而推动传统产业转型升级。其中,设计参与的方法也需要系统性的创新。

对于怀化地区,通过设计驱动的产业升级,能够推进大数据分析与深度学习、云计算与区块链、全流程服务集成等新技术与怀化地区丰富的地域文化资源深度融合发展,将出版发行、食品加工、纺织服装等传统产业转型升级为新型特色文化产业,开发包括环保生态与大健康、智能城市与大数据、全域旅游与生态文旅、融媒体内容传播服务等新业态和新模式(图2),包括以下五条关键点:

1. 以互联网为代表的新兴技术为驱动力,带动传统产业转型;
2. 以数字内容生产为发展突破点,培育新的产业增长极;
3. 以创意设计为手段活化优秀文化资源,提升传统产业竞争力;
4. 以满足新的文化消费需求为导向,明确产业发展方向;
5. 以设计完善文化产业生态系统,有效对接产业要素与环境。

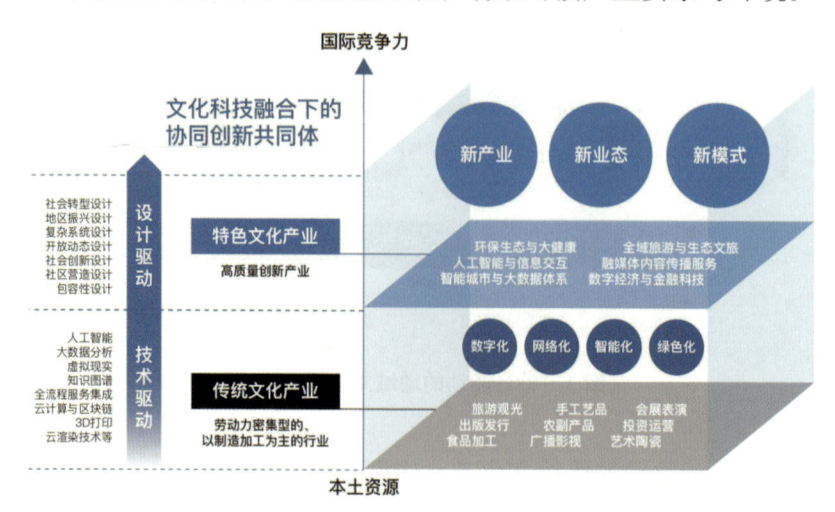

图2 设计驱动的传统文化产业升级模式

(三)设计驱动的特色文化产业创新生态

特色文化产业的发展包括文化资源转化、文化内容集成、文化形态创新、服务体验集成、服务模式创新、业态融合发展、公共文化服务体系建设与创意设计体系建设等内容，共同构成了一个多元化的特色文化产业创新生态。在构建生态的过程中，需综合考虑以下五个要素（图3）：

1. 人缘：完善本地教育培养机制与人才引进政策配套，聚集优势人才资源，尤其是熟悉怀化地方特色及产业基础的文化产业人才，组建国际化产业创新智库。

2. 地缘：基于怀化的区位优势，打造创意设计集群、生产制造集群、消费体验集群等文化产业创新集群，形成地理上的知识外溢、吸纳衍生和创新效应。

3. 文缘：通过建立数字文化公共服务平台、非遗文创设计服务平台等方式，推动可持续的设计参与服务创新，建立衔接文化资源与市场需求的桥梁。

4. 商缘：传统的金融模式很难满足特色文化产业的发展和企业运营的需要，所以需建立文化企业专项金融服务平台，开发数字经济下的文化金融创新模式。

5. 业缘：调整怀化市文化产业结构，优化整合资源，重组产业链。从现有的产业中衍生叠加出新环节、新链条、新活动形态，同时顺应多元化与个性化的产品或服务需求，打造新产业、新业态和新模式。

图3 设计驱动的特色文化产业创新生态

四、怀化市特色文化产业未来发展规划

（一）总体发展定位

面向乡村振兴和精准扶贫的国家战略，充分发挥怀化市的独特区位优势和丰富文化资源，不断推动通道侗锦、花瑶挑花、侗族大歌等传统非遗文化与新兴互联网技术和数字创意产业的深度融合，建立特色鲜明、重点突出、布局合理、链条完整、效益显著的特色文化产业发展格局，逐步形成以地域文化为核心、以"设计＋互联网"为手段的创新内生系统，为中西部发展先进制造业和现代服务业提供有力的支撑和辐射带动作用，并进一步提高民族文化产业的国际影响力，打通文化科技融合的"最后一公里"，将怀化市打造为：

1. 武陵山区文化科技融合发展核心区

依托国家级创新平台等优势资源，通过纵向价值链延伸和横向产业融合[1]，聚焦发展以非遗文创、文化装备为核心的创意设计产业；以资源开发、全域规划为核心的文化旅游产业；以智慧城市、生物医药为核心的生态科技产业；以及以影视出版、电商生态为核心的数字经济产业。

2. 地域少数民族文化国际传播先导区

构建五省边区文化创意产业基地，形成新闻出版、广播影视、文创设计、工艺美术品等门类齐全的文化生产和文化服务体系，建设推广服务平台、成果转化基地和产业传播平台。同时通过打造跨境电商培训、怀化文化旅游节、国际设计大赛等活动，建设泛武陵山区域民族文化及创意设计国际交流与传播中心。

3. 文化科技产业助力脱贫致富示范区

着眼于武陵山集中连片特困地区，依托大健康种养基地、商贸物流、文化创意以及生态文化旅游等，推动文化和科技融合向"三农""非遗""生产、生活、生态"等领域延伸，以文化旅游拉动怀化贫困地区的工艺美术、

---

[1] 李美云. 基于价值链重构的制造业和服务业间产业融合研究 [J]. 广东工业大学学报：社会科学版, 2011, 11 (5)：34—40.

手工业及其他轻工业、现代服务业的发展，为武陵山片区脱贫攻坚提供有效产业支撑。

（二）重点发展规划

基于以上发展定位与路线，需在产业链、创新链、资金链、价值链四链深度融合下，构建怀化市"一二三四"特色文化产业创新生态体系。（图4）

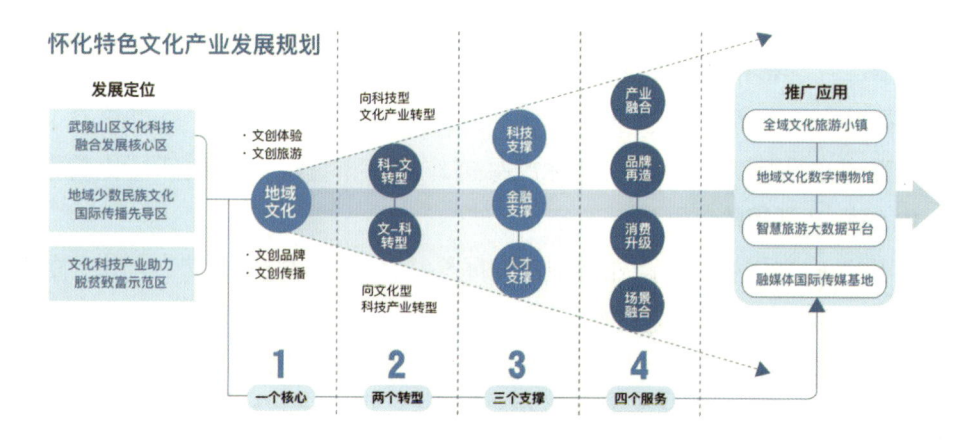

图4 怀化特色文化产业发展规划

1. 一个核心：地域文化资源

在加强传承和保护的基础上，打造武陵山地区特色民族文化生态圈，打造"文化强市"的文化科技创新名片。同时逐步完善地域文化创新设计流程，塑造具有竞争力的文化品牌，主要包括以下四方面：

（1）文创品牌生态。鼓励企业对特色民族文化资源进行数字化保存和智能化应用，创作个性化的数字创意产品，打造具有全国影响力的文创品牌。

（2）文创旅游生态。面向张吉怀精品生态文化旅游经济带的定位，打造集智慧文旅管理、智慧文旅服务、智慧文旅营销于一体的全域智慧文旅综合公共服务平台，推动文创旅游生态全流程数字化与智能化。

（3）文创体验生态。借助虚拟现实、三维投影等数字多媒体技术，形成文化形态融合下的体验创新方法,提供沉浸式、全方位、多角度的地域文化体验。

(4)文创传播生态。围绕地域文化资源的展示、保护、传承、交易,打造覆盖科技、教育、旅游等领域的一体化文创数字展示与传播平台。

2. 两个转型:科技型文化产业、文化型科技产业

(1)向科技型文化产业转型:积极引入新技术,推动"内容生产—内容呈现—互动参与—服务管理"[①]的全流程数字化与智能化。以影视传媒产业为例,一是加强技术装备与内容创作协同创新,深度应用交互娱乐引擎、互动影视等相关领域最新科技成果。二是深挖本土 IP 价值,培育一批数字文化精品、企业和平台,形成数字内容产业链。三是培育文化内容创作品牌,根据国家地标产品创作计划,打造具有浓郁怀化特色的 IP 地标产品矩阵。

(2)向文化型科技产业转型:发挥科技型产业的技术优势,与文化的引领作用相结合,打造全产业链联动的新服务模式。搭建公共数字文化服务平台,统筹整合文化共享工程、数字图书馆推广工程等,探索提供一站式、多终端、交互式的公共数字文化服务。加强数字内容版权保护,利用区块链、DCI 技术助力创意设计、数字文化企业在版权开发、保护、交易、应用方面创新,推动数字图书策划、制作、传播、交易、消费产业链全面升级。

3. 三个支撑:科技支撑、金融支撑、人才支撑

(1)科技支撑。目前怀化市已形成了由高新技术产业开发区、科技企业孵化中心、农业科技园、高新技术创新型企业等构成的科技支撑体系,产生了全新的内容载体、生产方式、交互场景和文化体验[②]。未来需加强怀化市 ICT(信息通信技术)基础设施建设,加强科技与产业发展深度融合,鼓励建立技术创新服务中心,强化产学研联合创新平台,促进科技成果转化及产业化。

(2)金融支撑。目前怀化市已有较为完整和合理的财税、投融资和

[①] 乔雪峰、吕骞. 中国文化和科技融合发展的四个方向 [EB/OL]. http://scitech.people.com.cn/n1/2019/1028/c1007-31424608.html, 人民日报, 2019-10-28.
[②] 闵晓蕾, 季铁, 郭寅曼. 社会转型过程中的文化视域与设计生态 [J]. 包装工程, 2019(20).

招商引资机制，并逐渐实现从"政府主导"向"市场主导"的转型。未来需进一步拓宽产业园区投融资渠道和领域，鼓励企业通过上市、发行债券、集合信托、私募股权、产权交易等方式融资。同时，鼓励金融机构创新金融产品和服务，创新提供非遗传承贷、版权联盟贷、影视制作贷、商标质押贷等金融产品，提升企业融资规模和效率，打造更能满足企业需求的金融产品服务产品体系。

（3）人才支撑。创新人才引进机制，完善人才引进、培养、考核、激励和服务保障政策，采取委托培养、基地共建、企业参与教学、专业共建等方式，为企业定向输送数字文化、软件研发、创意设计等专业性高端人才。同时，持续开展侗锦织造技艺非遗传承人培训班、中国（怀化）乡村振兴设计创新大赛等文化传播活动，培育优质文创企业和文创产品开发人才，建立文化创新人才智库。

4. 四个服务：产业融合、品牌再造、消费升级、场景融合

（1）产业融合。综合产业发展前景和构建融合生态的长远目标，调整优化传统文化产业、培育发展新兴文化产业，鼓励文化科技融合的企业间合作及产学研用合作。

（2）品牌再造。鼓励企业不断拓展业务边界，发展数字文化内容生产和新型文化创意产业，以前沿的设计思路和表现手法，塑造具有广泛影响力的、着眼未来的民族文化品牌。

（3）消费升级。通过新型交互和制造技术的参与，改进优化生产流程，实现产品的"科技增值"；通过深入文化根源、结合现代社会需求的设计，打造品牌化、成体系的产品群，实现产品的"设计增值"。

（4）场景融合。基于更加细分、更多场景、更多渠道的消费市场未来形式，扩展特色文化产业优秀成果的应用范围，打造差异化竞争优势，达到"跨场景""融场景"的传播效果。

（三）应用推广计划

1. 怀化全域文化旅游小镇

依托怀化文旅资源共享平台、怀化旅游集散中心等产业资源以及怀

化市全域旅游示范区等文旅资源，串联起"怀化市文化旅游全域发展战略"中的各个基点，打造具有范围带动作用、示范效应突出的新文旅小镇。鼓励优秀"双创"人员在小镇成立工作室，并围绕武陵山区特色文化资源建立展示中心、交易中心、孵化基地等复合配套设施，推进文旅产业整体的多元化延伸和智慧化进程。

2. 怀化地域文化数字博物馆

以互联网与创意设计为手段，将通道侗锦、通道侗戏、溆浦花瑶挑花等非遗文化进行数字化保存，打造武陵山地域文化数字博物馆。在视频、图片、文字的基础上，综合采用实景复原、雕塑绘画、多媒体互动、虚拟现实、传承人现场指导等多样展示手法，着力打造集非遗民族文化的展示、保护、传承、交易、科技、教育为一体的地域文化展示窗口。

3. 智慧旅游大数据平台

积极开发移动终端的旅游应用软件，系统化整合和开发怀化市文化资源和旅游资源产品，共同建设智慧旅游大数据综合服务平台，配套建设智慧文旅管理、服务、营销体系，为旅游监管部门、景点、企业、消费者等群体提供安全保障、资源整合、游客体验、品牌营销等服务，促进旅游产业精品化和城市管理精细化。

4. 融媒体国际传媒基地

发挥融媒体传媒覆盖面广、接受度高的特色，让传媒产业与数字文旅产业深度结合。从上游引进先进媒体技术，如"千里沅江"旅游推广项目中已使用VR技术进行航拍内容生产，沿线景点风光地貌可以在游客的移动终端设备上生动立体地展现；向下游普及和推广先进的文旅宣传媒介，建设具有拓展性的地域数字文旅平台，不断提高平台的内容承载力，最终实现将怀化文旅产业打造成具有国际影响力的"生态文旅""数字文旅"名片的长期目标。

【特色文化产业论坛观点】

范恒山[①]：重视文化在脱贫过程中的突出作用

当前，我国的脱贫攻坚事业取得重大成就。我国是世界上第一个完成联合国千年发展目标规定的"在2015年前，将极端贫困人口数量减半"的国家。这是一个了不起的成绩，中国的扶贫成绩为世界所瞩目，被全世界称道。"十四五"时期是我国实现全面建成小康社会目标后向全面建设社会主义现代化国家迈进的承上启下的关键时期。这一时期还会存在一些收入相对较低的人群，因此不断提高相对低收入人群的收入水平，解决部分人的相对贫困问题，仍将是我们开启全面建设社会主义现代化国家新征程中所要面临的重要任务。

近年来，文化扶贫被视为巩固脱贫攻坚成果的有效路径，尤其是对于大多数老少边穷地区，成效显著。文化扶贫的作用，从文化事业方面，有助于提高公共文化服务水平；从文化产业层面，有助于推动文化产业跨界融合；从"扶贫扶志"角度，则有助于贫困人口内生发展。

未来，在文化产业发展过程中，需要注意以下几方面的问题：第一，要注意结合实际，充分挖掘当地的文化资源，注重优秀传统文化的传承与现代文化元素的培育，进一步拓展丰富多彩的文化产业；第二，文化产业应该与生态产业、旅游产业、美丽乡村等产业有机融合；第三，文化发展要借助一些载体实现做大做强，比如，将文化发展融入特色小镇的建设之中。所有的特色小镇都需要文化做支撑，怎样把文化聚力到特色小镇之中，同时把它上升到一个多元的、附加值高的文化产业门类中，这一点需要借助好田园综合体、园区建设等相关的载体；第四，文化还应该与新科技进行有机结合，用数字技术、数字创意等为文化产业的发展赋能，这样不仅能够开辟一些新型文化产业门类，也能大大提高产业附加值，同时更好地满足人民日益增长的美好生活需要。

---

① 范恒山，著名经济学家，国家发展和改革委员会原副秘书长。

季铁[①]：想方设法留住西部文创人才

以什么样的方式来留住中西部的优秀年轻人，这是当下很重要的事情。多年前，中组部等十部委联合印发了《边远贫困地区、边疆民族地区和革命老区人才支持计划》，其中，关于"文化工作者专项"的目标任务，明确提到，到2020年，每年选派1.9万名优秀文化工作者到"三区"工作或提供服务，每年为"三区"培养1500名"三区"急需紧缺的文化工作者，通过选派和培养工作，加快"三区"文化人才队伍建设，提高"三区"文化工作者素质，为推动"三区"文化发展、提升公共文化服务水平提供人才支持。事实上，除了文教、科技、社会工作等方面，无论是中央还是省、市政府，在区域产业发展方面，同样也应该有重点专项人才工程与之配套，尤其是当前我国正处于建设社会主义文化强国的阶段。

文化产业的特殊性对产业资源配置提出了高要求，人才作为产业发展的核心动力，只有坚持"人才引领产业，产业聚集人才"的思路，对一些发展欠发达地区特别是老少边穷地区而言，文创产业发展才会有源源不断的后劲。因此，可以借鉴国家在科技与教育方面人才的支持经验，在西部和老少边穷地区，为留住、吸引、聚集、培养文创人才方面多一些政策的灵活性，多一些政策倾斜和经济补贴，如对本地文创人才和外来文创人才分别在项目经费、工作补贴、职称评定、平台建设与入驻、创新创业等出台不同的优惠政策。此外，还要以人文关怀为基础，打好情感牌，在解除人才的后顾之忧的同时，稳住现有人才，吸引东部人才，避免西部文创人才新一轮"孔雀东南飞"，做好"文化强省""文化强市""文化强区"的人才储备。

---

① 季铁，湖南大学设计艺术学院院长、教授、博士生导师。

曹三省[①]：构建智慧传播体系服务文化扶贫

站在新起点，文化扶贫要探索新思路、新路径，要通过技术手段充分挖掘文化资源潜力助力特色文化产业发展，充分发挥文化在乡村振兴中的作用。首先，要聚焦文化科技融合与特色文化产业发展。10月23日发布的《中国文化和科技融合发展战略研究报告（2020）》中提到，当前，文化科技融合正处于新一轮爆发性增长和产业变革前夜，随着5G商用、人工智能、大数据中心、云计算、物联网等"新基建"的布局和完善，新一轮的技术爆发将加速向文化产业渗透，会有更多在实验和设想阶段的文化科技应用转化为面向大众的产品和公共服务。在文化领域，传承与创新两个命题始终紧密相连，尤其是在全媒体时代、深度融合时代，非常有必要进一步关注科学技术发展前沿，并借助这些新的技术为文化发展注入新动能，呈现新的发展趋势，通过数字化扩大特色文化产业优势。

其次，要构建智慧传播体系服务文化扶贫。无论是扶贫还是扶智，本身都涉及传播的过程，在媒体融合背景下，要充分运用新兴媒介形态，认真考虑以智慧媒体为代表的新一代信息技术和传播形态。做好脱贫攻坚与乡村振兴等系列衔接工作，其中很重要的一点是要实现相关理念和资源广泛传播，从技术本质上来说，我们可以充分应用人工智能、大数据、物联网、5G等技术，从媒体本身的形态出发，建构一个智慧传播体系，来服务我们的文化扶贫。

最后，乡村5G应用新场景值得期待。中国互联网络信息中心发布的第45次《中国互联网络发展状况统计报告》显示，截至2020年3月，中国农村网民规模2.55亿，占中国网民整体的28.2%。5G作为数字化转型的关键支撑，将有效助力构建大扶贫格局，为贫困地区扩大普遍服务、缩小城乡数字鸿沟、加快乡村振兴步伐提供支撑保障。在广大乡村地区

---

① 曹三省，中国传媒大学协同创新中心副主任、教授、博士生导师。

覆盖5G网络本身就是一个很大的体量，但基于网格结构的优化和与文化内容相结合的系列服务形态的构建，在乡村场景下应用5G，其实是一个非常值得期待的场景，因此要巧用互联网思维赋能乡村文化振兴。

季铁[①]：设计扶贫要坚持"在地、在场、在线"

从精准扶贫到乡村振兴，我们最大的感悟是需要坚持"在地、在场、在线"。所谓"在地"是指因地制宜，发现每一块土地的"风景"，从"人文、物语、社区"等不同的角度理解地方自然、生态与文化资源，搭建乡村振兴知识平台；"在场"是指身体力行，以设计的力量驱动地域再生的内生动力，有效联结内部外部资源，形成互动赋能、融合创新的文化、产业和公共服务体系；"在线"是指民心相通，以数字化、智能化的方式创造更多共享与对话的机会，在互学互鉴的过程中构建全球化的市场与文化传播体系。

设计对于特色文化产业发展的推动作用，一是面向未来，未来会越来越强调数字文化的发展概念；二是关于文化内容的智能化生产，在新的人机协同情况下，要思考如何借助工具和平台的创新实现更好、更快、更高效的发展；三是在业态创新方面，如何在技术支持下，借助设计的力量打造具有高文化品质、高情感体验的文化产品或形态。我们要思考乡村的文化和产业发展的平衡，把乡村文化、生态资源转变为内生发展的动力。希望未来农村能有更好的生态，让科技、资本、乡贤等都能够参与到乡建之中，真正发挥各自的作用。以什么样的方式来留住中西部的优秀年轻人，这更是非常重要的事情。

[①] 季铁，湖南大学设计艺术学院院长、教授、博士生导师。

程智力[①]：设计扶贫要注入"品牌意识"

设计对于推动产业转型升级意义非常重要，尤其是在产品商品化的过程中，在整个链条中发挥了不可忽视的整合作用。设计的角色定位应该是一个"风向标"，去引领一种消费或观念，而不是一种简单的商业行为。要注意在设计参与扶贫的过程中注入品牌意识，尤其在当前消费升级的情况下，品牌意识很重要。说白了，你的口碑好不好，是否有回头客，能否让顾客有一种好的体验，这都关系到产业的生存，甚至地方经济的可持续发展。

整体上，艺术乡建的发展形势是向好的，且在一定程度上，能够给当地老百姓带来一定实惠，促进地方经济发展。经历了一段时间的艺术乡建之后，应该总结一下经验。

---

① 程智力，湖北美术学院副院长，教授。

陈文玲[①]：文化在脱贫攻坚中具有重要担当

中国的文化博大精深、源远流长，把文化与扶贫工作结合起来，将会产生非常大的爆发。中国文化在几千年文化浸润之中所形成的包括家国情怀、天人合一、勤俭节约、量入为出、兼收并蓄等中国传统文化价值观，推动了我国社会主义事业的繁荣发展。这些年来，国家扶贫事业的发展进程中，可以看到中国宝贵的文化资源所创造的市场、创造的价值、创造的财富。一些农村拥有丰富的乡村特色文化，一部分贫困村就是通过文化复兴、文化挖掘、文化传承与文化创新发展走出了贫困，变成了若干个美丽乡村与特色旅游小镇。中国博大精深的文化，是中国脱离精神贫困的宝库。

---

① 陈文玲，中国国际经济交流中心总经济师。

范建华[①]：数字经济时代文化产业发展应考虑"四新"

当前，我国正在努力加快形成以国内大循环为主体、国内国际双循环相互促进的新发展格局。双循环背景下，文化供给侧应考虑我们的消费对象是以国内消费人群为主体，兼顾国际市场，国际市场依然是我们非常重要的一个巨大的市场。

根据最新发布的《中国文化和科技融合发展战略研究报告（2020）》，随着5G商用、人工智能、大数据中心、云计算、物联网等"新基建"的布局和完善，新一轮的技术爆发将加速向文化产业渗透。在国内大循环中，科技力量促进文化产业链加速循环，同时，文化内循环的加速对推动实体经济内循环起到提质、升级、增效的驱动作用。我们要通过数字技术与网络传播将新的文化产业发展业态与社会经济发展需要有机地结合起来，使我们的经济发展能够提供更多满足人民群众日益增长的精神文化需要。数字经济时代，文化产业发展必须考虑新形势、新手段、新内容和新技术，从而使文化产业的发展更加符合双循环背景下的供给侧改革需要。

---

① 范建华，华中师范大学特聘教授、研究员、博士生导师。

范玉刚[①]：文化产业的重心要回归价值

无论是文旅扶贫，还是消费扶贫，从一定意义上来说，都可以聚焦到特色文化产业的发展上来，在具体落地的过程中，要注意与当地的文化资源、产业形态以及人均受教育的程度相结合，也要注意将特色资源与文创产品开发相结合。文化创意开发的产品或旅游形态所蕴含的价值，一定要符合社会主流价值观。

文化作为一种重要的产业资源，其资源配置最好的方式就是发展文化创意产业。文化产业的开发，一定不是抽象的、粗放式的开发，一定要和社会文明的发展趋势、和先进生产力相结合。在这个过程中，我们不仅要做好物质文明和精神文明的协同发展，同时也要坚持底线，不能过度娱乐化、过度商业化，要守正创新，坚持正确的价值导向。文化产业的发展离不开市场，但是它的重心一定要落到文化价值的增长上，服务人民对于美好生活的追求。

---

① 范玉刚，中央党校文史部教授，博士生导师。